仁达方略管理文库•企业文化系列丛书

企业文化诊断评估理论与实务

THEORY AND OPERATION OF CORPORATE CULTURE MESUREMENT & ASSESSMENT

王吉鹏 李明 著

中国发展出版社

图书在版编目（CIP）数据

企业文化诊断评估理论与实务/王吉鹏，李明著.
北京：中国发展出版社，2005. 12

ISBN 7-80087-896-1

Ⅰ.企… Ⅱ.①王…②李… Ⅲ.企业文化－研究
Ⅳ.F270

中国版本图书馆 CIP 数据核字（2005）第 145429 号

书　　名：企业文化诊断评估理论与实务
著作责任者：王吉鹏　李　明
出版发行：中国发展出版社
（北京市西城区百万庄大街 16 号 8 层　100037）
标准书号：ISBN 7－80087－896－1／F·543
经　销　者：各地新华书店
印　刷　者：北京宏伟双华印刷有限公司
开　　本：787×1092mm　1/16
印　　张：24.5
字　　数：300 千字
版　　次：2005 年 12 月第 1 版
印　　次：2005 年 12 月第 1 次印刷
印　　数：1—5000 册
定　　价：68.00 元

咨询电话：（010）68990692　68990630
购书热线：（010）68990682　68990686
网　　址：http://www.develpress.com.cn
电子邮件：fazhan@drc.gov.cn

序　一

我是农民子弟，少年时要头戴草帽，跟随爸爸挥汗如雨地锄草。少不更事，为了多锄几垄地，经常投机取巧，遇到难铲的地方就糊弄过去。每天收工前，老爸都要把我锄过的地再过一遍，只要发现有铲得不细的地方，立即动手弥补。老爸是个残废军人，是辽沈战役的英雄，我至今仍痛恨自己，因为我不守规则，连累老爸拖一条残腿在田里来回地折腾。我们的企业文化建设，很多是这样的半拉子工程，折腾的人多了去了。

企业文化是一门科学，有其规律性，我们很多人或没有意识到或不愿正视或把握不住这些规律，比如，很多企业越过了企业文化诊断评估阶段，直接“开始”企业文化建设或再造，结果事倍功半。

缺少规则意识仅仅指人们对规则不了解是不确切的，规则意识的缺乏在于人们普通的行为是否在按照正确的规则行事。如果是的话就会自然而然形成规则意识；如果不是，大家按照“潜规则”行事，那么那些人人尽知的正确的规则就会被抛弃。西方有一句名言：法律不是写在纸上，而是表现在人们生活中的。

一个在日本的中国留学生，课余为日本餐馆洗盘子以赚取学费。日本的餐饮业有一个不成文的行规，即餐馆的盘子必须用水洗上七遍。洗盘子的工作是按件计酬的，这位留学生计上心头，洗盘子时少洗一两遍。果然，劳动效率便大大提高，工钱自然也迅速增加。一起洗盘子的日本学生向他请教技巧。他毫不避讳，说："你看，洗了七遍的盘子和洗了五遍的有什么区别吗？少洗两次嘛。"日本学生无语，渐渐便与他疏远了。餐馆老板偶尔抽查一下盘子清洗的情况。一次抽查中，老板用专用的试纸测出盘子清洗程度不够并责问我们这位留学生时，他振振有词："洗五遍和洗七遍不是一样保持了盘子的清洁吗？"老板只是淡淡地说："你是一个不诚实的人，请你离开。"为了生计，他又到另一家餐馆应聘洗盘子。这位老板打量了他半天，才说："你就是那位只洗五遍盘子的中国留学生吧。对不起，我们不需要！"第二家、第三家……他屡屡碰壁。不仅如此，他的房东不久也要求他退房，原因是他的"名声"对其他住户（多为留学生）的工作产生了不良影响。他就读的学校也专门找他谈话，希望他能转到其他学校去，因为他影响了学校的生源……万般无奈，他只好收拾行李搬到了另一座城市，一切重新开始。他痛心疾首地告诫准备到日本留学的中国学生："在日本洗盘子，一定要洗七遍呀！"

我们不禁悚然动容！

企业文化诊断评估是建设企业文化的第一步，这是规律，不能越过这一步就是规则。我们不缺乏规则，缺乏的是不折不扣地贯彻规则的决心和行动。

王吉鹏

2005 年 11 月

序　二

企业文化在公司中无处不在，这是事实。无论喜欢与否，任何情况下我们都得面对它。我们所做的就是要发挥它的积极作用。随着现代管理思想的广泛传播，企业文化的建设与管理在中国越来越受到企业的重视，企业文化建设逐渐被越来越多的企业肯定和开展。

但是，长期以来，在我国企业文化建设与管理的实践中，对于企业文化一直存有“看起来很美，说起来很甜，做起来很难”的说法。究其原因，一是应该归结于文化和经营的分离——文化是文化，经营是经营，把文化看作玄而又玄、虚而又虚的东西，认为企业文化于企业经营管理，最多不过是个点缀；二是应该归结于企业文化在实际操作过程中缺乏具体手段。很多企业在企业文化建设和企业文化管理中都或多或少地遇到了下面这些问题：

- 如何使企业文化真正融入到企业的经营管理实践中去？
- 如何建设落到实处的企业文化？
- 如何准确地挖掘企业传统文化的优秀因子？
- 当现有的企业文化不能支撑企业战略发展时，如何变革企业文化？
- 当两家企业兼并或重组后，如何实现企业文化的融合、化解冲突？

企业文化是一个动态的概念，在进行企业文化管理过程中，我们首先要对现有的企业文化进行定期的诊断、评价和测量，使之量化，从而准确呈现现有企业文化的特征，比较现实与期望的差异，比较本企业与全行业的差异，衡量企业文化创新、变革的方向与企业长期发展战略的适应性。测量、评价以及再测量、再评价，对于制定企业文化建设的战略与策略起着重要的作用；一年一次的企业文化综合诊断评估对加强和改善企业文化管理工作也有积极的意义。

本书在综合人类学、社会学、管理学、组织行为学、组织心理学、现代西方经济学对组织行为和人的行为的研究方法和研究成果基础上，着重介绍企业文化诊断评估的基本概念、基本理论和操作实务。

本书使读者对企业文化及其诊断评估有一个精确的概念，我们认为这些概念的解析对于认识和理解企业文化、对于成功完成企业文化诊断评估工作是至关重要的；与此同时，我们对于如何进行企业文化诊断评估的一些具体的操作程序、关键步骤、注意事项、所需技能等等做了详细的介绍，使本书既具有理论性又具有对实践工作的指导性。企业文化诊断评估研究及实践是一项具有挑战性的工作，而这项工作对于促进企业的持续健康发展有着重要的意义，我们愿意与读者共同迎接这一挑战，分享来自于这项挑战的激情与乐趣。

李　明

2005 年 11 月于北京

目　录

第一编　企业文化诊断评估基本观念与基本理论

第二编　企业文化诊断评估工具

第三编 案 例

第一编　企业文化诊断评估基本观念与基本理论

如果你不能量化某些事物，你就无法准确的描述它；
如果你不能准确地描述它，你就无法深刻地理解它；
如果你不能深刻地理解它，你就无法很好地控制它；
如果你不能很好地控制它，你就无法适时地改进它。

——仁达方略　李　明

企业文化诊断与评估系统是用来评估企业文化现况的一套系统性方法和工具。我们将利用各类型的数据和图表，将抽象的企业文化具体化，以看得见的方式来探讨企业文化的形态，以及公司所存在的问题，寻找企业文化导入的有效路径。

文化评估是企业文化建设的重要环节，没有良好的诊断，便无从真正了解企业现状，也无法准确把握企业文化的脉络和内在的真实。

第一章　企业文化诊断评估概论

文化至关重要，因为它是强大的、潜在的并且经常是无意识的一组力量，它决定了个人和集体的行为、感知方式、思维模式和价值观。企业文化特别重要，因为文化要素决定了战略、目标和运营模式。

——美国麻省理工学院教授　沙因

回眸过去的一个世纪，风云变幻，动人心魄。企业，技术，产品，人物……一浪推动一浪，一波盖过一波，波澜壮阔，蔚为壮观。当然，其中最活跃、最精彩、最有生命力的，还是人物。社会发展的历史，归根到底是人的历史。

知识经济时代的到来，使社会运行方式和人们的生活方式发生了翻天覆地的变化，而商品经济的发展与竞争全球化正在加速这一变化。这种变革深深影响了原有社会的经济、政治及文化结构，同时也在改变着人们原有的思想观念，使人们由对物质的崇敬转向对人的充分尊重，从而更重视个人的主体性发挥与能力的发展。体现在管理上，知识时代引发了一场极其深刻的管理革命，企业管理开始从科学管理向文化管理过渡。文化管理的特点是以人为中心进行管理，以对人的管理为出发点，培育共同价值观，实质在于调动人的自觉性和积极性、主动性和创造性，最大限度地挖掘企业中人的潜力，激发人的潜能。

管理是一项宏伟的工作，企业文化管理是一项更伟大的工作，卓越的企业文化管理是一项最伟大的工作！时代步伐，浩浩荡荡，文化管理是21世纪最佳的企业管理方式，是企业竞争力的源泉所在，世界知名企业都在积极向文化管理过渡。

第一节 关于企业文化

关于什么是企业文化，人们早已不再陌生，然而，对企业文化的概念和内涵的理解却千差万别，在介绍企业文化诊断评估的理论和实务之前，有必要对企业文化的概念、内涵、结构和层次作一番梳理。

企业文化的概念与内涵

关于文化的定义，人类学家、民族学家、社会学家以及组织行为学家等都从自己的学术角度对文化进行了不同的诠释和理解，据统计，目前学术界有关文化的定义有四五百种之多，归结起来可以分为偏重于“文明”和偏重于“文化”的。两个概念常常相互关联却从来不是完全等值的。前者概括物质的与可见层面的特征，后者侧重精神的及不可见层面的特征，二者相辅相成。在欧洲语言中，这两个词从拉丁语语源上有明显的区别。“文化”来自乡间，起源于农民的世界，它的本意是指培植耕作自然作物，这一含义至今尚有残留，隐喻为“价值观的培育过程”，引申为个人修养、社会知识、艺术作品和一定时代的社会生活等。而“文明”一词起源于城市，来自公民的都市世界。“文化”与“文明”这两个概念在整个19世纪和平共处，经常相互替代，没有人从根本上加以区别。不过20世纪初，他们第一次产生了尖锐的冲突。有关的权威论述见于奥斯瓦尔德·斯宾格勒的《西方的没落》。该书 1918 年 6 月在德国出版。

斯宾格勒解释了他所谓的文化，“我看到的并不是凭空杜撰的唯一的线性历史，而是若干伟大的文化所上演的历史戏剧，每一种文化都带着原始的力量从本土的土壤中生长起来，并终其一生牢牢固守于此。每一种文化都在自己的形象里打上自己的资源（即人民）的烙印，每一种文化都有自己的理念、自己的激情、自己的生活、意愿、感受以及死亡。这些真切的色彩、光线、运动是理智的目光仍未发现的。这些文化、民族、语言、真理、神址和景观就像像树和石松及其花朵和枝叶一样繁盛、衰老。每一种文化都有自我表现的新的可能性，它们产生、成熟、衰落，然后一去不复返……这些文化——纯化的生活精髓——像田野中的花朵一样无目的的生长，它们如同植物和动物，属于歌德的生机勃勃的自然，而不属于牛顿那个死气沉沉的自然。”

“文化学之父”泰勒说：“所谓文化或文明乃是指知识、信仰、艺术、道德、法律、习俗以及包括作为社会成员的个人而获得的其他任何能力、习惯在内的一种综合体。”

《大英百科全书》（1973～1974 年）将文化概念分为两类。第一类是“一般性”的定义，将文化等同于“总体的人类社会遗产”；第二类是“多元的、相对的”文化概念，即“文化是一种来源于历史的生活结构的体系，这种体系往往为集团成员所共有”，它包括这一集团的“语言、传统、习俗和制度，包括有激励作用的思想、信仰和价值，以及在物质工具和制造工具中的体现”。

美国人类学家克拉克洪和凯利把文化看作是“历史创造出的、清晰和不清晰、理性、非理性和不理性的所有生活图式，这种图式在任何给定的时间都作为一种人类行为的潜在指导而存在”。

克鲁克霍尔姆按以下七条标准定义文化：一个文化圈成员的自我认识；与自身所处环境的关系；价值结构；与他人的关系；个人贡献定义；时间指向；空间指向。

文化人类学家怀特认为每种人类文化可以分成三个部分：经济和技术；社会结构；意识形态。他认为经济与技术是社会结构和意识形态的基础。要理解社会结构意识形态只有在经济与技术的基础上才能做到。

中国《辞海》对文化的定义，一直沿用着广义与狭义两种解释：“从广义来说，指人类社会历史实践中所创造的物质财富和精神财富的总和。从狭义来说，指社会的意识形态，以及与之相应的制度和组织结构。”

英国牛津大学出版社商务词典把文化定义为“在一个组织内影响成员行为的价值、信念、规范和传统”。文化的完整性（completeness）和自足性（selfsuf-ficiency）归因于一个事实，即满足人类基本的、实用的及整合化的全部需求。

企业文化是新近随着企业管理理论的发展而出现的概念，目前关于企业文化的定义也有一百几十种之多，其中最广泛使用的、具有权威性的概念是美国麻省理工学院组织行为学教授爱德华·沙因（Schein）的定义。

沙因教授的企业文化定义为：企业文化是在一定的社会经济条件下通过社会实践所形成的并为全体成员遵循的共同意识、价值观念、职业道德、行为规范和准则的总和（Schein，1984年），是一个企业或一个组织在自身发展过程中形成的以价值为核心的独特的文化管理模式。

以另外一种为我们所容易理解的方式表述为：企业文化是企业在生产经营实践中逐步形成的、为全体员工所认同并遵守的、带有本组织特点的使命、愿景、宗旨、精神、价值观和经营理念，以及这些理念在生产经营实践、管理制度、员工行为方式与企业对外形象的体现的总和。

本书将使用上述对企业文化的定义和理解。企业文化，概括起来就是企业和企业人的思想和行为。

作为一种文化氛围，企业文化不是管理方法，而是形成管理方法的理念；不是行为活动，而是产生行为活动的原因；不是人际关系，而是人际关系反映的处世哲学；不是工作，而是对工作的感情；不是地位，而是对地位的心态；不是服务，而是服务中体现的精神境界。总之，企业文化渗透于企业一切活动之中，而又流溢于一切企业活动之上。（王吉鹏，《价值观的起飞与落地》，2004）

企业文化不是单纯的思想或矫揉造作的文字，不是企业与文化的嫁接，更不是企业家与文化人的联谊会。如同知识本身并不承载价值一样，为企业文化而建设企业文化基本上是徒劳的，很多企业想通过某一局部的取巧来建设企业文化，却从根本上忽略了企业文化无形的存在和作用。

企业文化的结构与层次

企业文化结构图如图 1－1 所示。

一般来说，企业文化包括了三个层次：

第一层是处于核心的精神层，也就是企业文化理念体系。它是企业在长期的经营过程中，为了适应竞争环境而形成的对生产经营行为的选择标准、辨别标准和评价标准，如企业使命、企业愿景、企业精神、价值观、经营理念、管理理念、人才理念等等。它决定了企业的发展方向和行为准则，是企业一切行为与对外体现的意识根源。

第二层是中间层的行为与制度层，它是在企业文化核心层

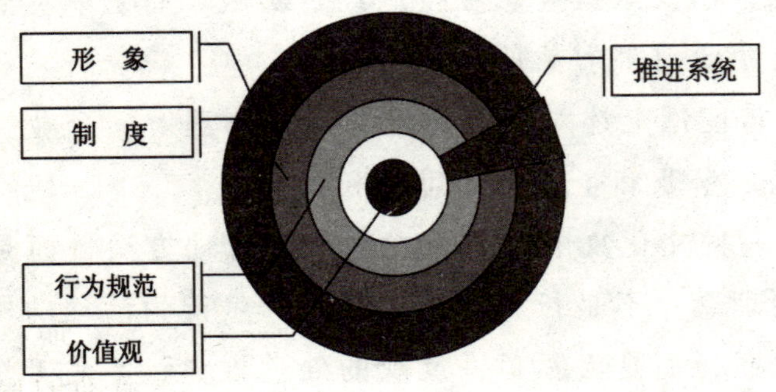

图 1-1 企业文化结构图

（资料来源：《价值观的起飞与落地》，王吉鹏，电子工业出版社，2004 年）

指导下的企业各项管理制度和企业、员工行为的体现，它对企业所倡导的价值观与理念体系的实现起到了保障和促进作用，并进一步转化为指导操作的行为准则和规范。它是由企业内部存在的管理制度、管理方法和管理政策构成的管理氛围，包括诸如企业的管理体系、组织结构、管理制度、员工守则、岗位责任等。它可能是被明确地表示或被明文规定，也可能是约定俗成的，这些制度、方法和政策体现了企业关注的事和所奉行的原则。

第三层是最外层的器物层，它是企业文化的外显。企业在生产经营活动中会自觉或不自觉地形成一系列基本行为模式，譬如企业员工的着装打扮、习俗和礼仪、传闻轶事、企业的建筑物、产品包装等等。它与企业所处的政治、经济或社会习俗有关。员工个体在加入组织时所遵循的处事原则可能与组织所倡导的价值观体系不吻合，组织有必要通过同化教育来推行其价值观，这时必须辅助以制度规范来约束与价值观相背离的行为。但归根结底，外显的行为是受企业理念体系与价值观的支配，表现出价值观的选择和要求，是企业价值观的实践化。

企业文化推进是企业文化建设的关键环节，是企业文化理念体系回归实践的核心通道，企业文化理念体系形成后，关键是企业文化理念与价值观能够被员工认同并转化为自觉行为。要实现这一目标，就必须有效利用各种途径，把企业文化所提倡的价值观念、精神宗旨灌输到全体员工的头脑中去，并通过制度与机制的引导与约束，使之“领会在心里，融化在血液中”，切实保证员工在企业活动中自觉或不自觉地展现优秀的企业文化。一个有效的企业文化推进系统能够支持企业文化理论的发展和运用于实践指导，并能够将企业文化的推进和实施渗透到企业管理实践的各个节点。

企业文化产生的一般模式

“经营策略”或“组织机构”这些术语以及其他如“企业象征”、“企业责任”等词语与竞争的且规范的市场环境一起有效地作用于企业员工的行为方式，人们常常将它们交换着使用。基于前面分析得出的观点，经营型企业的文化就不同于某一公司企业的“经营策略”或“组织机构”)。策略不过是向某一方向运动的逻辑方式而已。企业策略所需要的信念和经营实践可能与这一公司的企业文化相吻合，也可能不相吻合。如果它们的确相互抵触，公司就难以成功地贯彻实施这一经营策略。即便这一经营策略一时得到成功贯彻实施，若公司中大多数员工并不热心鼓励新的员工效仿去经营实践，体现这一经营策略的企业行为方式也不可能形成文化的氛围。

企业组织结构代表着某种规范化的企业组织部门。这些部门由于企业文化因素的影响，必然需要相应的企业行为方式。它们或许会需要一些并不存在于企业文化中的行为，但这些行为决不能与企业现存文化相左，否则，他们就会需要与企业文化相反的企业经营实践了。在最后的这种状况中，我们常常看到人们将其分为“规范的企业”和“不规范的企业”。

我们讨论企业文化时虽然常常将其视为唯一的文化，但每一家公司企业的文化其实都存在着多种形式——这种企业文化的内部差异通常与企业不同职能机构，与企业内各部门所处的地理环境有关。即便在企业内较小的职能部门中，依然会存在着多种形式的，有的甚至是相互抵触的部门文化。企业规模大，各部门所处地理位置分散的公司企业可能会有着几百种类型不同的企业文化。人们谈论所谓“企业文化”，通常他们是指一个企业中各个部门，至少是企业高层管理者们所共同拥有的那些企业价值观念和经营实践。同理，所谓“部门文化”就是指企业中一个分部的各个职能部门或地处不同地理环境的部门所拥有的那种共通的文化现象。

企业文化产生所需要的条件具有共通性。因此，企业都有着自己的文化。麻省理工学院的埃德加·沙因（Edgar Schein）以及其他一些学者曾论证说，企业文化产生的必要条件在于企业成员在相当长的一段时间里保持相互间交往，并且无论从事何种经营活动均获得了相当的成就。当他们在处理所遇到的问题时，不断重复使用的解决问题方法就会生成他们企业文化中的一个部分。它们有效使用的时间愈长，它们就会愈加深入地渗入企业文化之中。结果，每当公司收入停滞不前，公司管理人员就增加广告支出，这一行为似乎极大地促进了公司销售额的增长，这一行为方式就很可能成为这家公司企业文化的一个组成部分。在特定的情形下，相关的价值观念或信念——如“销售额下跌，广告宣传会产生巨大作用”或“选择性的广告最为有用”——也会融入公司的企业文化之中。

这些融入企业文化的价值观念或特定问题的解决方法可以从企业不同层次的人员中产生：它们可以是个人的或群体的，也可能源于企业基层或企业的最高管理者。但是在企业文化力量雄厚的公司企业中，这些价值观念出自公司发起人或企业初创时期的其他领导人士。他们将这些价值观念形象地表述为“企业特征”、“企业经营策略”或“企业经营模式”，甚至于三位一体同时存在。企业文化产生的一般模式如图 1－2 所示。

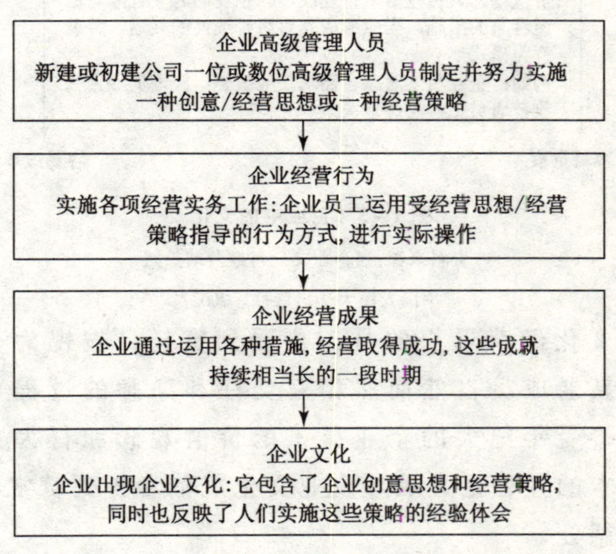

图 1－2　企业文化产生的一般模式

（资料来源：《企业文化与经营绩效》，
中国人民大学出版社，2002）

如图 1－3，企业文化一经形成，自身就可以通过多种途径生存和发展。企业总是根据应聘人员价值观念和行为方式是否与自己企业的文化相吻合来决定是否聘用的。而新招聘的员工会得到直接的教育，了解本公司人员的行为风格。人们会不厌其烦，一遍又一遍地向他们讲述公司发展中的轶事和传说，提醒新成员们记住企业的基本价值观念和它们的内容。经理们会对他们言传身教，做出企业文化和企业经营思想上的表率榜样。企业的高级成员会通过日常的谈话，通过企业特殊庆典、仪式反复讲述企业自身的重要价值观念。那些成功地

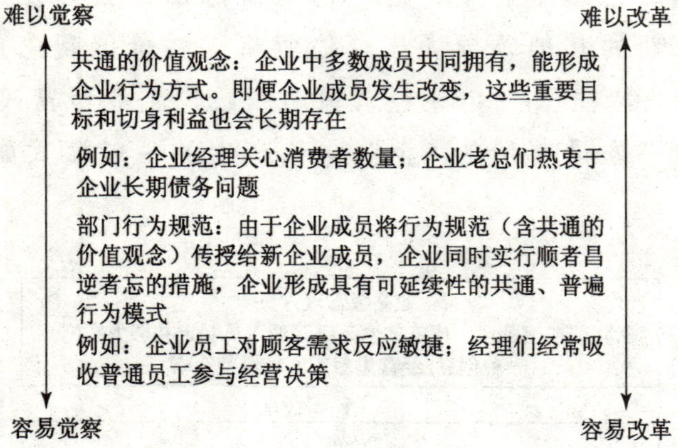

难以觉察　　难以改革

共通的价值观念：企业中多数成员共同拥有，能形成企业行为方式。即便企业成员发生改变，这些重要目标和切身利益也会长期存在

例如：企业经理关心消费者数量；企业老总们热衷于企业长期债务问题

部门行为规范：由于企业成员将行为规范（含共通的价值观念）传授给新企业成员，企业同时实行顺者昌逆者忘的措施，企业形成具有可延续性的共通、普遍行为模式

例如：企业员工对顾客需求反应敏捷；经理们经常吸收普通员工参与经营决策

容易觉察　　容易改革

图1-3　企业中的文化

（资料来源：《企业文化与经营绩效》，

中国人民大学出版社，2002）

实现这些文化经营思想的员工会受到赞扬，被视为企业的楷模。企业新老成员自然而然相互交往和熟悉的过程也就是提倡青年人接受年纪大的企业员工的价值观念和行为方式的过程。最基本的过程是凡顺应企业文化规范者得到赞赏，而逆行者则受到惩处。

✧ 人类学中关于文化的阐释：什么是文化

开篇伊始，最好先对文化的众多表现形式作一鸟瞰。文化显然是一个有机整体（integral whole），包括工具和消费品、各种社会群体的制度宪纲、人们的观念和技艺、信仰和习俗。无论考察的是简单原始、亦或是极为复杂发达的文化，我们面对的都是一个部分由物质、部分由人群、部分由精神构成的庞大装置（appara - tus）。人借此应付其所面对的各种具体而实际的难题。这些难题之所以产生，是因为人有一个受制于各种生物需求的躯体，并且人是生活在环境之中。这个环境是人的良友，因为它提供人工制品的原料，但也是人的危险敌人，因为它包藏着许多敌对力量。

对这段随意而且肯定是质朴的陈述，我们还将条分缕析。它首先意味着文化的理论必须立足于生物学的现实。人类是一个动物物种，他们受基本自然条件的制约。只有满足这些条件，个人才能生存，种族才能延续，整个物种的正常形态才能维持。此外，人在其整套物质装备和制造及鉴赏这套装备的能力之外，又创造出另一个次生环境（secondary environment）。这些都已是老生常谈，况且类似的文化定义经常得到陈述和详尽说明。但是，我们还要引出一两条额外的结论。

首先，显而易见的是个人和种族的机体或基本需求之满足，是强加于每种文化之上的一组最低条件。由人类的营养、生殖和卫生需求所提出的难题必须得到解决。解决的方式就是建造新的、次生的人工环境。这个恰恰相当于文化的环境必须持续地得到再生、维持和管理。这就创造出该字眼最一般意义上所谓的生活的新水准。它取决于社区文化水准，取决于环境，也取决于群体的劳动效率。然而，生活的文化水准意味着新需求的出现，以及有新的驱力（imperatives）或决定因素被加之于人类行为。很明显，文化传统必须从一代传递给下一代。某种教育方法和机制必然存在于每种文化之中。因为合作是每一项文化成就的真谛，所以秩序和法律必须得到维持。每个社区必然存在认可风俗、伦理和法律的安排。文化的物质底层需要更新并维持其正常运转状态。因此，一些经济组织形式必不可少，最原始的文化亦难逃此公例。

总之，人必须首先满足其机体的全部需求。他必须为果腹、取暖、住房、穿衣或抵御风寒和变天而做出安排和展开活动。他必须保护自己并组织起来对付外敌和危险。无论这危险来自自然、动物还是人类。人类的所有这些基本难题都要由个体通过器物，通过组成合作群体，通过发展知识、价值和道德意识来求得解决。我们力图表明，有可能发展一套理论，该理论可将基本需求及其文化满足与新的文化需求的衍生挂钩。而且，这些新的文化需求又将一套次生型的决定机制强加于人与社会。我们将能把产生于诸如经济、道德、教育和政治等活动类型的功用性驱力（instrumental imperatives）与整合性驱力（integrative imperatives）区分开。后者可以知识、宗教和巫术为例。我们将能把艺术和娱乐活动与人类机体的特定生理特征直接联系，并表明它们对协作行为方式，对巫术、工业和宗教信仰等等的影响和依赖。

如果这种分析能向我们揭示出将单个文化视作一个连贯整体的道理，我们就能断言该文化必须遵从的一系列普遍决定因素。然后我们就能提出一些预测性见解来作为田野调查的指南，作为比较研究的标准，以及作为文化适应和变迁的普通尺度。由此观之，文化对我们，就不会像一两个能干的人类学家最近所描述的那种“碎片和破布的拼缀”，我们就可以拒斥“无法找到文化现象的通则”和“文化进程的规律模糊、乏味、无用”之类的观点。

文化的科学分析还可以指向另一种遵从普遍规律的现实系统，因而可以作为田野调查的向导，作为识别文化现实的手段，以及作为社会工程（social engineering）的基础。我们刚刚简要说明的这种旨在界定文化性能与人类需求——无论是基本需求还是派生需求——之关系的分析，或可称为功能分析。除了以人类通过合作、使用人工制品、消费的活动来满足需求之外，我们没有别的办法来定义功能。这个定义还隐含着另外一条原则，使我们可以据以具体地整合文化行为的任何状态。这里的关键概念就是“组织”（organization）。为了达成任何目的，获取任何成果，人类都必须组织。我们将阐明，组织意味着很确定的配置或结构，其主要元素普遍地存在，适用于所有组织化群体，而组织化群体的典型形式又是普遍地存在于整个人类。

我提议将这样的人类组织单位称为制度（institution）。这是一个由来已久，但并不总是能被清楚界定和连贯使用的术语。这个概念意味着对一套传统价值的认同，人们为此而结成一体。它也意味着人们之间，以及人与自然或人工环境的特定物理部分之间，都有着确定的关系。在自身目的或传统要求的宪纲之下，遵循着其团体的特定规范，使用着受其控制的物质装备，人类共同行动以满足他们的某些欲望，同时也对其环境产生影响。这个初步概念应被提炼得更为精确、更为具体、更为恰当。但在这里，我愿再次强调除非人类学家及其人文学同事就具体文化事实中的确切单元取得一致意见，我们将永远不会有研究文明的任何科学。同理，如果我们能就此达成一致，如果我们能发展出制度性行为的一些普遍性有效的原理，我们就能为我们经验和理论的追求再次奠定一个科学的基础。

显然，这两种分析方案中的任何一种都并不意味着所有文化是相同的(identical),也不意味着文化研究者必须对文化的一致性或相似性投入比其对于文化的差异性更多的兴趣。然而我主张，要理解各种歧异（divergences），一种清晰、共同的比较尺度必不可少。此外，这也可能证明，通常被归因于不同民族或部落特殊天才的多数歧异——持有此说者并不只限于国家社会主义理论——乃是种种制度围绕某些高度专门化的需求和价值而形成的理由。猎头（head - hunting)，奢侈的死之仪式和埋葬方式，以及巫术表演之类的现象，最好被理解为本属人性所共有的，只是被特别夸大了的理念和倾向的地方性诠释。

我们提出的功能和制度这两类分析方法，将使我们能更加具体、精确和彻底地界定文化。文化是由部分自治（autonomous）和部分协调（coordinated）的制度构成的整合体。它依据一系列原则而整合，例如血缘共同体通过生育，空间相邻通过合作，活动中的专门分工，最后但同样重要的是，政治组织通过权力的运用而整合。每个文化的完整性（completeness）和自足性（self - ficiency）都归因于一个事实：即满足基本的、实用的及整合化的全部需求。因此，像最近有人提出的每个文化仅启用其潜在范围中的一小部分的说法，至少在一种意义上是极端错误的。

如果列出世界上各种文化的所有表现，我们就会明显地发现一系列详尽的边缘古怪习俗：如食人之风（cannibalism）、猎头、产翁制（couvade）、夸富宴（potlatch）、库拉圈（kula）、火葬（cremation）、木乃伊（mummification）等。就此而论，显然没有单一的文化能够包罗许多其他文化中的所有形式的畸形和怪癖。然而我要说，这种研究方法在本质上是不科学的。首先，它未能按照相关性原理界定什么可以作为一种文化真正的和有意义的要素。在比较这些明显奇异的"单元"时，它未能同时给我们提供其他社会的习俗或文化安排（cultural arrangements）的任何线索。事实上，我们可以证明：一些初看时显得很奇怪的现实，其实都与普遍性的、基本的人类文化要素紧密相关。正是这种认识能接受用寻常术语对异域习俗的描述，亦即解释。

当然，在此还有必要引入时间要素，即变迁要素。我们在此试图证明，所有文化进化或传播过程都首先以制度变迁的形式发生。无论是以发明的形式还是以传播的行动，新的技术装置总要被结合到业已确立的组织化行为系统之中，并逐渐对原有制度产生全部的重塑。另外，根据功能分析，我们可以证明，除非有新的需求被创造出来，任何发明、任何革命、任何社会或知识的变迁都不会发生。因而技术、知识或信仰方面的新装置都要适合于文化过程或某种制度。

如同我们能科学地观察到的，我们生活于其中并且经历的基本文化事实，就是人类都被组织在永久性群体中。这样的群体经由某些协议、某些传统法律或习俗、某些相当于卢梭“社会契约”的因素而相互联结。我们总能看到这些群体在一个确定的物质环境（material setting）——一个专门供其利用的环境、一套工具设备和人工制品、一份归他们所有的财富当中合作。在合作中，他们遵循地位或贸易的技术规则，遵循有关礼节、习俗性谦让的社会规则，以及塑造其行为的宗教、法律和道德习俗。我们也总是有可能从社会学意义上界定和判断这种组织化的人类群体活动究竟产生什么效果、满足什么需求、向自己和整个共同体提供什么服务。

一个简单的经验性引证就能把这个抽象陈述落到实处。首先我们考察个人的创新在什么条件下成为一个文化事实。一项新技术装置的发明、一个新原理的发现或一个新观念的形成、一个宗教启示或一个道德亦或美学的运动，除非它们被转换成一套组织化的合作活动，否则就不具有文化相关性。为将新装置投入生产，发明者必须申请专利并组建公司。为此，他首先得使一些人确信该发明值得产业化，然后再使其他人相信这件物品值得购买。在启动产业活动之前，公司要建立、执照要申请、资本要落实。这套包括生产、贸易和广告的活动可能成功或失败。换言之，产品在被制造之后，可能在满足一种新需求方面实现特定的经济功能，如收音机；或是更为成功地满足原有需求，如数不胜数的人造丝绸、尼龙、更有效的化妆品或新品牌的威士忌酒等产品。

同样，一个新的神启，如发生在玛丽·贝克·埃迪夫人（Mrs. Marry Baker Eddy）、埃米·桑泊尔·麦克菲尔逊夫人（Mrs. AimeeSemple MacPherson）、约瑟夫·史密斯（Joseph Smith）或弗兰克·布奇曼（Frank Buchman）身上的启示，首先得让一群人知道。然后他们组织起来，用物质装备自己，并且采取一系列地位规则和行为规则，再据此开展宗教礼仪活动并实践其教义和道德原则。他们由此而满足了一种精神需求，这种需求无疑不像人造丝织品或威士忌酒那样基本，但也是真实的需求。一项科学发现也先要经过实验室、观察数据或统计资料以及铅印文字等物质材料的装备。它必须使一些人信服，必须在实际中应用，或至少和其他知识分支相联系，如此方能说它在促进知识增长方面实现了具体的科学功能。如果以此观点来考察任何运动，如禁酒运动或生育控制、原教旨主义或裸体主义，或如崩德（Bund）、三 K 党（the kuKlux klan）、卡林斯教父的社会行动（Father Coughlins Social Action）之类的强化种族歧视的委员会或组织，我们可以发现并记录下参与运动的成员间在共同目标诉求上的某种一致。我们也要从领导权、财产权、功能和活动的分工、衍生的职责和利益的角度来研究这类运动的组织。我们必须记录控制群体行为的技术、伦理、科学和法律规则及附则。如能将这些规则与人们实际活动进行比照当然更好。最后，我们还应确立该群体在整个社区里的相关位置，即界定其功能。

依据上述原理，我们从自己的文明入手，因为我们确信人类学也应当从自身社会开始研究。我们还从观念、原理、装置、宗教启示或道德原理，如果未经组织，是否具有任何社会或文化相关性的分析入手。我们的答案是断然的否定。只要观点、伦理运动、最伟大的工业发现仍然局限于某个人的头脑，其在文化上就全然无效。假如希特勒只是发展了他的全部种族教条，假如他只是憧憬纳粹化的德国及整个世界为其正当主人——德国纳粹所奴役的梦想；假如他只是在自己的头脑中杀尽了犹太人、波兰人、荷兰人或英格兰人并征服了全世界——假如这一切都只是想像，那整个世界应该更幸福，而文化的科学和蛮人的科学就会缺少一个最可怕，当然也是最佳的例证来说明。一旦某个私人的创见落入肥沃的土壤，就能导致普天下的灾难和世界性的流血、饥荒和堕落。我们可以用不同的心情对牛顿的发现、莎士比亚的戏剧、穆罕默德或圣弗朗西斯（St. Francis）、亦或基督教创立者本人的观念，做出相似的结论。历史学、社会学、人类学所关心的都不是发生或保留在个体头脑里的活动，无论其中存在的天才、见识、灵感或恶意是何等宏大。这就是我们发展的普遍原理：人类行为的科学始于组织。

当然，历史运动中也发生过本能归因于个人创见之实施的协作活动类型。每个人都出生在一个家庭、宗教信仰、知识体系中，而且也经常生活在一种社会分层和政治制度中。这些都是长久的存在，并且在个人一生中不会改变甚至不会受到影响。因此，让我们补充先前的分析并环顾周围，把我们每天的工作或一生历史中的命运追踪一番，我们会再次发现，在任何地方和任何有效的实践中，个人只有在组织化群体中并通过组织化活动才能满足其兴趣和需求，并展开其任何有效的行动。想想你自己或你任何一个朋友、熟人的存在。个人在自家、旅馆、营地或在某些“制度”——不管是在纽约的新兴监狱、修道院，还是大学宿舍之内，都要照常地睡觉和起床。这些机构中的任何一个都代表一个组织化的和协调的系统。人们在其中提供和享受服务并拥有一个最低或最高舒适度的物质居所。它按某一消费标准运行并收取费用，包含一个管理该系统的组织化人们群体，还有一套制度化的规则要求其中的人遵守。

所有和每一个这些制度的组织，不管是家居（domstic）、公寓（residential），还是劳改性质（correctional），都基于一套制度化的法律、一套价值和妥协。它们中的任何一个都满足了其使用者和广义社会的需求，并因而实现了一种功能。除非我们考察的是一座修道院或监狱。在起床之后，人们都会做必不可少的清洁活动和清洗，吃早餐及做其他一些事情，然后前往某个工作地点，或购买一些东西，或以某种形式兜售其商品或想法。在每种场合下人们的活动都由一系列关系决定，包括与某些商业或工业企业，与学校或宗教机构，与政治社团或娱乐组织机构的关系等，人们在这些机构中或是官员或是普通职员。如果我们调查个人的日常行为，或男或女、或老或少、或健康或体弱，都能发现其生存的所有阶段必须都与这种或那种由我们的文化进一步细分的组织化活动系统相联系。这些系统汇聚在一起，就实在地构成了我们的文化。家庭和企业、住宅和医院、俱乐部和学校、政治总部和教堂，无论在哪儿我们都能找出一个地方、一个群体、一套规章、技术规则以及一种宪纲和一种功能。

此外，更全面的分析还能表明，在每种场合下我们的分析都有一个非常确定的客观基础。在研究属于特定环境场景中的特定物体时，该物体如建筑物、设备和资金等，都被囊括在制度中。我们也发现若要了解一个运动俱乐部或科学实验室、一个教堂或博物馆，就必须熟悉协调其成员活动的法律、技术或行政管理规则。管理此处提到的任何制度的人员（personnel）都必须作为一个组织化的群体来分析。这意味着我们必须指出等级制（hierarchy）、功能分工和每个成员的法律地位，以及与其他人的关系。而且，规则或规范总是表述出来用以定义理想行为。参照实际表现来检验这种理想状态，是从事科学田野工作的人类学家和社会学家的一项最重要的任务。因此，在我们的分析中，我们总是要清楚而明确地在规则或规范与实际行动之间加以区分。

任何此类活动系统的组织都意味着对某种基本价值和法则

的接受。人们组织起来总是为了一个自己所接受、群体所认同的目的。即使考察一个犯罪团伙，我们也能发现他们拥有自己确定其目的和意图的宪纲，只是整个社会——尤其是其法律和秩序机构——认定这样的组织为犯罪，并作为危险组织而予以侦破、根除和惩罚而已。我们由此而再次清楚地看到宪纳是群体所承认的目的，而功能则是活动的整体效果，这两者必须清楚地区分开。宪纲是由成员所接受、共同体所界定的制度观念。功能则是制度在整个文化配置中的角色。这是研究原始或发达文化的社会学家的定义。

简言之，如果我们要对自己的文明或任何其他文明中个体的存在作一描述，就得将个体的活动与组织化生活的社会配置，即与盛行于该文化中的制度系统联系起来。另外，依据具体现实对任何文化的最佳描述都在于列举和分析组成该文化的所有制度。

我要说社会学研究的这种方法乃是一种既成事实。它一直被历史学、经济学、政治学或其他社会科学分支的研究者们在评估文化和社会时所实践，只是其表现通常不甚明显。历史学家主要研究的就是政治制度。经济学家当然关注为商品的生产、销售和消费而组织的制度。那些研究科学史或宗教史，或向我们提供知识和信仰体系的比较分析的学者，其较为成功地探讨的也是作为组织化实体的人类知识和信仰现象。然而在论述通常所谓的文明的精神方面时，关于社会组织的这种冷静而重要的方法却还没有受到持久的重视。哲学思想史、政治意识形态史、发现史或艺术创作史都经常忽视这样的事实：即任何形式的个人灵感，除非它能抓住群体的民意，且以物质表达方式来实现这灵感，并因此而体现在一个制度之中，就不能成为一种充分的文化现实。

另一方面，经济学家有时容易低估这样的事实，即尽管生产和财富系统确定无疑地决定人类生活的全部表现，但其本身也由知识和伦理系统所决定。换言之，认为一个系统中的经济组织制度是文化的最终决定因素的极端马克思主义立场，似乎低估了此处分析中阐明的两个基本观点：第一是宪纲的概念。据此我们看到任何生产系统都依赖于知识，依赖于全方位文化要素所决定的生活水平，以及法律制度和政治权力；第二是功能的概念，据此我们看到分配和消费正像依赖于生产组织本身一样地依赖于整个文化特性。换言之，我们在此提出的分析坚决表明：在任何社会学科的特定话语（discourse）世界，都应当与文化现实的其他方面做相当程度的交叉（cross - fertilization），以避免原质论（hypostasis）和对所谓第一因或真实因的探求。

即使离开自己的文化而转向任何其他一种较少为人知和更为奇异的文化，我们还是会发现完全相同的状况。中国文明与我们的不同在于其家族组织及其与祖先崇拜的关系不同；在于乡村和城市结构的差异；在于氏族体系的广泛存在；当然也在于该国的经济和政治组织。研究一个澳洲部落，我们就必须追踪那里的家庭小群体和包含着婚姻级别、年龄级别和图腾民族的部落游群（horhe）。只有当我们将社会组织与其物质环境挂钩，只有当我们能搜集到来自每个群体的规则的符码（code of rules），并证明它如何由当地人从某些普遍原理中推衍出来，而后者又总是具有先例和原始启示的神话、历史或传奇为背景时，我们对任何这样一个单位的描述才能取得意义并能被人理解。将活动的一般类型与它们对整个生活的影响联系起来，我们就能评估每个组织化活动系统的功能，因而表明它们是怎样结成一体而为当地人提供食物和居所、提供秩序和训练、提供环境导向系统以及提供使这些人与自己的普遍命运和谐相处的信仰。研究印度半岛高级和较原始文明的学者，应该联系婆罗门教来分析种姓制度，结合佛教教理来研究其衍生的寺庙。通过观察乡村社区、手工艺、市场和工业企业，研究者会逐步理解并能解释这些当地人怎样从他们的环境资源中谋求生计。

可见，无论是原始的，还是文明的共同体，我们首先看到所有有效的人类行动都导致组织化行为。我们开始感到这种组织化行为服从于一个确定的分析框架。我们或已认识到制度的类型，或组织化行为的单元在文化变异的广阔范围内显示出的某些根本相似点。因此我们现在可以着手给制度的概念下一个清楚的、类似于图表式的定义。我认为它正是文化分析的合法单元。

（资料来源：《科学的文化理论》，B·马林诺斯基著，黄建波等译）

第二节　企业文化诊断评估的基本观念

从表面上说，企业文化可以通过醒目的标志、标语口号、员工行为、着装规定、公司历史、传奇事迹、公司惯例及各种仪式等体现出来。然而，在这些有形文化特征的背后，那些不可见更不可触摸的企业核心价值观、信仰以及全体员工的共同假设（shared assumptions），才是企业文化的核心。切莫指望通过更换公司徽标、重新安排办公室布局，或者向员工们反复讲述组织里曾发生的某些光辉事迹，便能轻易改变企业文化。这些措施可能会起到一些作用，但远不足以赢得员工的信任或改变他们的观点，也远不足以让公司在市场中获胜。公司必须对员工整体的信仰和假设进行更深入的分析和思考。只有对这些问题有了更深入的思考和理解之后，你才能采取合适的措施，强化公司组织文化、提高工作效力。

☖ 为什么要重视企业文化

近几十年来，人们对企业文化进行的广泛研究表明，企业文化与公司业绩之间存在着密切联系。原因显而易见：传统的科学管理法或科层制管理只能约束住员工的行为，但不能赢得员工的心。而强有力的企业文化，却能成为激发员工积极性、使员工全心全意工作的主要动力。在一个强大且富有凝聚力的企业文化中，企业核心价值观深入人心，得到广泛认同。强烈的共同信仰有助于员工达成一致意见，关注重要目标，减少冲突，营造学习氛围，同时降低人员流失。强有力的企业文化所表现出来的独特亲和力，能使员工与企业融为一体。员工对于他们的重要性，如同家庭和社区对他们的重要性一样。

企业文化在企业内部整合方面发挥着积极的作用，但是它是否能提高企业的经济效益呢？在这方面是否存在着一些令人信服的案例呢？答案是肯定的。

瑞士洛桑国际管理学院（IMD）对企业国际竞争力的研究显示，公司文化与企业管理竞争力的相关系数最高，为0.946。该研究所显示的企业管理竞争力与其各子要素的相关系数如表1-1。

表1-1　企业管理竞争力与其子要素的相关系数

生产效率	0.742
劳动力成本	-0.550
公司业绩	0.892
管理效率	0.898
公司文化	0.946

《企业文化与经营绩效》的作者科特（Kotter）和赫斯克特

（Heskett）曾对207家公司进行了长达11年的研究，并得到了振奋人心的结果：如果公司的企业文化重视所有的主要相关群体（如客户、股东和员工等）的利益，这样的公司在业绩方面远胜于不具备上述文化特征的公司。在11年的研究期内，前一组公司的收入提高了682%，而后一组公司的收入仅增加166%；前者的员工人数增加了282%，相比之下，后者的员工人数仅增加了36%。至于公司股价的表现，两者的差异就更加明显了：前者的股价上升了901%，而后者的股价上升幅度仅为74%。此外，两者净收入增长率也差别很大，分别为756%和1%。

科特（Kotter）和赫斯克特（Heskett）的研究结果总结：

（1）企业文化对企业长期经营业绩有着重大的作用。我们发现具有重视所有关键管理要素（消费者要素、股东要素、企业员工要素），重视各级管理人员的领导艺术的公司，其经营业绩远远胜于那些没有这些企业文化特征的公司。在11年的考察期中，前者总收入平均增长682%，后者则仅达166%；企业员工增长前者为282%，后者为36%；公司股票价格增长901%，而后者为74O%；公司净收入增长为756%，而后者仅为1%。

（2）企业文化在下一个10年内很可能成为决定企业兴衰的关键因素。由于种种原因，经营业绩不佳企业的企业文化对企业财经管理存在着负面作用。最为重要的原因在于这些企业文化会对企业采用必要的新型经营策略或经营战术的行为产生抵触。在当今日新月异的世界里，一成不变的企业文化在未来10年中对企业财经管理会有更大的负面作用，这一点是可以预见的。

（3）对企业丰润的长期经济业绩存在负面作用的企业文化并不罕见，这些企业文化容易蔓延，即便在那些汇集了许多通情达理、知识程度高的人才的公司中也是如此。那些鼓励不良经营行为，阻碍企业进行合理经营策略转变的企业文化容易在相当长的岁月里缓慢地、不知不觉地产生，常常是当企业正处于获得较好经营业绩的时候。这种企业文化一旦存在，就极难改变。因为这些文化不易为人所察，同时还因为它们表现在对现存企业内权力结构的维护。当然，还有着许多其他的原因。

（4）企业文化尽管不易改变，但它们完全可以转化为有利于企业经营业绩增长的企业文化。这种转变错综复杂，需要时日，同时也需要最杰出的经营管理能力不同的领导才能。这种领导才能必须具有明确现实的洞察力，清楚哪一种企业文化可以促进企业经营业绩的增长——一种目前实业界、企业文化研究领域均罕见的洞察力。

公司需要什么样的企业文化

荷兰著名跨文化管理大师霍夫斯塔德（Hofstede）把世界民族特征分为具有五种不同文化理念和价值系统的社会文化：以个人主义或集体主义作为基础的社会文化；崇尚权威或蔑视权威的社会文化；强调以工作成就为目标的男性价值体系社会文化和注重人情味浓厚的女性价值体系社会文化；对不确定性容忍度高的社会文化或对不确定性容忍度低的社会文化；重视人生短期行为的社会文化或重视人生长期观念的社会文化。不同社会文化的核心构成社会的核心价值体系。而人的价值体系则是通过学校教育、家庭熏陶、人文传统、社会实践、工作摩擦以及人际交往多年潜移默化逐渐形成的。

每一家企业、每一个组织、每一个团队、每一个工作处所都有自己的文化，或好或坏，或无关痛痒。企业文化往往被认为是无法用语言所表达的，而恰恰是企业文化对那些选择成为企业中一员的人的行为产生了巨大的影响。价值观的准则帮助人们自主选择他们要加盟的企业——衣冠楚楚的会计师选择商业银行或投资公司、崇尚精神境界的人会加入一个非营利机构。

社会文化价值体系一旦形成，很难轻易改变。它成为人们工作、生活、事业、交往的动力和源泉。民族性特征很强的社会文化体系对企业文化及其组织氛围产生重大影响。企业家及企业的高层主管的个人成长经历、个性特征、经营使命、领导风格和工作习惯通过公司章程、公司规章制度、行为举止和文化理念逐渐培育成独特的企业文化。这种企业文化一旦形成，将对企业的战略执行力度、经营操作效益、员工满意度、兼并重组效率和企业工作氛围产生重大的影响。

理想的企业文化必须同时具备稳定性和灵活性——既保持使命、愿景和核心价值观稳定不变，又在公司的组织结构和业务经营上体现灵活性；必须同时关注对外部的适应性和在内部进行的整合——既要不断适应客户和市场的需求，同时也要使员工感到满意。

促进企业经营业绩增长的企业文化产生图如图 1－4 所示。

☆ 如何认识和了解企业文化

很少有公司设立企业文化部，但现在越来越多的公司开始这样做了。企业文化对企业有着举足轻重的作用，不能简单到某个地方就可以找到它。用审视的眼光研究在整个职业生涯中所供职过的企业，你很可能会发现，这些地方都有自己深层的、根深蒂固的价值观，主导着他们的经营方式。其中有良好的价值观，例如多样性、尊重、努力工作，以及一线的权威等

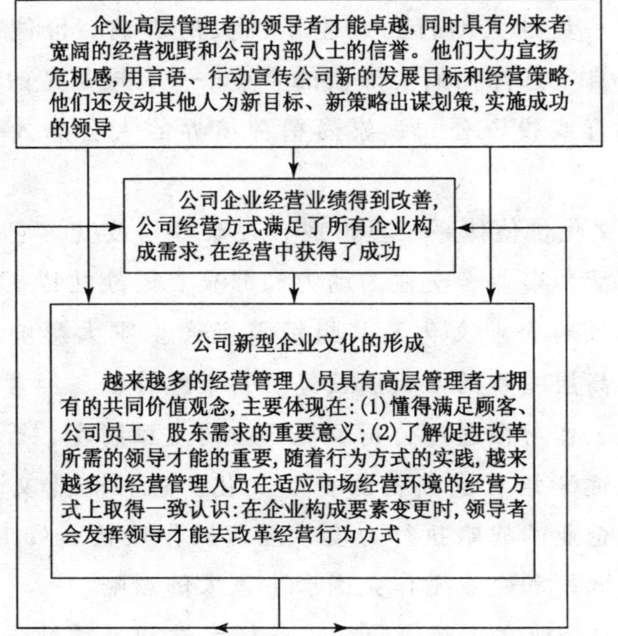

图1-4　促进企业经营业绩增长的企业文化产生

（资料来源：《企业文化与经营绩效》，

中国人民大学出版社，2002）

等，在此仅列举一二；也有一些不良的价值观，例如地方观念、不信任员工以及在作决策时独断专横。无论怎样，这些公司都有自己根深蒂固的价值观——而且十有八九，这些价值观非但写不出来，也难以用语言来表达。在很多工作场所，你很少能够听到人们公开的谈论这些价值观。人们日常工作中的表现就淋漓尽致的体现了这些价值观。

虽然企业文化的内涵难以用文字确切的进行描述，但是，毫无疑问，人们对它了如指掌。在很多情况下，它是某种保存下来的传统。这些价值观是在员工之间、经理与员工之间，准确无误的继承下来，体现在构成我们工作的每一项日常决策中。在更广阔的层面上，企业的最高层做出的决策传递了这些价值观。

能保持企业经营业绩增长的企业文化见图1－5所示。那么，怎样做才能充分把握企业文化的内涵呢？怎样才能使它发挥作用，改善公司业绩和精神面貌呢？最佳的切入点应该是，研究公司行为与人的一般行为之间有多少共同点。在很多方面，公司文化与人文文化是平行的：它是团队成员的身份标志；它起到更好的作用；它支持长期目标；它会因生活中发生重大事件而改变；它超越了个人。

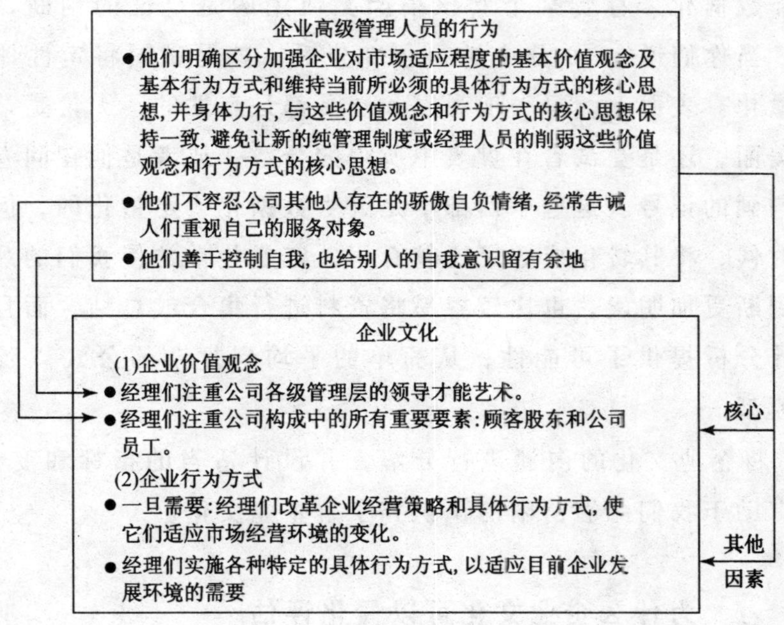

图1－5 能保持企业经营业绩增长的企业文化

（资料来源：《企业文化与经营绩效》，中国人民大学出版社，2002）

更重要的是，企业文化和人文文化都是人类毕生努力的一部分，都是为了创造必定会影响人的行为的一种机制。如果对长期在市场中处于成功的公司进行仔细研究，就会发现，核心价值观往往反过来促进它们的日常运作。它们可能是无形的，但是，如果置身于这些公司之中，就可以真切地感受到它们的存在。当完全了解自己公司的核心价值观后，就能够创造出辉煌的业绩，这会远远优于没有掌握核心价值观的公司。

然而，对公司的财务状况，有各种各样直接的衡量尺度，而且，对公司经营的很多方面，从生产力到营业额，也都有很好的衡量尺度。但是，企业文化是一种相对难以量化的东西，不过可以通过对公司一些关键因素进行量化评估，全方位地勾勒出企业文化状况。

社会研究中定量与定性资料最简单的区别就是在于数据化或非数据化。称赞某个女孩很漂亮使用的是定性的判断，但是，当你们说在10分中她得了9分时，就是试图将定性评估定量化。表面上，每一项观察和感受都是定性的，无论是某人的美丽，还是受试者在量表中所得的分数，或者是他在问卷中所勾画的记号。这些东西都不是天生数据化或定量化的，但很多时候，将其转化成数字比较有用。定量化常常使我们的观察和判断更加明确，也比较容易将资料进行集合或总结，而且为统计分析提供了可能性，从简单的平均到复杂的公式以及数学模型。

将企业文化的内涵进行分解，并设计适当的指标和变量，将有助于我们能够清晰的认识和了解企业文化。

为什么企业文化可以量化评估

在回答为什么企业文化可以量化评估，为什么量化评估可以使我们清晰的认识和了解企业文化之前先引入一对社会学研究的概念：个案式和通则式解释模式。

我们所有人的一生都在解释事物，而且每天都在这样做。你们解释为什么营业额上升或下降了，你们喜欢的球队为什么赢了或输了，还有，为什么你们总是没有好的约会对象。在这些日常的解释中，我们使用两种不同的因果推理方式，但是我们从不刻意加以区别。

有时候，我们试图详尽地解释某种情况。例如，你们之所以在大学的某次考试中成绩不理想是因为：（1）你们忘记了那天有考试；（2）这本来就是你们表现最差的科目；（3）碰上堵车、迟到了；（4）考试前一天晚上，你们同屋在宿舍里听音乐、打游戏吵得你们不能入睡；（5）警察想知道你们是否破坏了同屋的音响、电脑或其他东西，将你们留置到清晨；（6）一只狗把你们的课本吃了。有了以上种种原因，就不难理解你们为什么会考得不好。

这种类型的因果推理被称作是个案式解释。当我们使用个案式解释时，会觉得完全了解案例之所以发生的所有因素，但与此同时，我们的视野也局限在个案上。也许对某个个案的解释可以部分的应用到其他情况上，但我们的意图只是在于能够完全地解释某个案例。

现在让我们来看另一种解释模式：（1）每次你们参加读书小组，就会比独自用功考得好；（2）你们最喜欢的球队在主场总是比在客场表现得好；（3）运动员比生物研究所的研究员更容易约到女孩子。这种解释方式被称为通则式解释，即试图解释某一类状况或事物，而不是某个个案。

企业文化恰恰是一个群体的概念，它是企业的一个有机整体（integral whole），如果我们觉得某些文化模式比其他文化模式更好，可以在定量的描述中给以较高的分数。一旦我们建立了一套评分系统，就可以通过问卷和量表给企业文化的各个分量指标计分，并进行比较，对于哪些变量得分高，哪些企业、哪些部门、哪些人群得分高的问题也不会有共识上的困难了。

实际上，在企业文化的诊断评估中，从来都不是单纯的使用一种方法能够实现的，定性和定量的方法都很实用，都很合理，工作人员对两种方法都应该掌握并结合起来应用。

附录：企业文化牢固程度自查问卷

通过下面的简单测试，可以检查您身处的企业文化的牢固程度。下面给出了两种供选择的情况，分别代表对工作处所的价值观所持的不同但却同样有效的看法，请选择更加符合您的工作环境的一项，并在答案处做出适当的标记。

1. A. 我们所做的一切背后都有一定的制度。

   B. 我们在前进的过程中找到了解决问题的办法，对此我们感到自豪。

2. A. 我们的日常经营活动有一条明确的指导性原则。

   B. 我们的大多数决策都根据情形而定。

3. A. 我们主要对员工实现总体质量和服务目标的情况作出评价。

   B. 我们主要评价每个人的生产力和营业额。

4. A. 我们认为首先要善待员工。

   B. 我们认为首先要善待客户。

5. A. 我们的一线员工有充分的自主权和权威。

   B. 当经理们批准对程序做出变更时，事情会进展得更加顺利。

6. A. 与同类公司相比，我们提供更多的职务和责任。

   B. 我们不相信我们的员工会有太多的专长。

7. A. 我们的项目通常是跨部门的。

   B. 我们大力鼓舞部门的自主权。

8. A. 我们有一整套严谨的需要团队大量参与的录用新员工的程序。

   B. 我们让各位经理决定录用新员工的细节。

9. A. 首先对员工与公司里的同事相处得怎样进行评价。
   B. 首先对员工完成自己的工作的情况进行评价。

10. A. 为了对竞争作出快速反应，我们随时准备对规则作出变通。
    B. 我们非常审慎，决不会为一时的便利使已被证实了的做法冒风险。

11. A. 在技术的应用上，我们走在同类公司的前面。
    B. 我们乐于让别的公司去犯技术上的错误，而我们只充当“迟到的应用者”。

12. A. 我们花在研究客户趋势上的时间比花在研究竞争对手上的时间要多。
    B. 我们花在研究竞争对手上的时间比花在研究客户趋势上的时间要多。

13. A. 我们认为优秀的客户服务强调的是过程。
    B. 我们认为优秀的客户服务强调的是态度。

14. A. 我们通过亲自充当客户来检验我们的过程。
    B. 我们依靠客户的反馈意见来检验我们的过程。

15. A. 我们收集客户业务的数据，并做出战略性的反应。
    B. 我们在出问题时才对客户的问题作出反应。

16. A. 我们鼓励与工作有关的外部活动。
    B. 我们奉行将工作与外部活动分开。

17. A. 我们在社区中非常活跃，充分发挥了我们的专业特长。
    B. 我们的慈善活动和社区活动大部分在本质上都是财务上的活动。

18. A. 我们对低微的岗位和专业岗位都一视同仁。
    B. 我们把初级的岗位看作是垫脚石，而不是与别的岗位平等。

19. A. 我们的大部分领导人都是从公司内部提拔的。

B. 我们雇佣能够找得到的最好的领导人，许多人是从本公司以外找来的。

20. A. 我们的员工注重的是公司的整体形象。

B. 我们的员工注重的是各自具体的工作。

21. A. 我们的高级管理层至少每星期都与全体员工进行交流。

B. 我们的高级管理层只在发生重大事件时才会与全体员工进行交流。

见表1-2，给自己打分。数一数你选择了多少个A，并用随后的表格对您自己特有的文化特质进行评价。

表1-2

选择A的个数	您的公司强有力的文化特质
1~3	出色的业绩
4~6	良好的工作环境
7~9	团队建设
10~12	经营的发展和变化
13~15	客户服务
16~18	充满工作激情
19~21	明智的领导艺术

以上特制哪一项是最重要的呢？全部。但是，每个公司的情况都不一样，就和人一样，这就意味着每个公司都有自己独特的文化特质，都有比经营环境更加重要的一些因素。这个测试只能说是对你的公司文化做一个快速扫描，看一看你的公司在哪些方面能够与当今名列前茅的公司最好的做法平起平坐，并找出值得学习和借鉴的新思想。

第二章　企业文化研究回顾

你对那个问题不能解决么？那么，你就去调查那个问题的现状和它的历史吧！你完完全全调查明白了，你对那个问题就有解决的办法了。

——毛泽东

19世纪末到20世纪初，西方工业化发展到以大机器和生产流水线为主要生产方式的阶段，企业经营者主要关心的问题是生产效率和投入产出比，在这种条件下，泰勒的科学管理模式和韦伯的“科层制”的应用就导致了一系列理性化的管理实践，但是，它们都是基于“理性经济人”的假设，认为人的行为动机就是为了满足自己的私利，工作是为了得到经济的报酬。科学管理理论对当时的工业化进程产生了深远的影响。

20世纪20～30年代，“霍桑实验”使人们注意到组织中的人际关系、非正式群体等因素对组织效益的影响，开始关注包括自我实现在内的人的社会性需要，于是导致了一系列激励理论的出现。这些理论强调人际关系在管理中的重要性，以人的社会性为基础，提出用“社会人”的概念来代替“经济人”的假设。系统论的应用和权变理论的发展导致了西方组织管理在20世纪70年代的“战略热”和“系统热”，即重点由组织内部的管理转向战略管理，强调组织结构和系统的协调与适应能力。（徐联仓，1993）

20世纪80年代初，随着日本企业的崛起，人们注意到了文化差异对企业管理的影响，进而发现了社会文化与组织管理的融合——企业文化，它是企业发展到一定阶段，企业领导人将其在企业创业阶段关于经营理念、基本假设等达成的共识用于对组织管理过程中包括文化、价值和心理因素在内等的非结构性因素的一种整合，并使之成为一个组织或企业独具个性化的管理模式，以文化的力量推动着组织和企业的长期发展。

80年代中期，在对企业文化的概念和结构进行探讨之后，我们便马上转入对企业文化产生作用的内在机制，以及企业文化与企业战略、企业领导、组织气氛、人力资源、企业环境、企业策略、企业品牌及核心竞争力等企业管理过程的关系的研究，进而对企业文化与企业经营业绩的关系进行量化的追踪研究。定量化研究是在企业文化理论研究的基础上，提出用于企业文化测量、诊断和评估的模型，进而开发出一系列量表，对企业文化进行可操作化的、定量化的深入研究。

第一节　国外企业文化研究的历史回顾

20世纪70年代末，日本经济实力的强大对美国乃至西欧经济形成了挑战，在这种形势下，人们注意到日美企业管理模式的不同，其中发现，理性化管理缺乏灵活性，不利于发挥人们的创造性和与企业长期共存的信念，而塑造一种有利于创新和将价值与心理因素整合的文化才是真正对企业长期经营业绩和企业的发展起着潜在的却又至关重要的作用。

美国多数行业经历了10年来越来越激烈的市场竞争。在这样的市场环境中，公司企业的经营业绩不再像它们在50年代和60年代所取得的那么好了。在这样的市场环境中，许多企业家在寻求打开企业经营之门新的钥匙，寻求新的思想观念。这些研究著作中的一些观点说明了一些道理。尽管其中有的结论过于偏激（至少是反传统经营思想的），1981 年、1982 年间出版的 4 部著作全都成为全美的最畅销书——《Z 理论》，奥吉著；《日本经营管理艺术》，帕斯卡、阿索斯合著；《企业文化论》，笛珥、肯尼迪合著；《追求卓越》，彼得斯、惠特曼合著。其中，彼得斯、惠特曼合著的《追求卓越》打破了美国非小说类图书的历史销售纪录。

这些书籍对企业经营管理界和公众的基本信念都产生了不同寻常的巨大影响。1989 年“企业文化”一词家喻户晓还不到 10 年，《时代》杂志抵制了帕拉莫特公司用心不良的竞买活动，理由十分简单：这种竞买兼并会改变甚至毁灭公司的企业文化，损害消费者的利益，损害公司股东的利益，进而危及社会。最高法院大法官最后裁定《时代》胜诉时，大法官评论到(摘录)：“是有可能存在法律可以认定的危害‘企业文化’的事实构成。原因嘛，因为‘企业文化’已证实是可感知的（没有更好的词语了)、明确的，也是有益于社会的。”

最早研究“企业文化”的 4 本书籍大获成功激发了许多其他类似的研究项目。

80 年代，企业文化的研究以探讨基本理论为主，如企业文化的概念、要素、类型以及企业文化与企业管理各方面的关系等。

进入 20 世纪 90 年代以来，企业文化研究出现了四个走向：一是企业文化基本理论的深入研究；二是企业文化与企业效益和企业发展的应用研究；三是关于企业文化测量的研究；四是关于企业文化的诊断和评估的研究。

迄今为止，有关企业文化的专著约有一百多部，论文分布在十几种管理学和心理学期刊中，企业文化的研究在 20 世纪

80年代和90年代已经成为管理学、组织行为学和工业组织心理学研究的一个热点，20世纪80年代到今天也被称为管理的企业文化时代。

以下是一些组织文化研究成果。

组织形成的过程：组织传播的文化观

近几年来，关于组织传播的权力和理论问题的讨论处于某种不很平静的关系之中。在大多数情况下，权力问题大体被泛泛地定义为是一种“管理”的观点。换言之，权力只有在被看作是管理过程的合理组成部分时才被视为是相关的问题。因此组织研究中充满了对诸如上司—下属相互作用、允诺获取战略、决策过程等等方面的探讨，在这些研究中都是用管理的视角来看待组织的。避开这一管理参照框架而进行的权力研究是很少见的，尽管克莱格（Clegg，1981和Dunkerley，1980）、康拉德（Conrad，1983）和弗罗斯特（Frost）等理论家们的研究开始对组织中传播和统治权力之间的关系提出了疑问。这样一种权力观点对许多组织管理者来说成了异端邪说，因为它假设组织的行为活动可以被归结为“理性的”这一词语严格意义以外的什么。“理性的神话”（Cohen，March和Olsen，1972；Conrad，1985；March和Olsen，1976；Weick，1979）包含着这样一种观点，即组织形成的过程可以主要被归结为对信息的合理同化和嗣后适当的、经仔细选择的目标的确定。在这一情境中，传播过程起的是信息渠道的作用——组织的传播网络越完善，信息的传输就越准确，因而决策的过程就越理想。普费弗（Pfeffer，1981）提到过关于这一组织神话的一种说法：

管理人员不是政治家，我被告知。他们是有理性的，对效益和效率感兴趣，勤勉刻苦，在控制着巨额财富和能源的大型企业中从事着资源分配和战略制定的艰巨任务。他们当然不是政治家，卷入冲突和争端之中，受制于各种压力，回答选民们的提问，而后者可能给他们带来最多的选票和金钱。

我想提出的是，管理人员是由理性的决策思想所驱动的个人这一概念本身就是一个政治观点，因为它本质上是和权力问题联系在一起的。理性的神话观把组织视为这样一种场所，在这里技术问题成了关注的重点——如效率、生产率、资源分配、技术知识，等等。这一观点使得管理人员通过在这一理性框架内处理一切问题而处于支配的地位。管理人员通过在技术理性的范围内制定计划一切而维持着权力，并从而系统地把其他的组织观点排除在外。例如，把别的组织成员排除在决策过程之外被认为是正当的，理由就是没有几个人拥有为作出重要的决策所需要的技术知识或充足的信息来源。技术理性的意识形态从而提供了这样一种手段，通过现存的权力结构得以维持和再现。

大多数的组织研究多少采用了这一管理观点，这不仅仅是因为其更感兴趣的是从管理出发的视角，更主要的是所谓的不带价值观的科学研究很容易受到居统治地位的管理层利益的同化。于是研究的问题从管理的角度提出，而研究的发现则用管理的语言予以表达（Goodall，1984）。作为组织形成的基本概念的理性问题至多只具很有限的适用性。如韦克（Weick，1979）指出的，“理性至多是从旁观者的角度来理解的”，而且受到个人的知觉和信息处理局限性的“制约”。不仅如此，从表面看来有理性的组织行为常常只是在回顾时才被赋予意义并被认为是有“理性”的，这说明了并没有（或至多只是有限的）先于存在的理性制定和指导组织活动。因此“组织往往羞于承认，他们用许多活动包括事后重新建立的看上去颇为可信的历史以说明其如何发展达到今天的水平，尽管实际上并没有这样的历史导致今天的地位”（Weick，1979）。因此组织形成的过程大多只是包括推算出组织形成是怎么回事，然后对其行为作出相应的调整。如果这样的行为被显示为是具有“理性”的，那就更好了。

那么，在假设有理性神话的前提下，在描述组织形成过程及其产物的特点方面有什么较为合适的方法呢？我在本书中提出的组织形成理论是颇为激进的，它直接指向传播和统治权力（霸权）之间的关系。我认为，这一关系与组织旨趣问题是密切相关的。简而言之，组织中权力的行使就是一个群体得以以自己的旨趣对其他群体的旨趣（需要、利害关系、世界观）进行框定。换言之，掌握权力的群体对组织的一切活动提供参照框架。据此，权力的使用与组织的意义形成密切联系在一起，而后者在很大程度上受到传播过程的限定。解开这一传播、权力和组织形成之间的关系是本书余下部分的主要任务。

但是，在这里，为了集中讨论“意义形成”这一概念，我们需要稍稍作一回顾。这一概念为组织研究中一个较新的范式的发展提供了动力，后者一般被称为“解释”或“组织文化”说（Carbaugh，1982；Frost 等，1985；Putnam 和 Pacanowsky，1983）。这一理论把组织定义为文化，以此对组织成员参与共享的组织现实意义的创造方式进行检验。这样的研究一般把组织符号体系——神话、故事、传说、笑话、仪式、标识语等——作为组织现实的最清晰可见的体现表达。

尽管这一研究只是在最近几年里才蓬勃发展起来的，但它显然对组织和组织传播提供了一种与颇有定论的组织形成分析过程的理论不同的视角。真的，我并不认为组织文化概念为观察组织提供了一种新的理论视角这一说法有什么夸张。“组织文化”的倡导者当然不会声称这个理论可以解决一切基本问题，或澄清所有模糊不清的组织问题，但他们确实认为该理论为检查组织行为提供了一种新的强大有力的概念。这里我的初衷是对这一理论的形成作一介绍，但更重要的是，我打算对被冠之以“组织文化”的观点构建出一个概念更清晰、更具深远意义的理论框架。

为了这一目的，我们可以提出三个问题，而且对这些问题至少可以给出部分回答。第一，提出组织的文化理论的动力是什么？第二，提出这一观点的基本理论原则是什么？第三，组织文化理论对传播和组织形成过程之间的关系作出了适当的概括吗？

关于第一个问题，在目前组织传播的解释功能论者的争论中的一个巨大讽刺是，在某一方面，这两个理论有一个共同的传统。马克斯·韦伯（Max Weber）关于官僚政治的著述提供了一个基石，功能主义者在这之上建立了组织理性的模式。另一方面，韦伯的社会科学研究模式强调 Verstehen（理解）是一种认识手段，在现代解释论者为检验组织而建立分析框架之前就已作出了类似的努力。令人遗憾的是，在该领域，更多的注意力是放在功能主义者对韦伯理论单方面的理解上，这一状况大多是由于帕森（Parsons）对韦伯研究的解释所引起的。于是，无论在哪方面，功能主义都被视为组织行为的“公认的观点”。只是随着欧洲理论传统融入美国的社会科学领域和美国符号理论的再发现，这一理论上的独霸局面才被打破了。今天，海德格尔（Heidegger）、舒茨（Schutz）、伽达默尔、哈贝马斯和其他持批判解释论的学者的研究在美国的组织理论研究者中得到了越来越广泛的响应。

在某一意义上，是对帕森的组织功能主义理论的日益增长的不满重新点燃了人们对解释理论的兴趣。尽管该理论在其他专业领域颇为人们熟悉，但在传播领域显然是个新现象。说实在的，迪兹（1973）关于把诠释学理论应用于传播研究的文章可说是涉足该领域的第一篇论文。但是，今天在传播专业中这样的文章比比皆是，说服着学者们对解释理论提供的各种参照框架进行探索，而且颇为突出的是，组织传播这一分支在这方面处于领先地位。庞迪（Pondy）、摩根（Morgan）、弗罗斯特、丹德里奇（Dan－dridge）（1983）、弗罗斯特等（1985）近来的著述，《管理杂志》（1985）和《行政管理科学季刊》（1983）的专刊明确证实了“组织文化”在怎样的程度上成了一个主要的理论集合点。

那么，解释理论能够向组织研究者提供什么实证主义和功能主义理论无法提供的东西呢？我不打算在这里对这两种理论作详细的比较，这方面在传播研究的文献中有许多很好的评论。但是，解释论者会提出，实证主义者主张发展中性的观察语言、预测和控制，作出类似法则的概括的倾向提供了一种不必要的、受局限的人类行为者的观点。这样一种知识概念是不能说明行为者从其由人所建构的社会现实中找出意义的过程的。例如，对一个组织的文化的理解并不依赖于对独立的、外部存在的现实的准确复现。相反的，它是一个显示某些组织实践为什么以及怎样对其成员具有主体间的意义的任务。换言之，一个人是怎样对被叫做“组织形成”的过程赋予意义的？

康拉德（1985）很好地对传统理论（功能主义）和解释理论之间的主要差异作出了总结，他提出了可以用来对组织研究进行评估的三个连续体。第一个连续体面对的是在正式组织中对传播过程进行概念化的方式。该连续体的一端把传播视为信息交换的过程，另一端则把传播视为符号意义体系的创造与维持。在过去，组织研究主要是对信息交换过程进行分析探讨；只是随着解释理论的兴起，传播的符号运用才开始受到组织研究学者的认真注意。第二个连续体面对的是研究者关于人们应该集中关注的交际相互作用的类型的假设。传统的研究始终把焦点集中在个人层次的相互作用上，例如，研究上司一下属关系，这类研究似乎与对组织中信息流动过程的关注密切相连。在另一端，近来的研究吸取了如吉登斯（Giddens）、伯恩斯坦（Bernstein）和克莱格以及对韦伯的重新解释，这些当代社会理论家的观点，对更具宏观性的问题进行了探讨，如组织和环境之间的关系等。对更大的社会问题的关注把重心更放在以下方面，如权力、群体旨趣对意义形成的影响，以及为支持这些旨趣而对组织符号体系的运用和操纵等。康拉德的第三个连续体的焦点是"研究理论家和他们检验的符号行为之间的关系"（1985，192）。传统的研究采用了一种自然科学式的客观性立场，而目前的解释理论则支持对研究主题的积极卷入，其采用的呈现研究成果的方式模糊了艺术和科学之间的界线。帕卡诺斯基（Pacanowsky，1983）对一个小镇的警察力量类似小说般的介绍或许是这方面最极端的例子。

这三个连续体并没有作出全面概括，但是它们显示了功能理论和解释理论之间的主要差异，而我计划要做的是把后者作为检验组织的框架进行探讨。从这一研究角度出发，功能主义理论被视为在理论上和政治上具有先天的保守性，对组织研究的界限作了不必要的界定。从功能主义观点出发的理论未能对传播、意义和统治权力之间的关系提出适当的概括分析。

那么，组织研究的文化学说的基本理论原则又是什么呢？根据人种论的观点（Geertz，1973；Sanday，1979），组织形成的文化观点接受这一概念，即组织成员不断地参与到一个共享的组织现实意识的产生、保持和再现活动。从这一观点出发，研究人员对由组织成员共同努力带来的连贯的、经交感产生的组织现实的意义形成和产生的方式感到兴趣。焦点在于组织现实的自然出现的、不断发展的且往往是不很稳定的本质上。组织成员被视为不是具有相对直接的需要和明确目标的、完全理性的行为者，而是不断参与到对付一个模糊的信息环境过程中去的人们（Louis，1980）。这样一种组织概念对组织成员，或称社会行为者，为组织环境中的行为方式提供了深刻的分析，此外，它还提出了把组织视为社会文化环境的积极要素的观点（Louis，1983）。在下一节，我将对文化概念作更详细的探讨，对它的某些基本假设进行分析并指出每一个假设的含意。最后，我想就文化概念提出一种更具批评性的观点，并提出将该概念更有效地应用于组织研究的一些方法。

◇ 关于组织文化的几种观点

有关组织文化研究的文献大多把阐明“组织形成”和“文化”之间的关系作为其主要任务之一。“组织形成”［organizing，与“组织”（organization）相对］被用来反映组织生活的不断发展的、自发的、具有一定过程的特征。通过组织形成过程，组织成员积极构建他们的环境。另一方面，“组织”这一词语表达的是文化理论家意欲避开的、多为静止不变且已构建定型的组织特征。尽管这两个词语并不互相排斥（如我们在后面将看到的），但它们对组织传播的看法是大相径庭的。

一般来说，关于组织文化的著述可以分成两块，每一块反映的是组织和文化之间的不同关系。第一块可以被叫做“文化实用主义者”（Martin，1985），他们信奉和积极提倡的是组织文化的管理和变革。这一公开的管理观点把文化视为是一个组织变量（一个组织拥有的什么），可以对它进行操纵以最大程度地适合组织的需要——一般来说变革的理由是在效率、生产率和人员的士气方面。对组织文化的操纵被视为通向更有效的管理的道路（Kropowski，1983）。彼得斯（Peters）和沃特曼（Waterman）的《追求卓越》（1982）一书介绍了公司成功的“七个简单的步骤”，该书是这一观点的大众化版本。这一理论所经常表现的机会主义倾向在萨瑟（Sathe）说的话中表达得很清楚：“对领导的挑战是从文化中获取收益，同时对文化中出现的与企业经营、组织和组织成员的需要不合拍的危险倾向保持警惕。”（1983）

把文化作为组织变量的观点以组织的手段—目的、目的—合理性的理论为基础，该理论把重点放在对环境的控制上。这一对组织文化的控制被视为使经理人员对充斥公司生活的“社会潜流”保持警觉的一个重要手段。为了使组织保持最佳的效率和生产率，需要经理人员识别出“人们赋予其社会环境的想当然的和共享的意义”（Wilkins，1983），并且就这类共享的意义体系对组织气候的危害或有益的影响程度作出评估。

组织文化的这一实用主义观点看来有一个很明确的市场导向，可以说反映了对管理观点的重要性的重视。有人会提出，组织的文化理论广受欢迎是出于功能主义的立场，因为它向经理人员提供了对付目前许多组织面临的多元气候的有效手段。在此意义上，“文化”问题并不是简单地自发产生的，它大多是一个特定的市场经济的产物，在这个市场经济中，许多公司受到来自好几个方面的压力：如外国的竞争、股东、心怀不满的劳工、技术，等等。因此，对组织气候的管理使得经理人员对工作场所的“生活质量”问题引起更密切的注意，并设计出一种文化使之适应某一组织的需要（Sathe，1985）。

这样一种观点同时意味着，存在着一种把组织的所有成员的活动构成一体的同质文化。这种情况在某些组织中可能是确实的，但是大多数经理或许会认为，组织形成过程的主要产物之一是不一致的、多种多样的组织信仰和价值观的共存（“那些搞研究开发的小伙子似乎并不赞同责任心的观念”）。许多文化实用主义者承认这一原则，而且在认真研究能用于说明组织复杂性的结构繁复的模型。克雷夫廷（Krefting）和弗罗斯特（1985）举例说明了这一观点：

我们相信，通过管理文化来改变一个组织的努力会产生积极的而不是强加的结果，这样的努力产生的结果同样是有决定性的。由于文化管理的某些后果是无法预料的，因此组织文化的管理过程含有风险。在单一的组织环境中出现多层次文化时，面临的挑战会变得更大。因此，对文化的管理应作仔细考虑，实施应谨慎。

根据这一观点，不能为了管理旨趣的目的而对文化加以简单操纵。它是作为由社会建立的复杂网络而存在的，这一网络包含着各种各样的、具异质性的组织意义结构。因此经理人员不能把某些形式的公司文化强加上去，他们能够做的只是把已经存在的文化的潜力引导出来并予以充分发挥。

组织文化的第二种立场为“文化纯粹主义者”（Martin，1985）所接受，这个观点并没有把组织和文化区分开来。根据这一观点，一个组织并不拥有文化，它本身就是文化。组织文化由社会构建的本质就是——它是由社会构建的。组织被视为并不拥有独立于由组织成员所创造的共享的价值观和意义体系的存在。据此，文化纯粹主义者认为谈论改变和操纵组织文化是不妥当的，这既是因为从概念上来说把组织和文化截然分开是有疑问的，也因为隐伏于文化操纵的企图背后的道德伦理是有疑问的。从文化纯粹主义者的观点来看，组织可以按不同方式定义如下：

由一群人所共享的一组理解或意义。意义在成员之间大体

是不言而喻的，与特定的群体显然相关，而且是该群体所特有的。意义被传输给群体的新成员。（Louis，1983）

文化作为一个基本的隐喻，把组织视为表达的形式，是人的意识的表现形式。……把组织作为文化的理解……和应用于科学界的范式的概念是颇为相似的。换言之，范式和文化都用来指世界观、有组织的思想方式，其中包括对是什么构成适宜的知识和合法活动的理解。（Smircich，1983）

斯默西奇（Smircich）把文化等同于科学的范式概念的看法是尤为令人注目的，因为他提出了解释理论所关注的最基本的一个方面，以及对一个组织成员在一系列社会实践中的卷入对他或她的现实建构的影响程度的关注。通过把组织视为文化，组织研究人员试图对作为某一特定组织成员的个人想当然接受的规则体系、信仰价值观等进行解释说明。但是，作为一个组织的“成员”并不是很简单地接受一套特定的价值观和信仰，情形远非如此。它是对一种特定的生存模式的积极参与和创造，它包括一种看待世界的特定方式的形成，这种看法框定了组织行为并赋予其意义。从这一观点出发的研究，无论是理性的还是经验的，主要关注的是显示组织现实的主观的和可协商的特征。据此，对即组织是预先建构的，它有一个独立于其成员而存在的现实的观点常常持明确的否定态度。此外，该观点认为，传统的实证论研究未能揭示社会行为者的世界观，因此必须由更为自然主义的方法所补充或取代（Evered和Louis，1981；Jick，1979；Van Maanen，1979）。因此，“文化”这一概念的中心就是对组织中意义形成过程的关注，即是什么使得组织的成员得以参与到可以被共同识别为“有意义的”或“合适的”行为中去？

1. 意义形成和组织形成

在对“意义形成”的概念进行分析时，研究人员感兴趣的是在某一情境中某些行为和实践产生意义的方式。一个组织的成员对组织实践的解释并不完全是主观的和任意的；相反的，一个事件变得有意义的过程是扎根于而且是受到主体间共享的推论和行为实践方式的制约的（Pacanowsky 和 O' Donnell - Trujillo，1983）。这样的方式类型被作为组织的文本而固定下来（Deetz，1982），以此而保证文化的继续繁衍。

主观性的概念对理解组织（或任何社会集体）中意义形成的过程是很关键的，但同时它又是社会理论中使用最为广泛的一个概念。一个常见的错误是把主观间性作为主观性的一个特例，即一个主观观点的客观化，在此过程中个人的体验为其他人所共享。事实上，主体间性形成的意义的概念避免了自笛卡尔（Descartes）以来主宰西方思想的传统的主体客体的分裂。主观间性的概念以胡塞尔（Husserl）和海德格尔的现象论和更近的伽达默尔的诠释学理论为基础，认为意义产生于主体和客体之间的相互作用。意义不是个人意识的产物，也不是在研究对象中有待发现的什么。现象论和诠释学都认为意义的产生是因为社会行为者对世界抱有一定的意向，也因为这一意向要求对研究客体的意识，而该客体是有其本身的自主性和完整性的。换言之，意识的可能性要求对作为潜在的有意义的现象而呈现到社会行为者面前的客体具有的意识。在应用于组织行为时，主体间意义的概念认为组织成员不断面临着这样一个信息环境，该环境对他们的组织形成过程的知觉发起挑战。对这一信息环境的处理包括在成员之间形成交感的意义，诸如对组织现实的共享的意义。一个被想当然接受的组织现实通过意义和无意义之间连续不断的运动而在组织中产生。换言之，社会行为者必须以他们已经知道的“有意义”的东西来框定模糊的信息。而这一模糊的信息反过来又悄悄改变着行为者对“组织现实”的知觉和定义。韦克把组织定义为“不肯定性递减机制”的概念识别出这一来回往复的过程，显示了在相当程度上预测是一个功能运转健全的组织的必要组成部分。

因此，意义形成概念中蕴涵的是这一思想，即组织的成员和组织文化之间的关系根本上是一种交互关系。组织成员的行为框定着，同时也受到组织现实的框定（Berger 和 Luckmann，1971）。如杰利内克（Jelinek）、斯默西奇和赫希（Hirsch，1933）指出的“文化——作为社会现实的代名词——既是产物又是过程，是人的相互作用及其结果的促成者，由人们连续不断的相互作用一而再、再而三地创造形成”。因此意义形成的过程是局部的、连续进行的，而不是整体的、一蹴而就的。被认为是“真实”的事物是需视社会行为者和组织环境之间不断变化的关系而定的。

但是，同样很明确的是，整个意义形成过程为组织成员创造出一个很客观的、有形的结构。每个正式的组织所形成的“组织意识”不仅仅是存在于人们头脑中的东西，它还在组织每天的实践中体现出来。这些天天展现的实践活动尽管由组织成员自己感受出其意义，但它们同时有一种客观化的而且显然独立于组织成员的意义。社会成员对他们来说是真实的事物——而不是对他们认为的对自己的意识的产物作出反应。

有一个例子可以说明这一点。史密斯（Smith）和艾森伯格（Eisenberg）对迪斯尼的雇员在谈论他们的组织时使用的隐喻提供了有趣的分析。例如，他们揭示经常使用的“戏剧”隐喻体现了迪斯尼乐园提供的“表演场面，对真实世界的逃避”的功能。因此在迪斯尼乐园的“角色”是由“脚本”谨慎确定的，穿着的制服被视为“戏装”。史密斯和艾森伯格显示了：迪斯尼乐园作为家庭娱乐活动的主题逐渐融入到雇员对组织的知觉之中，由此雇员的角色变成了家庭成员的角色。当迪斯尼乐园遇到财政危机，准备削减雇员的工资和福利待遇时，有许多雇员为管理层采取这样的企业行为感到震惊。对他们来说，迪斯尼作为家庭的概念不仅仅是谈论组织的一种方式——它构成的是组织现实。他们就是如此体验这个组织的。有趣的是，公司管理层在解释工资削减措施时试图借用这一“家庭”隐喻来避免雇员认识上的冲撞：根据管理层的说法，家庭生活有时会是很艰难的，关系密切的家庭为了生存必须作出牺牲。这一努力没有真正产生结果，而对管理层来说变得越来越明显的是，他们面临的财政危机要求在迪斯尼乐园作出某些长远的打算。

这一例子强调了在现实世界中对意义形成过程的讨论作出定位的重要性，虽然迪斯尼乐园有其存在的理由。组织成员的日常活动是组织现实的媒介和产物。组织对其成员具有意义是因为这些活动既与“什么是现实”的知觉相“吻合”，同时又是现实可见的、实际的表达。

从组织文化的角度看，传播是形成组织现实过程的一个内在部分，在实际意义上，传播就是文化。在进行围绕这一领域的研究时，我将讨论组织的符号体系而不是组织传播。对传播的符号体系作出定义不是一个简单的任务。但它指的显然不仅仅是信息的交换。我把“符号”用来指某种信号（无论是言语的、行为的还是物质的）指称事物的能力而不是其本身。一个特定的符号体系的意义是通过某一语言形成交感意义的能力而来的。在后面我还将显示“符号”并不等同于“抽象”。对我的讨论来说，重要的是，组织符号体系，尤其是话语，具有一种在人的主观性（意识）的构成中起着积极作用的物质现实。

2. 文化和组织符号体系

符号结构在组织文化形成中的意义已广为人们所接受

(Daft 和 Wiginton, 1979; Frost 等, 1986; Pondy 等, 1983)。目前对组织文化的研究大多是以这一前提为基础的,即作为社会行为者的组织成员通过各种形式的组织符号体系而积极参加组织现实的建设。调节和构成组织形成过程的规则、信念、态度和价值观主要通过组织符号体系的使用而得以保持和再现。例如,丹德里奇,米特洛夫(Mitroff)和乔伊斯(Joyce, 1980)就认为:"组织符号体系"指的是一个组织的这些方面,其成员通过对它们的使用而显示或使得组织中固有的无意识感情、形象和价值观能被理解。符号体系表达的是一个组织的基本特点、思想意识和价值观。在使得这一特点被人理解的过程中,符号可以强化它或使它受到批评和修改。

这一观点在符号和组织形成过程的关系研究中颇有代表性。但是,上面引用的这段话使人对这一关系中固有的复杂性的某些方面产生误解。例如,其中的主要问题是在何种程度上组织符号体系可以被认为是组织现实的一个内在方面,是否有一种组织现实独立存在于其符号结构之外,抑或组织现实和它的符号表述基本上是同义语,这些问题对本书有重要的意义,因为它们决定了组织符号体系在组织中的意义体系、权力结构等等的形成中的重要性和中心地位。

较为普遍的看法似乎站在对符号和现实关系的表述观点一边;就是说,符号在本质上被认为主要是描述性的,只是对独立于符号形式之外的已经存在的现实的体现。从这一观点出发,符号的作用主要是以一种特别的方式使社会行为者预先适应于对现实、组织态度、信念、价值观等等的某一种解释,一般来说符号在社会行为者和其行为发生的社会体系之间起到了建立关系的作用。

这一观点的产物之一——至少在传播研究领域是如此——是把传播视作符号活动,然后把信息视为这一活动的产物的倾向。换言之，传播活动被视为包含两个有明显区别的活动：传播的机械行为，以及收集其中提供的信息的过程。例如，在最近出版的一本组织传播教材中，克雷普斯（Kreps，1986）就通过下面这段话隐约表示了这一观点：

传播是人们从事的帮助解释和影响社会的符号活动。通过传播，人们从自己所处的环境中收集原始数据并把它们处理成信息，这种对传播的解释结果帮助他们理解复杂多变的现象并加强对生活的预测能力……信息是从人们创造的意义中获取的相关信息。

克雷普斯强调与分为传播、信息和组织三层次模型的分离，该模型主要建立在此概念上，即传播过程本身多少是理解和意义形成得以发生的手段——或至少是它的一部分——相分离的。再者，这一观点把符号活动（传播）视为在意义形成中起着表述的作用。

我想提出的是，这一把传播和信息一再拆开的做法根本上是一种武断的区分，这转移了对一个需要予以审视的更重要的问题的关注，那就是符号活动和解释及意义形成过程之间的内在联系。大多数组织理论家欣然接受符号和意义之间的联系的观点，但同时他们和克雷普斯一样，坚持在传播行为和意义形成的过程之间划出明确的界线；在大多数情况下传播被视为通向信息（加之于接受者头脑中的意义）的管道而不是意义形成的场所（Reddy，1979）。

我的作为符号的传播的概念以诠释学和现象学理论为基础，在米德（G·H·Mead，1967）和休·邓肯（Hugh Duncan，1968）的著述中都有过阐述。它对组织形成过程和传播过程相关联的程度提供了更为明确和必要的检验。此外，我所提出的观点对组织中符号形式和权力结构结合的关系给予了相当的强调。符号、意义和权力之间的关系一再是个受到忽视的研究领域。我想把焦点直接放在作为符号的传播和组织现实的产生、保持和再现的关系上。我的最基本的前提是意义是在传播中产生的。这是说，意义既不是通过传播而传递的，也不是个人的解释或在社会相互作用之外的客观存在的实体的产物。在一个组织情境中，传播是意义得以形成并随着时间而沉淀积累的过程。传播——作为社会构成的一种形式——促成意义的形成，而后者随着时间变成习惯以后就提供了共同体验的基础，这一共同体验给了组织成员的组织形成行为一个情境。因此传播并不简单的是信息的载体，它正是组织形成的概念借以获得交感意义的过程。因而组织形成在组织成员之间的传播行动中一而再、再而三地发生着。

迪兹（1982）明确指出了传播在组织形成过程中的中心地位：在所有的社会构成形式中，语言具有一种特别的地位。其他一切社会构成形式可以被转化为语言……不仅如此，每一种知觉都有赖于使其有可能（被表述）和有意义的概念工具，而这一概念工具即存在于语言中。说话和书写不仅仅是个别意义的表达手段；它们把每一种知觉连接起来构成一个更大的意义系统。一个组织中的概念特征体现在口语和书面语的体系中。因此说话和书写就是认知的过程。

尽管语言和传播并不完全一样，但我认为说话和书写在组织中是主要的传播方式。

在有关组织符号体系的著述中，对组织符号体系的理论一般采取了一种描述的立场，大多对组织成员日常行为中显示的共享的符号体系进行调查。这一观点的主要前提是，符号体系是组织结构的最明显的表示——它们反映了使得组织能顺利发挥功能的无意识的、被当然接受的规则体系。

例如，斯科佩克（Skopec，1982）认为，一个文化（与任意的个人的组合相对）存在的最明显的标志是“独特的或具有特异性的言语形式”的使用。斯科佩克提出，这样的“组织文化的言语表示”可以在言语的三个层次上予以区分：话语、意义和解释。换言之，一个组织文化至少需要一种有特征的话语方式；文化的第二个更明确的指示是组织成员给这样的话语赋予特定的、一致同意有效的意义；其次，外来者对组织事件的解释所引起的组织成员的反应的一致性程度是组织文化存在的最明显的证据。

对符号体系和组织文化的关系的界线条件作出区分，什么样的组织现象可以被称为具有合理的符号价值？理论家们的一致看法是，要具有某种符号意义，这样的组织现象必须至少在一部分组织成员中具有共享的、交感的意义。例如，卡博（Carbaugh，1982）提出，组织的文化理论的主导问题应该是“在工人的日常交际活动中构成和揭示了什么样的共享的符号和意义体系？”。其他研究人员采取了相似的立场（Manning，1979；Pettigrew，1979；Smircich，1983；Wilkins，1983）。因而斯默西奇（1983）对一家保险公司的人种研究试图显示“组织怎样作为共享的意义体系而存在，并点明共享的意义发展以及通过符号过程得以持续的方式”。

当然，“符号”的概念是一个通名，它未能揭示体现绝大多数组织特征的符号体系的复杂本质。根据韦克的必需种类法则，一个组织的结构复杂性程度和符号复杂性程度是互补的。因此对组织符号体系的讨论必须反映这一复杂性。例如，丹德里奇、米特洛夫和乔伊斯（1980）提出了一个包括符号的类型和功能的符号矩阵。符号的三种类型是：言语类，包括神话、传说、故事、标语、笑话和流言等；动作类，包括仪式、聚会、饮食、休息活动和习惯等；物质类，包括地位标志、成果作品、标识物、奖励品、徽章等。每一类符号都在描述、能量控制和系统维持等各层次发挥功能。因此，作为组织生活某一特别方面而表达的、不断讲述的故事可能起着描述功能（提供信息和会引起同感的体验）、能量控制功能（加强或减弱成员之间的紧张气氛），或通过把该符号作为某些行动（兼并、裁员等）的理由使用而促进系统的保持。

同样地，马丁、费尔德曼、哈奇和西特金（Martin，Feldman，Hatch，Sitkin，1983）对组织故事的分析明确显示，组织生活的复杂性和矛盾/紧张状况至少部分地是通过组织成员在构成组织活动的意义过程中所编的大量故事而得到处理的。例如，大多数组织的建构过程包含着平等和不平等的矛盾——组织常常是在对平等赋予重要价值的社会中发挥功能的有层次、有权威的结构。这一矛盾常常通过组织成员讲述地位低的雇员（甲）面临不利情况解决困难问题，（乙）在组织中地位飞速上升或（丙）在与上司的争执中脱颖而出等等的故事而得到解决的。例如：

在12岁时，德普雷离开了肯塔基州卡温顿市的学校，到一家保险公司做办公室勤杂员，工资一周一美元。他干这一活儿是因为生活所迫，在申请加入宝洁公司之前他还做过其他两三个工作。他在1905年受雇于宝洁公司财政部门任办公室勤杂员，工资一周4.5美元，不久他被提升为出纳员。在这个岗位上他开始引起托马斯·贝克的注意，后者是当时公司新成立的肥皂批量销售部门的负责人。贝克对德普雷善于待人的风格有深刻印象。“你是我碰到的第一个付钱给人时总是脸带笑容的出纳。”他说。1909年当贝克的部门需要配备一个推销员时他想到了这位态度和气的年轻人。从这时开始，德普雷的职位得到飞速提升，到1917年库珀·普罗克特任命年仅32岁的德普雷为公司销售总经理。（Martin等，1983）

这一霍雷肖·阿尔杰式的和其他类型的组织故事向成员提供的是组织口头传说的意义——一种对在组织内什么事是可能

做到的（如果并不一定的话）感觉。从根本上来说，故事帮助向成员提供一套组织形成的边际条件；它们形成这样一种情境，在这之中可以就合适的及不合适的组织行为进行选择。在平等和不平等之间的紧张状况下，上面所引述的故事帮助组织成员对付他们在工作中可能会碰到的不平等现象。这样的故事昭示了雇员得到提升的可能性，与此同时则为工作情境中的不平等现象进行了辩护。当然，并不是所有的故事都具有积极的道德意义（“好好干，你会大有前途的”），而且如马丁等指出的，有许多故事直接反映了组织中消极的方面，使得成员对组织现实的阴暗一面预先有所了解：

哈里是个中层官员，他的头衔是一个大的政府机构政策部门的行政和预算部门主任。当新的顶头上司上任就职时，该部门的重组开始了。重组结束后，哈里来到了一个新的工作岗位——读读剪报，把报上与本部门业务有关的材料划出来。(Martin，1983)

强调这两类——说实在是所有的——故事的主要之点是，不应该把它们只看成为组织成员的信息管道。故事讲述的不仅仅是组织中发生的情况，相反的，应该从它们对组织成员的知觉环境的形成作用角度进行分析。换言之，它们在组织现实的形成和再现中起着根本的作用。

上面介绍的研究的一个重要方面是，它们把组织现实和符号使用的类型和功能密切联系在一起——不同的符号体系以不同的方式构成组织现实。近年来对隐喻的研究引起了人们对组织语言和组织现实之间的“相称性”的相当兴趣（Deetz，1986；Koch 和 Deetz，1981；Deetz 和 Mumby，1985；Pondy，1983；Smith 和 Eisenberg，1985）。近来对隐喻的研究认为，它不是一个简单的对文字语言的风格修饰，它实际上构成了社会行为者的体验（Lakoff 和 Johnson，1980）。迪兹（1986）和迪兹与姆贝（1985）提出，组织中使用的某些隐喻可能鼓励某些形式的组织建构。为简单地表示这一关系，军事方面的隐喻可体现结构严密的正式组织，而家庭和有机体方面的隐喻可能用来代表更为灵活的体系。无论怎样，可以说在隐喻和组织结构之间存在着一种交互的关系。这就是说，某一特定的组织可能用某些隐喻来谈论其自身，而同时这些隐喻又起着形成和再现它们所描述的组织结构的作用。因此，符号调节而且构成着组织现实。这里十有八九会出现的情形是，不同的、而且常常是矛盾的隐喻结构都争着希望被接受为组织的支配观点的表达语。记住这一点，对一个组织的符号体系的控制对组织中的权力旨趣就具有极大的重要意义。

庞迪（1983）明确指出了研究组织语言的隐喻结构的重要性，他说：（这一研究的）中心假设是，在组织的对话中隐喻的使用在帮助组织参加者把意义注入他们的组织体验和解决明显的矛盾冲突中发挥着必要的作用，而这一意义的注入和矛盾的解决就是组织形成的一种形式。在这一意义上，隐喻的使用有助于把组织结合起来，有助于把它的各个部分连结成有意义的整体；就是说，隐喻在参加者的头脑中帮助把有关情形中的客观事实组织起来。另一种假设是，关于组织的客观事实的形成是受到基本隐喻的指导的。就是说，隐喻既是情境的模式又为情境树立了模式。

“明显的矛盾冲突”的解决是隐喻在组织形成过程中的中心作用。隐喻并不简单地作为一个“歧义消除机制”起作用，而是除此之外还担负着使组织的某些方面大大突出、同时使其他方面在认知和经验上进一步退居次位的任务。这样一来，原来显得颇为复杂的组织结构变得有秩序了，从而大大推动了组织成员的意义形成过程。前面讨论的“独特性矛盾”显示了故事可以发挥同样的作用：复杂而具有潜在矛盾的组织问题可以通过相对而言较为直接的、同时具有高度适应性的、故事体的“模板”得到解决，通过这类“模板”组织成员从而得以建立他们的知觉。

尽管隐喻和故事都具有这一简化的特征，但同时它们也具有把组织意义体系转化为客观结构的功能。例如，组织等级体系的概念是一个广为接受的关于组织的“已知的事实”，尽管它是一个不一定成为组织结构内在部分的社会构成。但是，这类构成的客观的、被当然接受的性质是由组织中谈话的结构方式所形成和强化的。因此，诸如“组织是军队”的隐喻包含着强烈的“服从命令，遵守纪律”的知觉倾向，其关键点是使得等级体系的概念具体化，使人们对把它视为组织形成过程的区别性特点预先有所认识。在这一看法形成后，等级体系成了一个具体的结构并独立于那些在其中发挥作用的人们而存在。这样一种对人的结构构成的认识必然限制了组织变化的范围。

（资料来源：《组织中的传播和权力：话语、意识形态和统治》，丹尼斯·K·姆贝著，陈德民、陶庆、薛梅译。）

第二节 企业文化研究在我国的进展

早在二十世纪五六十年代，继承中国共产党的优良传统和作风，各工矿企业都倡导“三老四严”的“铁人精神”、爱厂如家、忘我工作的高尚品格，以及将高涨热情与严格的科学态度结合起来所展示的健康向上的精神风貌。当时虽未冠之以企业文化的概念，但实际上发挥着企业文化的价值功能和整合功能。

后来，随着人们对精神激励作用的客观认识和对物质激励手段的运用，人们迅速从精神控制的桎梏中觉醒起来，这些“企业文化”也由于未能适应时代的变化而逐渐衰落了。直到20世纪80年代末90年代初，我国才兴起了企业文化热潮。这个时期在我国兴起的企业文化热，既与国外企业文化理论的传播、触发直接相关，同时又是在改革开放条件下，我国企业管理以及整个社会经济文化发展的必然结果，这些构成了企业文化在我国兴起的历史背景。

20世纪80年代，我国一些学者和一些敏锐的企业家开始了对企业文化的理论研究和实践探索。从80年代末到90年代初，随着我国改革开放的进一步深入，在引进外资、引进国外先进技术和管理的过程中，企业文化作为一种管理模式又被引入到我国的企业中。一时间，许多企业都风起云涌地搞起了企业文化，在全国掀起了企业文化热潮。经过这一时期的理论引进阶段，到80年代中后期掀起的企业文化热潮阶段以后，企业文化研究获得了很大发展，取得了一定成就。在我国企业界，大部分企业领导对企业文化的概念已不再陌生，对其在企业经营管理中的功能，也有所认识。更有不少企业身体力行，结合实际开展了有声有色的企业文化建设，获得了可喜的成就。

有些企业模仿外资企业管理和企业文化的一些形式，如热衷于搞文艺活动、喊口号、统一着装、统一标志，有些企业还直接请广告公司做CI形象设计，认为这样就是塑造企业文化。固然这些都是塑造企业文化的一般做法，但是，由于多数企业忽略了在这些形式下面的内涵和基础。因此，就给人一种误导，似乎企业文化就是企业发展的文化活动或企业形象设计。

进入20世纪90年代以后，中国特色的企业文化理论研究进入了新阶段。人们对企业文化的内涵有多种不同的解释，但对企业文化的核心内容，已经取得了广泛的一致，这就是企业的价值观、企业精神以及广大职工认同的道德规范和行为准则。它既是无形的又是能动的，它时时刻刻都在企业的生产经营、环境、形象等各个层面发生影响和作用，唤起人们的理性知觉，释放人们的社会潜能，形成员工的敬业意识，使员工在工业社会的价值体系中找到自己的坐标，为企业的生存和发展竭尽全力。

进入21世纪，企业文化仍然受到学者和实践者的重视。随着我国企业文化研究的深入和经验方面的积累，企业文化的研究日益规范化，而实践更加丰富化。许多学者开始思考企业文化研究的本土化，使企业文化建设更加适合中国的国情。我国面临的是注重个人能力和价值的知识经济的挑战，中国企业文化如何才能从纯商业氛围中解脱出来，更加注重人的因素，倡导以人为中心的人本管理。有学者认为，自从中国加入WTO以来，中国的市场经济正由不规范时代跨入规范化时代，过去那种“利润导向”的文化应该过渡到“诚信导向”的文化。

然而，理论研究方面，与国外20世纪80年代关于企业文化理论研究到90年代企业文化应用研究和定量研究的迅猛发展相比，中国的企业文化研究显得十分薄弱，这表现在：首先，中国的企业文化研究还停留在粗浅的阶段，虽然也有一些关于企业文化的研究，但大多数是以介绍和探讨企业文化的意义以及企业文化与社会文化、与企业创新等的辩证关系为主，真正有理论根据的定性研究和规范的实证研究为数甚少；其次，中国的企业文化研究严重滞后于中国企业文化发展实践，许多企业在塑造企业文化时主要是企业内部自己探讨，虽然也有专家学者的介入，但是由于对该企业文化发展的内在逻辑、该企业文化的定位、企业文化的变革等问题缺少长期深入的研究，所以，企业文化实践缺少真正的科学理论的指导，缺少个性，同时也难以对企业长期发展产生文化的推动力。

从目前我国从事企业文化研究的机构和个人来看，中国人民大学劳动人事学院的石伟教授在企业文化的研究领域步伐较快，其专著《组织文化》从企业文化和管理学的角度出发，全面梳理了组织文化的相关理论，并结合国内外组织文化实践，提供了一种人力资源管理的新视角，同时介绍了一些极具操作性的工具及方法，使之能够兼备整体性和独特性两方面的特征。同样是中国人民大学劳动人事学院的教授，彭剑锋先生，我国著名的人力资源专家，在企业文化研究和实践领域也有一定的造诣，他将企业文化与组织的制度和流程结合起来，构建了一种大文化体系。另外，清华大学的魏杰教授、华南理工大学的陈春花教授以及社科院的刘光明研究员对我国企业文化的研究与实践都起到了很大的推动作用。

与此同时，国内很多知名管理咨询公司，如仁达方略、和君创业、北大纵横、新华信、同心动力等都在从事企业文化的研究和咨询活动。其中，北京仁达方略管理咨询公司是国内第一家真正通过定量方法研究企业文化的管理咨询公司。从1995年起，在近10年的企业文化研究与咨询实践中，仁达方略积累了大量的企业文化案例，涉及电力、石油、房地产、金融、航空航天、制造、旅游、IT等多个行业领域。

第三节　企业文化诊断与评估的研究与探索

1992年，Roger Harrison & Herb Stokes 出版了《诊断企业文化——量表和训练者手册》（Diagnosing Organizational Culture——Instrument and Trainer's Manual）。书中确定了大部分组织共同具有的四种文化，在此基础上，针对不同企业进行相应的变化，这种诊断可用于团队建设、组织发展、提高产量等。

1998年，Kim S. Cameraon & Robert E. Quinn出版了《诊断和改变企业文化：基于竞争价值理论模型》（《Diagnosing and Changing Organizational Culture: Based on the Competing Values Framwork》），这部专著为诊断组织文化和管理能力提供了有效的测量工具，为理解企业文化提供了理论框架，同时也为改变组织文化和个人行为方式提供了系统的策略和方法。

关于组织文化评估的专著还未见正式出版，但是，1997年，David E. Birren. Richard Seel，Cliffrh等在因特网上的讨论却十分热烈，主要是关于企业文化评估的维度和方法。

1999年7月18~21日，在美国波士顿召开了企业文化大会，这是一次企业文化研究专家与企业管理人员共同探讨的会议，其主要议题有：Terrence E. Deal的"理解现存文化的类型：确定你的组织的优势和缺陷"（Reading Existing Culture Pattern: identifying Your Organizational's Strengths and Weaknesses），Jerry Greenfield的"增加Ben & Jerry公司员工与顾客的忠诚"（Increasing Employee and Customer Loyalty at Ben & Jerry），Gary Bosak的"塑造和维持Sears公司的文化"（Creating and Sustaining Culture Change at Sears，oebuck and Co）。

2000年7月3~7日，爱德加·沙因（Edgar H. Schein）教授在美国的Cape Cod 2000论坛举办为期一周的讲座，其主题为"过程咨询、对话和组织文化"（Process Consultation，Dialogue and Organizational Culture）。

目前，国外较为广泛使用的是Quinn的企业文化量表和Daniel Denison的组织文化模型，在本书的后半部分会对这两个企业文化评估工具进行介绍。

在我国，企业文化的诊断与评估的研究主要是由咨询公司来进行的，仁达方略、和君创业等都是分别从不同的角度展开企业文化诊断与评估的研究与实践。

2001年，仁达方略公司邀请20多位权威专家，以及数家企业集团的总裁、首席文化官和企业文化建设的实践者，在霍夫斯塔德的文化分析方法和维度划分基础上，结合我国企业的实际需要，开发出了"企业文化诊断评估系统"（CMAS），它包含12个维度（Dimensionality）和33个要素（Factor），形成了完整的评价矩阵。这套系统现已得到专家组的认定，并已经申请知识产权保护。这也是我国目前为止第一套实用的企业文化诊断评估工具，在后面对诊断评估工具的介绍中我们会对此进行详细的阐述。

第四节 企业文化的基本研究方法

企业文化的基本研究方法

组织文化作为一个概念是近些年才发展起来的。尽管诸如"群体规范"和"态度"等概念已经使用了相当长的一段时间（例如，Lewin，Lippitt and White，1939），但是清楚地使用"文化"这个概念还是近几十年的事。卡茨（Katz）和卡恩（Kahn，1979）在其《组织的社会心理》第二版中提到了角色、规范和价值观但仍然没有直接提出"文化"和"态度"的概念。

企业"态度"，本质上是一种突出的文化现象，有助于直接观察和度量，因此有关于企业"态度"的传统研究。但是态度只是文化的外在表现，因此对态度的研究并不能使我们的研究深入到组织如何起作用的因果层面上来。我们需要对态度和规范中的一些变量做出解释，这种需要最终导致了"更深”的概念，例如文化的出现。

沙因在通过区分对组织文化理解的研究潮流，对组织文化的基本研究方法做了简短的回顾。

1. 调查研究

从这种视角出发，文化被看成能够被问卷调查等测量而形成清晰的李克特类型轮廓的一种群体属性（Hofstede，1980；Hofstede and Bond，1988；Kilmann，1984；Likert，1967）。沙因认为这种方法的问题在于它假定相关维度的知识可以被学习。即使我们已经取得了很大的样本，这些样本是否已经足够，或者是否有足够的相关性来抓住给定组织的重要文化主题仍然很不清楚。进一步而言，像文化这种抽象的东西是否可以用调查工具来测量也并不十分清楚。

沙因的疑虑并没有阻碍企业文化调查研究方法的发展，相反，企业文化的定量研究以及诊断评估越来越受到重视。这得益于企业实践者的需要和统计学及计算机技术的发展。

2. 描述分析法

在这种研究方法里，文化被看成是必须被经验化度量的一种概念，即使这样意味着要把它分解成更小的单位以便它能够被分析和度量（例如，Harris and Sutton，1986；Matin and Siehl，1983；Schall，1983；Trice and Beyre，1884；Wilkins，1983）。这样，组织故事、典礼仪式、象征物的展示和其他的文化要素系统都作为整体文化的有效代表。这种研究方法的问题在于，他把组织文化这个理论整体分解成一些单个的概念，这些概念可能会使人的注意力集中到组织和群体现象的历史方面。

3. 民族学的方法

在这种方式里，采用了大量来自社会学和人类学的概念和方法来研究组织，试图叙述性的阐明问题，并且大量提供以前没有充分记载的有关组织现象的一些理解（Barley，1983；Van Maanen，1988；Van Maanen and Barley，1984）。这种方式有助于建立更好的理论，但是它费时并且非常昂贵，在对不同种类的组织进行概括之前，我们必须收集大量的案例。

4. 历史学的方法

历史学家很少把文化概念用于他们的研究工作，但很显然，在他们看来，把组织和其他方面的因素放在一起研究是合理（Chandler，1977；Dyer，1986；Pettigrew，1979；Westney，1987）。历史研究方法的弱点与上述民族学研究方法是类似的，但这种弱点往往可以被历史和纵向的分析所带来的深刻洞见弥补。

5. 临床性描述

随着组织咨询的发展，研究人员有越来越多的机会观察那些传统上被禁止进入的领域，例如作为政策来源和报酬、控制系统形成的组织高层管理领域。在咨询顾问把组织的现象作为组织向客户提供服务中的副产品来进行观察的时候，可以认为这是一种“临床性”的研究，尽管观察的范围还受到组织的限制。这种方式最重要的特点是在咨询人员帮助客户处理自己提出的一些问题的过程中，资料被收集起来了。尽管研究人员需要取得进入许可，但咨询人员/临床人员被允许接触这些材料，因为向他们公开这些资料有利于客户的利益，而这些资料一般对研究人员是保密的。

这种观察得来的经验知识为从其他方式得来的数据提供了必要的补充，因为文化起源和文化动态变化有时只能从力量的中心才可以观察得到。在这些力量中心，文化的一些要素被创建者、领导者和强有力的经理们创造和改变着（Hirschhorn，1987；Jaques，1951；Kets de Vries and Miller，1984，1986；Schein，1983）。这种方法的局限性在于它没有民族学和临床学方法提供的广度和大量的假设检验所带来的方法上的严谨性。但是，把民族学和临床学方法结合起来可能为理解文化这一概念提供最适当的基础。

常用调查分析及预测的几种方法

1. 深入调查的方法

深入调查的目的是为了取得与课题有关的各种定量、定性资料，并在预备调查的基础上进一步深化。一般采用方法有：

(1) 查阅文档记录。在调查开始，首先要充分利用现有材料，补充在预备调查阶段尚未搜集到的有关资料，并对有关数据进行核实，剔除不真实数据。

(2) 个别谈话也称面谈。这是在进入企业后就应该开始的工作，调查的对象主要是与课题有关的中层以上干部。事前应发调查提纲，做好准备，一般以40分钟为宜。这种方式简便灵活、深入。被访谈者可以畅所欲言。咨询组要声明：所谈的一切情况咨询组都要给予保密，这也是咨询人员的纪律。

(3) 专题记录。在已有记录不可靠或没有记录的情况下，需要建立专题记录，可以委托客户单位有关人员按照要求做专题记录，也可以由咨询人员专访记录。

(4) 专题座谈。咨询人员邀请有关人士参加座谈、讨论，听取他们对事实的分析和评价，这对完成咨询课题是非常有益的。

（5）发调查表。除发放职工意见问卷调查外，也可以视某一专题需要，整理出若干含义明确的问题，发调查表。通过调查表广泛获取有关资料。

（6）现场观察。为弄清某一问题，在没有资料可提供的情况下，咨询人员需要亲自进行观察，把观察的结果详细记录下来。但要注意消除被观察者的紧张心理，使观察结果反映真实情况。

（7）专访。为了弄清某一重要问题，又不便在多人面前揭示的情况下，可采取咨询人员专门拜访，以取得所需资料。

2. 分析问题的基本方法

为了有效地分析问题，不仅需要明晰的思路，遵循正确的程序，还应掌握分析问题的基本方法。

（1）系统分析法。这是判定问题的一种方法。，它把企业或一个部门看成一个系统，在判定这个系统是否存在问题，是什么原因造成的，涉及管理的深度和广度的程度，在掌握了足够数据和对系统运行状态有比较深入的了解的情况下，可采用此方法以判断问题的性质，拟定解决问题的措施。

（2）解析分析法，也称“5w1h”法。它把分析的对象作为一个整体，然后按构成这个整体的因素进行分解，通过对这些因素的分析来界定问题的性质，从而深入把握存在的问题原因，为采取相应措施提供依据。

5w1h 解析法是兰德公司在 20 世纪 50 年代创造出来的有效的分析方法之一，当问题与现状不清楚时可使用此法。把分析的对象作为一个整体，然后按构成这个整体的因素进行分解，通过对这些因素的分析来界定问题的性质。使用此法比较费时间，除了用于经济效益和战略分析外，一般在课题确定后用于内外调查比较合适，见表2－1。

表2－1 5W1h分析表

项　目	现状标准	问题	原因
对象（what）			
目的（why）			
场所（where）			
时间（when）			
人员（who）			

（3）问题归类法。这种方法是对调查出的问题按一定标准进行分类，按各类问题的特征进行分析的一种方法。这有利于找出同类问题的共性和特征，采取相应的对策。

（4）纵向比较法和横向比较法。纵向比较法主要分析客户企业不同时期的标准与实际情况进行比较：了解存在主要成绩和问题及演变过程，以推测未来趋势。横向比较法是分析客户企业在不同时期经营管理状况与同行业平均（或先进）水平、竞争对手的先进水平进行比较，来把握企业在整个行业（或竞争对手）所处地位及该地位的变化趋势。

（5）重点分析法。这种方法是把企业存在的众多问题用排列图的方法，依照影响问题的性质或程度大小组合排列，然后将影响程度占总问题的比例大的因素即为解决问题的重点，其他占比例小的也会迎刃而解。

（6）因果分析法。它是利用鱼刺图的方法，把影响所存在问题的各种因素，按影响程度大小分为若干等级，影响大而且直接的因素称为一级影响因素或问题原因，下一级影响因素是上一级影响因素存在的原因，即上级原因是下一级问题，以此类推，通过层层列示影响因素直至到最底层不能再分为止，就是解决问题的最根本原因。这种方法是分析问题、找出原因多采用的方法。

第三章 企业文化诊断评估的基本专业术语

第一节 几个基本概念

为了对企业文化实施有效的诊断与评估，为了测量现有企业文化的特征、优势与劣势以及实现企业文化的创新、重构与变革，我们首先需要了解企业文化测评涉及的基本概念——测量尺度（scale）、信度（reliability）、效度（validity）以及常模（norm）。下面分别讲述这四个基本概念。

一 测量尺度

任何测量必须有测量的准则和依据，例如测量桌子的长度时，或者用掌距来量或用台尺来量或用米尺来量，总要有个依据才行。这个作为测量的准则或依据，也就是测量的尺度。在测量时采用不同的尺度，对事物或变量特征的描述和说明将提供不同的信息。以上述测量桌子的长度为例，采用不同尺度测量的结果，可能是五个掌距，也可能是三尺三寸或一百公分。虽然桌子的长度不变，但因测量尺度不同，故对桌子长度的说明也不一样。

尺度的种类大致有四种：名义尺度（nominal scale）、顺序尺度（ordinal scale）、等距尺度（interval scale）、比例尺度（ratio scale）。这四种尺度具有不同的特征，也有不同的作用。在进行企业文化测量时必须了解这四种尺度的性质，才能选择适当的尺度，用来编制测量工具。以下分别叙述四种尺度的性质：

1. 名义尺度（nominal scale）

名义尺度是按照事物的特征或属性的不同，赋予不同名称，作为一种标记，进而可以将特征或属性相同的事物归为类别，所以也称为“类别尺度”（categorical scale）。换句话说，名义尺度的主要作用是在区分类别，给每一个类别适当的名称，借以辨识。比如：人的性别可区分为男性与女性，婚姻状况可区分为已婚与未婚，都是应用名义尺度来分类。因此，应用名义尺度测量或描述事物的特征时，就要设法将该事物按照其特征加以分类，并标示类别的名称，然后给它一个代码（code）。

2. 顺序尺度（ordinal scale）

顺序尺度是将事物按照其特征或属性的大小或多少的程度，排成顺序或等级。比如，将十家啤酒公司的产量按高低自1排至10，这就是顺序尺度的应用。换个方式来看，如果以顺序尺度来测量班上50名同学的成绩，请问小明的成绩如何？答案可能是“小明是第五名”，而不是“小明的成绩是80分”。顺序尺度的主要功用是排列等级、比较顺序。在等级或顺序的排列中，可以比较个体之间的地位，可说明“大于”或“小于”的关系和差异，但个体之间的差异并无相同的单位。故全班第一名的成绩与第二名成绩的差异未必等于第二名成绩与第三名成绩的差异。这个特征要特别留意。

3. 等距尺度（interval scale）

等距尺度是一组具有连续性、单位又相等的数值。如果应用等距尺度来测量变项，乃是依其特征或属性之不同赋予不同的数值。使这些数值不仅显示大小的顺序，而且数值之间具有相等的距离。例如，以等距尺度测量员工的数学考试成绩，乃在 0 分 ~100 分的范围内，依员工的答题表现给予一定分数。从员工的分数既可看出员工成绩高低的顺序，也可以了解员工之间成绩的差距。

由上述的说明可知，等距尺度的主要特征在于：分数、连续性与等距，而其主要功用则在于采用连续且等距的分数说明变量特征或属性的差异情形。

4. 比例尺度（ratio scale）

比例尺度具有等距尺度的全部特征，而且有“真正零点”。因此比例尺度的数值之间有相等的比例，不仅可以加减，也可以作乘除的运算。例如，人的身高可以采用比例尺度来测量，以 0 代表没有高度，0 以上的不同数值代表实际高度，而身高 200cm 即为身高 100cm 的两倍。体重的测量也是如此。又如年龄也可以采用比例尺度测量，因为 0 岁是真正的零点。据此可知，比例尺度所提供的信息最多，作用最大，但在实际测量的应用上却不多见。一般说来，物理特征的测量（如重量、长度等）比较可能采用比例尺度，但心理特征的测量大体以等距尺度为主，因为人类的心理特质很难找到真正零点。

效度

效度是指根据测量结果推论变量特征的适合性（appropriateness），就是指测评的有用程度，考察我们所测的结果是不是我们想要测得的东西。

比如，我们想了解员工的工作动机，因此采用一个工作动机量表加以测量，每一个员工都得到一个“分数”，我们要根据这个分数来推论员工的工作动机。在此种情况下，我们要先确定，依据这个分数来推论员工的工作动机。换言之，这个测量所得的分数能否真正解释工作动机？如果答案是肯定的，那么依据这个测量结果所作的推论就有效；如果答案是否定的，那么推论就无效。不过，效度并非“全有”或“全无”的概念，而是程度高低之分。由此可知，效度是测量的必要条件，缺乏效度则推论与解释都不适切，这个测量就没有意义，也没有用处，因为它不能解释真正想解释的特征或属性。一个未曾提示或说明效度的测量工具，难以确定其测量结果的适合性，因此不能冒然使用。

信度

按照通俗的说法，信度是指测评结果的可靠性。如果照美国教育与心理测验标准之定义，信度指的是测验分数未受测量误差（errors of measurement）影响的程度。这两种解释并不冲突，测量误差愈小，测量结果越可靠。换言之，如果测量的结果能反映受试者真实的特征，而不因其他因素（如测验情境、受试者心理情绪状态、测验题目的性质等）而影响其测验分数，那么这个测验所测量的结果是可靠的。

信度也是测量的基本要素之一，缺乏信度的测量就不具意义，也不能使用。因此，在使用测量工具时，一定要知道测量的信度。然而如何估量测量的可靠程度呢？我们用信度指标：α系数。通常采用斯坦福大学（Stanford University）柯隆巴克

（Lee J·Cronbach）教授所发展的 α 系数，依一定公式估量测验的内部一致性，作为信度的指针。其公式如下：

$$\alpha = \frac{K}{K-1}\left(1 - \sum \frac{S_i^2}{S_x^2}\right)$$

式中，K 为测验题数，S_x 为测验分数的标准差，S_i 为第 i 个题目分数的标准差。

一般而言，一个测量工具的信度至少应在 0.70 以上，才称得上可靠。信度是效度的必要条件，信度太低的测量工具，就不可能具有适当的效度。

常模

企业文化的测量一方面是要探寻本企业现有企业文化的特征，另一方面要将本企业的企业文化特征与行业平均水平进行比较，以发现自己的企业文化的优势与劣势。测量的结果必须提示一个说明群体内差异情形的分数架构，作为解释个别分数的标准与依据。这个群体的分数架构就是俗称的常模（norm）。

企业文化的常模。比如，我们在全部电力企业中抽取具有代表性的一部分企业（按照现代抽样调查理论），测评这些企业的企业文化，得到整个电力行业企业文化的特征（通过定性与定量数据展示）。以这个总体特征就可以建立起电力行业企业文化常模。通过这个常模我们就可以在测评某家电力企业的企业文化时，比较该电力企业的企业文化与整个电力行业企业文化的差异，找出该企业的企业文化在各个维度上的优势与劣势，作为制定企业文化建设战略的依据。

以上分别说明了尺度、效度、信度与常模四个概念及其相关的方法与程序。这四个概念都直接关联到测量工具的编制与使用。尺度是编制测量题目的依据，效度与信度是保证测量结果之可靠性与适合性的指标，而常模则解释测量结果的架构。

第二节 关于抽样

在问卷和量表的制作过程中，我们会用到两种抽样方法：概率抽样、非概率抽样。

◇ 非概率抽样

在问卷和量表制作过程中，经常遇到无法选择的概率样本的情形，在这种情形下，就采用非概率抽样，我们考虑4种非概率抽样方法：就近抽样、目标式或判断式抽样、滚雪球式抽样以及配额抽样。

首先，我们介绍“就近法”，比如在街道拐角或在其他场所拦下路人作访问工作。虽说这种方式经常被使用，但却有一种极冒险的抽样方法。只有在研究的目的是要了解在某特定时间内通过抽样地点的路人的特征，或采用更少冒险性的抽样方法不可能时，这种抽样方法才具合理性。尽管这种方法的使用在可行性上具有合理性，但根据这类数据作出推论时必须非常小心。

目标式或者判断式抽样：有时我们可以根据自己对总体的认识，对总体构成要素和研究目标的认识，即根据我们对研究目的的判断来选择适当的抽样方法。特别是在问卷的初步设计阶段，我们应该选择尽量多元化的总体作为抽样的基准，对问卷题目进行检验。虽说有时研究的结果并不能代表任何有意义的总体，但这种检验能有效的暴露出问卷中的缺陷。某些时候，我们也许要对较大总体内的某个次级集合进行研究；这个次级集合的组成要素很容易辨认，然而如果要把这些次级集合全部列举出来，又几乎是不可能的事情。通常，实地调查对研究异常案例也特别感兴趣，通常可通过对异常案例的考察来加深对态度和行为规律的理解。

另一种非概率抽样技术是“滚雪球抽样”，有人认为是偶遇抽样的一种形式。它是在特定总体成员难以找到时最合适的一种抽样方式。所谓滚雪球，就是根据既有研究对象的建议找出其他研究对象的累计过程。由于这种方法产生的样本代表性可疑，因此，它通常被用于探索性研究。

配额抽样往往从建立描述总体特征的矩阵或表格开始，举例来说，研究者知道一些被研究者的信息，建立一类信息矩阵，这样的矩阵一旦建立起来，矩阵的每一个格子就有了相应的比例，此时研究者就根据研究目的从不同的格子里选择样本并搜索资料，而代表每一个格子出现的人，则按照这些格子相对于总体的比例给予加权。当所有的样本要素都被加权时，这样的资料就可以合理的代表整个总体。但配额抽样方法有一些先天的缺陷，首先，配额框架必须十分精确。为了做到这一点，必须掌握最新的资料，这是十分困难的。其次，从某些特定的格子中选择样本时候，可能会存在偏误——即使十分清楚此格子相对于整个总体的比例。近些年，不少研究者尝试将概率抽样方法与配额抽样方法结合，但是其效果还有待观察。就现在而言，如果你们的目的是进行统计描述的话，建议你们在运用配额抽样方法时多加小心。

✎ 概率抽样的逻辑

1. 有意识与无意识的抽样误差

我们或许认为抽样是一件简单明了的事，抽样方法会被一些未经训练的研究者使用，但这种方式存在着严重的问题。

除此之外，抽样中还存在一些其他的问题。首先，我们自己的成见可能会使样本无法真实地反映总体。而且当我们谈到和抽样有关的误差时，就意味着样本对于总体而言，不具备“典型性”或是“代表性”。当我们随意进行抽样时，这类误差实际上不可避免。

2. 代表性与选择概率

虽然“代表性”一词并不是科学的、精确的定义，但在这里，其共识的含义还是有的。对我们来说，当选出样本的各种集合特征大体接近于总体的集合特征时，样本就具有代表性。

概率抽样的一个基本原则是，如果总体中的每一个体被抽取为样本的概率相同，那么从这个总体中抽取的样本就具有对该总体的代表性。具有这一性质的样本通常被称为等概率抽样方法样本，概率抽样具备两项独特的优点：概率抽样虽然无法完全代表总体，但较其他抽样方法更具代表性，因为它能避免我们讨论过的偏见；另外，更重要的是，概率理论使我们能够估计样本的精确度和代表性。也许一位对总体并不了解的研究者，通过完全随意的方式可以选出能够完全代表总体的样本。但这种可能性很小，而且我们无法估计样本的代表性。相反，采用概率抽样方法，能对样本的成功或失败提供精确的估价。

第四章　问卷与量表的编制及分析方法

依照测量学家史蒂芬（S·S·Stevens）的解释，测量是“依照规则赋予事物特征特定数字的程序”。企业文化的测量是将企业文化的特征加以“量化”的过程，是企业文化的量化研究不可缺少的程序，也是企业文化诊断和评估的工具和基础。

第一节　问卷与量表的差异

问卷与量表都是研究者用来搜集资料的一种技术，也可以说是对个人行为和态度的一种测量技术。它的用处在于量度，特别是对某些主要变项的量度。虽然问卷和量表都是可以用来搜集资料，但这两者基本上还是有一些差异存在的。

一、在编制架构上的差异

1. 量表需要理论的依据，问卷则只要符合主题即可

通常量表的编制都是根据学者所提的理论来决定其编制的架构，譬如若要编制教练的领导行为量表时，可根据运动心理学者 Chelladurai & Carron 的运动情境领导理论来编制。此项理论将教练的领导行为分为训练和教学的行为、民主的行为、权威

的行为、社会支持的行为及奖励及赞赏的行为等五个向度，因此编制者可依照这五个向度编成一份有五个分量表的领导行为量表。然而在编制问卷时，只要研究者先将所要研究的主题厘清，并将所要了解的问题胪列出来，然后依序编排即可。

2. 量表的各分量表都要有明确的定义，问卷则无此要求

在编制量表时，若没有分量表，编制者就直接将此量表的定义加以说明。若所编制的量表包含有若干个分量表，各个分量表亦需将其定义加以界定清楚。一方面让编制者在编题时能切合各个分量表的主题，另一方面是让阅读者能了解此量表的各个分量表究竟是做何解释。

在计分上的差异

1. 量表是以各个分量表为计分的单位，问卷是以各题为单位来计次

假如一个量表有若干个分量表，其计分的方式是以各个分量表为单位。由于量表通常是以点量尺的型式呈现，研究者只要将分量表中每一题的分数相加即可。问卷则和量表不同，它是以单题为计算单位，亦即是以每一题的各个选项来计算其次数。

2. 量表的计算单位是分数，而问卷的计算单位是次数

由于量表是将各题的分数相加而得到一个分数，因此所得的分数是属于连续变量。而问卷是以各题的选项来计次，所得的结果是各个选项的次数分配，此乃属于间断变量。

◇ 在统计分析上的差异

量表在描述统计方面有平均数、标准差、积差相关，在推论统计方面有 t 考验、变异数分析、共变量分析、迴归分析等。

问卷在描述统计方面有次数分配、百分比，在推论统计方面有 x^2 考验（如适合度考验、百分比同构型考验、独立性考验、改变的显著性考验等）。

第二节　问卷编制的方法

◇ 问卷编制的步骤

研究者在编制问卷时，可依三个步骤进行：确定主题、搜集资料、编制题目。以下就以台北市民参与慢速垒球活动的调查研究为例，说明一份问卷是如何编制出来的。

1. 确定主题

问卷编制的内容应和所要调查的目的一致，譬如若要了解台北市民参与慢速垒球活动的情形，所编制的题目就应和慢速垒球的活动有关。

2. 搜集资料

假如要了解市民参与慢速垒球活动的情形，首先需要知道台北市的慢速垒球活动是如何运作的。编制者可至台北市慢速垒球协会访问相关的工作人员，或是至垒球活动的现场了解会员参加活动的情形。这些资料都可供编制者在编制问卷时参考用。

3. 编制题目

编制者在搜集有关的资料后，即可将各项资料整理并编拟出题目。所编的题目可分为人口统计变项部分和问卷题目部分两类，由前者可了解参与慢速垒球活动人员的年龄、性别、婚姻、职业、学历、收入等基本资料，问卷的主要内容包括有参与慢速垒球活动的原因、每月参加的次数、时间、经费及参加的方式等。

问卷编制的类型

一般而言，问卷的类型可为开放式的问卷和封闭式的问卷两类。以下即分别予以说明：

1. 开放式的问卷

(1) 在球类运动中，你喜不喜欢棒球？为什么？

____

____

(2) 你通常收看什么球类比赛节目？为什么？

____

____

2. 封闭式的问卷

(1) 你喜不喜欢棒球运动？

□很不喜欢　□不太喜欢　□有点喜欢　□很喜欢

(2) 你通常喜欢收看哪种球类比赛节目?

□篮球　□足球　□棒球　□其他

由上面的例题得知，开放式的问卷让作答者有较大发挥的空间，研究者可以比较深入的了解作答者心中的想法，但需要较长的时间作答。而封闭式问卷的优点是让作答者能在最短的时间内作答完毕，而且答案明确，易于统计，但缺点是无法得知作答者为何要选该答案。通常一份问卷是以封闭式的题目为主，另辅以若干开放式的题目（研究者比较想深入知道的问题）。

提出问题的标准

研究者在编制问卷时必须先考虑所编拟的问题是否适宜，以下所提出的几项标准可作为问卷编制者的参考：

1. 问题是否与研究目的一致

问卷里所提的问题必须和研究目的一致，才不会让作答者有离题的感觉。譬如问卷是要了解台北市民参与慢速垒球活动的情形，所有问卷里的问题当然都必须和慢速垒球活动有关。假如在此份问卷里问了有关台北市政的问题，就会让作答者不知所措。

2. 问题的类型是否合适

有些问卷的问题适合用封闭式的类型，有些则应该用开放式的类型。一般而言，开放式的问题比较能获得充足的资料，但其缺点是费时，而且作答的对象在教育程度上不能太低。因此，问题的类型应该视作答的对象、研究的主题、可以应用的时间等因素而定。

3.问题是否令人难以回答

在问卷里应避免提出让人不喜欢回答的问题，譬如问大专的体育教师是否曾经有过花钱请人帮你写论文的念头？或是问在撰写论文时是否曾经考虑过抄袭别人的研究报告？像诸如此类的问题都非常敏感，即使有这种想法的人很可能也不会据实回答。

4.问题是否涉及个人的隐私

有关个人隐私的问题，编制者应该尽量避免将其列入，譬如问选手是否在比赛时使用过禁药、每年有多少的收入不用报税，除非这是研究者研究的主题，而且事先获得作答者的合作，否则这种问题是不可能得到真正的答案。

5.问题是否有暗示作用

问卷的问题不应暗示作答者做某种的回答，如有研究报告指出吸烟会影响人的心肺功能，或认为运动选手可以吸烟吗？像此类的问题已经强调吸烟的坏处，当然会强烈的暗示作答者选择不同意的答案。

6.问题是否超出作答者的能力

问卷所问的问题应视作答者的能力来提问题，譬如问小学的运动选手是否认为行政院应该成立体育委员会、认为大专院校的体育助教是否可以上课，像此类的问题已超出小学生作答的能力范围，将会使作答者无法反应。

◇ 编制题目的原则

1. 用字浅显易懂

题目的文词应力求清楚明了，不要造成作答者对语意的误解，而且用字也要简单易懂，尽量使作答者能节省作答的时间。

2. 每个问题只涵盖一个观念

一个句子只能提及一个观念，以免作答者混淆。譬如“当你遇到挫折时，你是否会努力不懈而且尝试用新的方法去解决”这个句子就涵盖了努力不懈及尝试用新的方法两个观念，有时作答者只符合了其中的一个观念，这对于作答者将会造成困扰。因此像上述的例子最好将其改为两个句子：“当你遇到挫折时，你是否会努力不懈去解决”及“当你遇到挫折时，你是否会尝试用新的方法去解决”。

3. 避免主观及情绪化的字眼

问卷的问题应该是采用客观、中性的字眼，不应用会挑起作答者情绪的文字，如“你认为教育部不准大学的体育教师上课是否有打压体育教师的嫌疑?”，这个句子所用的“打压”这个字眼就非常不适当。

4. 问题的选项应清楚界定

问卷里各个问题的选项应界定清楚，如前述“台北市民参与慢速垒球活动问卷”中有关每月收入的问题，在各个选项中不能有混淆的情形。譬如第一个选项是5万元以上，其后依次是4万元~4万9千元、3万元~3万9千元、2万元~2万9千元及1万元以下，各个选项分得很清楚，作答者很容易选出符合自己收入的答案。假如所编的选项是5万元以上，然后依次是4万元~5万元、3万元~4万元、2万元~3万元及1万元以下。像此种选项因为有重叠的情形出现，将会造成作答者无法正确的作答，这是编问卷者要避免的情形。

5. 不用假设或猜测的语句

“假如你是行政院长的话，你是否会同意成立体育委员会?”，像这种假设性的问题，因为作答者有太多的想像空间，以致于所得的结果不易归纳解释。在实际的应用上，价值并不高。

6. 句子避免过长

通常作答者在填答一份问卷时，都不希望花太多的时间，假如问卷的题目简单清楚，一目了然，作答者的配合度会较高；反之，若题目复杂又冗长，作答者有可能会应付了事。譬如“在亚特兰大奥运会，我国派出大批的选手参赛，结果只有一人得到一块银牌，其余人则空手而归，你对此种结果有何感想?”像此种冗长的题目，只是浪费作答者的时间而已。

第三节　量表编制的方法

量表编制的步骤

1. 拟定编制量表的计划

当研究者决定编制一份量表时，首先须拟定编制量表的计划。此份计划包括决定应搜集哪些相关的资料、编制的进度、样本的选取、经费预算、编制完成所需的时间等。

2. 搜集资料

不同的量表所涉及的资料当然就有所不同，譬如选手的成就动机量表和教练的领导行为量表，在文献的搜集上当然有很大的差别。编制者必须先了解量表的性质，然后才决定所搜集资料的方向。如成就动机量表是属于人格方面的量表，编制者就要从人格心理学的理论或既有的量表中去搜集。若是领导行为量表，因其是属于社会心理方面的量表，编制者就要在社会心理学中去搜集。

3. 拟定量表的架构

编制者可以参考某一个学者的看法，或是综合数个学者的理论拟出所要编制量表的架构。假如此量表有若干个分量表，编制者应先将其定义写出来，以利尔后编制题目之用。以下是笔者所编制的大专学生个人需求量表架构的范例：

(1) 卑逊性：自觉不如别人，对自己的行为常有愧疚之心，在尊长面前有畏缩不安的倾向。

(2) 成就性：会尽个人的努力以求取成功，完成一些自认为有意义的工作，有解决问题或接受挑战的倾向。

(3) 亲和性：乐于交友，愿意参加团体活动，并有忠于朋友的倾向。

(4) 攻击性：会抨击相反的意见，公开批评他人，遇攻击时必谋报复；发生问题时，常有责怪他人的倾向。

(5) 自主性：倾向于自由行动，自作主张，不喜欢接受规则或习惯的约束，不愿为责任或义务所规范。

(6) 防卫性：受到攻击、批评、责备时会起而辩护，或是对自己所犯的过错加以遮掩。

(7) 支配性：喜欢领导团体活动，有支配或影响他人的倾向，常为个人的主张辩护，希望能为他人所接受。

(8) 表现性：常藉语言或行动的表现以获得别人的注意，喜好谈论本身的成就和功绩。

(9) 避败性：会停止行动或逃避某种活动以免遭到失败。

(10) 乐善性：待人宽厚仁慈，富同情心，对于困难或遭遇不幸的人，有乐于帮助的倾向。

(11) 秩序性：喜欢将自己的东西摆设整齐，做事时喜欢事先有计划，凡事按部就班实施。

(12) 求援性：希望获得他人的帮助、鼓励与支持，遇有困难时，渴望获得别人的同情与关心。

4. 编制题目

当量表的架构定出来之后，编制者即可参考所搜集来的其他量表资料来编题。通常为了将来有删题的空间，编制者大约要比预定的题数多编1/2的题目。如一个分量表若需要10题，此时就需编15题。

5. 预试

当题目编好后，编制者即需进行预试。亦即编制者要找一些受试者先对此份量表试做，以了解哪些题目是可用的。预试的样本至少应有200人，以利以后的项目分析之用。

6. 项目分析

项目分析（item analysis）的主要目的是针对预试的题目加以分析，以作为正式选题的参考。进行项目分析时，通常有两种方法可以使用，第一种方法是用t考验法，第二种是用相关法。在做项目分析时，这两种方法都是以单题为单位来进行分析。以t考验法而言，在进行项目分析时，是以该分量表总得分的高分组（前25%的受试者）和低分组（后25%的受试者）在每一题得分的平均数进行差异比较。所得的值称为决断值（critical ratio，简称CR），必须高于查表的临界值，才具有鉴别力，有的学者建议CR值至少应达3以上为佳。在进行相关法时有两种方式，一种是含本题在内所得的相关，另一种是不含本题在内的相关。进行第一种相关法时，首先将每个受试者分量表的总得分算出来，然后以题为单位，计算每一题与总得分的相关。一般而言，相关系数至少应达0.4以上为佳。进行第二种相关法时，以每一题和该题所在的分量表的总得分（不含该题）求相关。一般而言，相关系数应达显著水准才算是具有鉴别力的题目。

7. 编制正式题目

编制者可根据项目分析的结果来进行选题，只要鉴别力合乎标准的题目都可以选为正式的题目。若项目分析所得各题的决断值都合于要求，则由高而低选出预定要的题数。

8. 建立信度与效度

一份好的量表必须具有相当的信度和效度。所谓信度即是指可靠的程度，而效度则是指有效的程度。有信度的量表通常具有一致性（consistency）、稳定性（stability）、可靠性（dependability）及可预测性（predictability）等。一份稳定可靠的量表，几次所得的结果一定是相当一致的，而且可透过此量表对受试者做预测用。

效度是指一个量表能够有效的测量到它所要测量的特质的程度，譬如一份有效的成就动机量表应该能确实反映出受试者的成就动机，高成就动机者在此量表的得分应该比低成就动机者的得分显著要高。

量表的信度和效度应该如何建立，在下面即会有详细的说明。

如何拟定量表的架构

1. 决定量表的因素

一个量表究竟需要多少个分量表，主要是视所根据的理论而定。譬如 Chelladurai & Carron 的运动情境领导理论将教练的领导行为分为五个向度，这五个向度即可成为五个分量表。若是属于探索性的研究，并没有理论的基础，则其因素的多寡就需要用探索性的因素分析来决定。一般而言，若抽出的因素其特征值大于 1 的话，此项因素即可保留。

2. 预定正式量表的题数

一份量表究竟需要多少题，并没有一个定论。大约有几个指针可供参考：可用的时间（时间越长，题目就可越多）、所测特质的灵敏度（较不灵敏的特质通常需要较多的题目，才能区分出不同的群体）、分量表的多寡（分量表越多，所编的题数就会随着越多）。

3. 决定预编的题数

预编的题数通常都要比正式的题数多一些，对于常常编制量表的专家而言，预编的题数大约比正式的题数稍多几题即可。如正式的题数若定为 10 题，则只要预编 12 或 13 题就可供筛选。但对于初学的编制者而言，最好多编几题，以免有太多不具鉴别力的题目出现。一般而言，预编的题数至少需比正式的题目多编一半的题目。

4. 决定量表的量尺

通常量表的量尺以五点或四点的型式为多，如五点量尺为非常同意、同意、没意见、不同意、非常不同意，四点量尺则将“没意见”去掉。究竟五点量尺还是四点量尺较佳，学者们各有不同的意见。有的学者认为比较不认真作答的人会有选“没意见”的倾向，结果造成所得的资料没有太大意义，因此以四点量尺较能看出作答者的态度。而有的学者则认为四点量尺有强迫作答者表态的意思，事实上有的问题是作答者所不了解的，“没意见”一项还是值得保留。这两种量尺都各有其优缺点，编制问卷的人可视其需要而采用其中的一种。有的学者将量表分成六点、七点，或甚至九点的量尺，因为人类的感觉知觉并不是那么灵敏，将量尺分得太多类，其实并没有太大的意义。

其次，有的学者认为将量尺分为非常同意、同意、没意见、不同意、非常不同意或是非常同意、同意、不同意、非常不同意，然后用加权计分可得分量表的总分。如在五点量尺时，非常同意得5分，同意得4分，以下以此类推。可是事实上，从非常同意至非常不同意之间并不是等距变量，而是次序变量。如非常同意至同意之间的距离，并不等于同意至无意见之间的距离。因此，在语意上不等距的情形下，予以等距的加权计分，并不符合统计的原则。在此，笔者认为只标示两端的语意，中间不标示各个量尺的名称，而只显示出其数字即可。以此种方式来表示量尺，当可避免不等距的加权计分，比较能符合统计的计分原则。

◇ 信度的考验

1. 稳定性系数（重测信度）

重测信度是用同一批受试者做同一份量表，然后以前后两次测验的分数做积差相关。通常两次测验的间隔多以两周为度，有的量表甚至因其需要也有高达一个月或数个月的情形。两次测验的相关若越高，则代表其越具有稳定性。一般而言，7～9是属高相关，4～6是属中度相关，而3以下则是低相关。

2. 内部一致性系数

只根据一次的测验结果来估计信度的方法是属于内部一致性的信度。最常用的系数是 Cronbach α 系数，其公式如下：

$$\alpha = \frac{k}{k-1}\left(1 - \sum_{i=1}^{n} \frac{S_i^2}{S_x^2}\right)$$

式中，α 为估计的信度，n 为题数，S_i^2 为每一题目分数的变异量，S_x^2 为测验总分的变异量。

假如所得的 Cronbach α 系数越高，则代表其测验的内容越趋于一致。其次，内部一致性系数还可用折半信度来求得，但由于折半信度是将题目分成两半分别求得两个总分（通常是分为奇数题和偶数题），然后再以积差相关求两个分数的相关。由于题目被分为两半，常会造成信度偏低的现象。因此，需要再加以校正。较常用的校正方法有斯布（Spearman－Brown）、福乐兰根（Flanagan）、卢隆（Rulon）等校正公式。

◇ 效度的考验

1. 效标关联效度

为了要验证所编的量表是否具有效度，最常用的一种方法即是效标关联效度。此种方法是针对所编的量表找一个可参照的效标，如针对选手所编的运动成就动机量表，可请教练以此量表对其选手加以评分（此项分数即为效标），然后与选手自评的分数求积差相关。假如所得的积差相关系数达中度相关以上（0.4以上），即代表此份量表具有相当的效标关联效度。

一般而言，适当的效标需具有相当的可靠性，否则无法有效预测所编制的量表。如以上述的运动成就动机量表而言，若以资深的教练对选手加以评分，所得分数当然可以作为效标。若是教练对所有的选手还不是非常了解，其所做的评分就不是可靠的效标。

2. 建构效度（团体差异的分析、因素分析）

（1）团体差异的分析：以前述所编的运动成就动机量表而言，编制者可请教练从其团队中选出高成就动机及低成就动机的选手，然后以高、低成就动机组的选手在成就动机得分的平均数进行差异性考验。假如高成就动机组的平均得分显著高于低成就动机组的平均得分，即代表此份量表能有效的区别高、低成就动机的选手。

又如考验运动攻击态度量表的团体差异性分析，可以比较男、女选手在此量表得分的平均数，若男选手的得分显著高于女选手的得分，即代表此量表具有良好的效度。因为从一般心理学的研究中，男性的攻击性都显著高于女性。因此若男选手的得分显著高于女选手的得分，符合了心理学的研究，可由此说明此量表具有建构效度。

（2）因素分析：因素分析用在效度的考验方面可分为探索性因素分析（exploratory factor analysis）和验证性因素分析（confirmatory factor analysis）两种。当编制者在编制量表而没有理论作为根据时，只是由编制者依其概念将有关的题目编制出来，然后透过探索性因素分析了解所编的题目中究竟含有多少个因素。而当编制者采用某个理论来编制量表时，因为一个理论通常都会包含几个向度，亦即所编的量表相对的也会包含几个分量表。为了验证此项量表所包含的分量表是否和所用的理论一致，验证性因素分析就可用来考验其效度。

在用探索性的因素分析时，通常量表的编制者并不会预先知道会有几个因素，而是看特征值（eigenvalue）大于1的因素有几个，就决定有几个分量表。此外，虽然在统计软件包（如SPSS）上有多种方法可抽取因素时，但是一般多半用主轴法（principal axis method）。至于在转轴方面，有正交转轴（一般较常用最大变异法varimax）和斜交转轴（oblimin）两种。通常可先用斜交转轴试做，看其各因素之间的相关，若各因素之间是零相关，可改用正交转轴。若各因素之间有低相关（0.1～0.3），当然是用斜交法进行转轴。此时，以斜交转轴所抽取的因素就可加以命名，并将各因素中各题的因素负荷量较小的题目剔除（一般小于0.4的题目可加以剔除），然后重新再做一次因素分析，直至各因素所有题目的因素负荷量都达到0.4以上。假如是用正交法进行转轴，也是同样的方式，先将各因素命名，然后剔除因素负荷量未达0.4的题目，再重新做因素分析。

另外在进行探索性的因素分析时，若是编制者综合若干个理论而合成一个量表（其中有几个分量表），此时亦可先用斜交转轴做，但可指定因素的数目。如编制的量表有五个分量表，就可指定以五个因素来做因素分析。因素分析后的各因素间没有相关存在，可改用正交转轴。若各因素间的相关是低相关（0.1～0.3），就以此斜交转轴的结果呈现各题的因素负荷量。若有两个因素间的相关达0.4（含）以上，即表示这两个因素有很大的重叠，应该将这两个因素合并为一个因素，然后再重新做斜交转轴，直到没有因素间的相关达 0.4 以上为止。

至于验证性的因素分析则是量表的编制者根据某一个理论编出一个量表（其中有若干个分量表），为了验证所编的量表是否符合原先的理论，此时可用验证性因素分析加以验证。在进行验证时，有 SPSS 的 LISREL（linear structural relations）软件包可以使用。譬如所根据的理论若有五个因素，而验证性因素分析所做出来的结果也证明是这五个因素，此时即可说此量表具有建构效度。

量表的建立

好的指标可以将变量的资料进行顺序排列。无论好坏，所有指标都基于这样的假设：一个投票支持 7 个保守性法案的参议员，比投票支持 4 个保守性法案的参议员更保守。然而，指标不曾考虑的是，并不是每一个变量项目都有同样的重要性或有同样的强度。对于前面的例子而言，第一个参议员支持的可能是 7 个比较保守的法案，而第二位参议员支持的可能是 4 个非常保守的法案。

量表能通过指标之间的结构提供更有保证的排序。在测量变量时，被列入复合测量的多个项目可能有不同的强度。

1. 鲍嘎德社会距离量表

假设探讨美国人与阿尔巴尼亚人交往的意愿，我们可能会询问美国人以下问题：

（1）你愿意让阿尔巴尼亚人住在你的国家吗？

（2）你愿意让阿尔巴尼亚人住在你的社区吗？

（3）你愿意让阿尔巴尼亚人住在你家附近吗？

(4) 你愿意让阿尔巴尼亚人住在你的隔壁吗?

(5) 你愿意让你的孩子与阿尔巴尼亚人结婚吗?

请注意,上述问题逐步地加强了受访者对阿尔巴比亚人的亲近态度。开始时,我们要测量美国人与阿尔巴尼亚人交往的意愿,然后逐步发展,涉及了一些交往程度不同的问题。如此建立起来的项目就称为鲍嘎德社会距离量表。

鲍式社会距离量表的项目在强度上有明显的差别。如果某人愿意接受某种强度的项目,那么他(她)就应该愿意接受该项目之前的所有项目,因为这些项目的强度更弱。譬如,一个能让阿尔巴尼亚人住在自己附近的人,一定愿意让他住在自己的社区和国家,但却不一定会让阿尔巴尼亚人住在隔壁,或者让他们跟自己的子女结婚。

从经验上看,人们可以期望大多数人都愿意让阿尔巴尼亚人住在美国,但却只有少数人愿意让其子女与他们通婚。在这种情况下,我们可以称某些项目为“简单项目”,或者“困难项目”。很多人都会接受简单项目,却无法接受困难项目。除了一些不可避免的特例之外,鲍式社会距离量表的逻辑是,受访者一旦反对某个项目,则对比该项目更困难的项目也会持反对态度。

鲍式社会距离量表说明了量表作为资料压缩工具的经济性。就上面的例子而言,通过了解受访者多少可以了解哪些是可以被接受的。

2. 瑟斯东量表

鲍式社会距离量表的结构有时并不适用于某些变量的测量,因为指标项目间的逻辑结构有时并不明显。瑟斯东量表就试图在变量的指标项目之间建立一种经验性结构,其中最常出现的是“等距”结构。

选择大约100个变量指标的可能指标项目交给一组裁判，并要求每一位裁判对每一个项目测量变量的强度进行评判。以偏见为例，就可以要求裁判对关系最弱的赋值1分，对关系最强的赋值13分，关系强度中等的赋予中间值，以次类推，赋予每个项目一个分值。一旦裁判完成了赋值工作，研究就要考察裁判给予每一个项目的分数，并选出得到裁判共识最多的项目，并剔除没有得到共识的项目。

通过这种方式选择出来的项目就可以置入有关“偏见”的问卷中。如果受访者在5分强度的项目中表现出偏见的话，也会在比5分少的项目上表现出偏见态度；而在6分项目上没有表现出偏见的受访者，也会比6分高的项目上表现为没有偏见态度。

如果瑟式量表的项目和赋值能得到的充分发展的话，它也会具有鲍式社会距离量表那样的经济性及效率。每一位受访者也会得到一个分值，而这个分值也能充分地代表受访者对问卷其他项目的回答。和鲍式社会距离量表一样，得到6分的受访者就比得到5分或更少分数的受访者更有偏见。

3．李克特量表

我们听说过一些问卷要求受访者回答：“非常同意”、“同意”、“不同意”和“非常不同意”，这就是李克特量表。虽说李克特确实亲自创造了这种常用的回答模式，但在技术上却会有误会。

李克特量表的优点，在于它清楚地顺序回答形式，如果受访者的回答可以有类似于“有点同意”、“十分同意”和“真正同意”等不同答案，那么研究者很难了解受访者的相对同意程度。李克特解决了此类问题。

然而，李克特还有其他想法，他创造了一种方法，用这种方法能够确定每个项目之间的彼此相对强度。李克特量表的技巧就在于表现期间的差别，并建立其他18项陈述之间的强度关系。

因为过于复杂，今天很少用到李克特量表，但是由李克特量表设计的项目格式却变成了问卷设计最常用的一种方式。尤其是这种格式还常常用于建立一些简单的指标。

4. 哥特曼量表

今天，我们大多使用的是哥特曼建立的哥特曼表。和前面讨论的鲍式、瑟式和李克特量表一样，哥特曼量表的事实基础上也是某些变量项目比其他项目在程度上更为极端。

建立哥特曼量表的步骤与建立指标的前几个步骤相同。我们首先要考察项目的表面效度，接下来要考察项目之间的二元甚至多元关系。只是，在指标建构中你们还要考察变量指标的相对“易”、“难”。

哥特曼量表的逻辑基础是，受访者只要支持某个较强的变量指标，就一定会支持较弱的指标。

哥特曼量表的基础是真实观察资料的结构，这一点常常被误解，因为不是所有的问卷项目都可以构成哥特曼量表，能够构成它的只是那些被用于分析的一组资料。在这里，可度量性则是一个有赖于样本的经验性问题。也许来自于某些样本的一组项目可以形成一个量表，但是这也不是能保证该组项目可以形成一个量表，但是这也不能保证该组项目在其他样本中能形成同样的量表。因此，一组问卷项目本身无论如何也不可能形成一个量表，但是一组项目的经验观察资料却有可能形成量表。

附录一：社会学方法发展史与方法论

社会学方法发展史

社会学没有统一、规范的方法。在这门学科的形成时期就呈现出方法的多样性。这一方面是由于研究对象的多样性，但更主要的是由于学科来源的多样性。社会学直接脱胎于社会哲学，但它的建立又与自然科学和人文科学有密切联系。因此，它在理论和方法上一直受到多学科和不同研究传统的影响。

在形成时期，社会学的创始人受到欧洲启蒙运动和自然科学发展的直接影响，他们主张建立一门类似自然科学的以研究社会发展为目的的科学。创始人之一孔德提出，这门学科应当采用建立在观察基础上的实证主义方法。另一创始人马克思则将辩证法和唯物史观应用到社会发展的研究中，为社会学提供了一种科学的分析手段。科学与实证精神的引入使社会学从社会哲学中独立出来，社会研究从而摆脱了神学和经院哲学的思辨传统。

早期的社会学基本上是沿着理论研究与经验社会调查这两个平行的、很少联系的方向上发展的。在理论研究方面，不少社会学家们主要是借鉴自然科学的概念和方法来发展社会理论，如斯宾塞的社会进化论，H·T·巴克尔、F·拉采尔等人的地理环境决定论，A·科斯特的人口决定论，J·A·de 戈比诺的种族人类学理论，P·von 利林费尔德的“社会病理学”等。而另外一些社会学家或社会哲学家，如 A·de 托克维尔、W·狄尔泰、V·帕雷托、A·W·斯莫尔、C·H·库利等人则运用哲学、历史学、经济学、心理学的方法来建立社会理论。多种学科方法的引入促进了社会学的发展，同时又使社会学形成了各种不同的流派和研究传统。

到19世纪，社会学的经验调查方法已得到很大发展。由于资本主义工业化和城市化的发展迫切需要解决一系列新的社会问题，由此促进了经验社会调查的发展。早期以社会管理和社会改良为目的的社会调查是从17世纪英国W·配第的《政治算术》（1660）和法国政府的实地调查开始的。配第在某种程度上可以说是统计学的创始人，他首先运用定量方法来分析社会经济与政治问题，并在研究中采用了统计分组法、图表法和一些社会经济指标。法国的B·柯尔柏最早将人口统计学用于行政管理。这些统计调查为19世纪社会学的经验调查方法奠定了基础。

经验社会学的创始人是比利时的L·A·凯特莱和英国的C·布思。凯特莱认为社会现象具有统计规律性，因而将概率论和数理统计引入社会研究，并依据“统计均值”的概念提出“平均人”的概念，为研究集体行为和人群特征提供了方法论基础。布思的巨著《伦敦居民的生活和劳动》（17卷本，1889～1903）汇集了18年的实地调查成果。在布思之前，实地社会调查已在欧洲各国得到广泛开展，如英国J·霍华德的监狱调查、J·辛克莱的苏格兰教区普查、法国F·勒普累的家庭调查、A·帕朗—迪沙特莱的巴黎娼妓调查、德国G·盖雷的工人生活状况调查，以及人类学家L·H·摩尔根、E·B·泰勒等人的实地调查等等。布思借鉴和总结了以往社会调查的丰富经验，在调查中采用了多种调查方法，如人口统计学方法、个案法、访谈法、观察法、问卷法等等。

19世纪社会学方法上的主要缺陷是，理论研究缺乏系统的研究方法，经验社会调查则缺乏理论的指导。

在发展时期，理论研究与经验社会调查的结合是以迪尔凯姆的《自杀论》（1897）为标志的。在《自杀论》中，迪尔凯姆建立理论假设—经验调查—理论检验这一实证研究程序，他采用了多种统计技术，并将变量分析和多因素相关分析引入社会研究，为如何利用统计调查资料建立社会理论提供了范例。

迪尔凯姆还试图建立社会学方法的一般原则，他在《社会学方法的规则》（1895）一书中提出，社会研究最基本的原则是，把社会事实作为客观事物来看待。这样就能采用自然科学方法对社会现象进行科学研究。迪尔凯姆学派发展了孔德的实证主义，开创了客观分析社会整体及其宏观结构的实证研究传统。

在社会学方法论方面，德国的M·韦伯作出了显著的贡献。韦伯提出了社会学与自然科学和人文科学的区别，认为对社会现象虽然不能像对自然现象那样作客观的因果解释，但是通过对行为的意义和动机的理解也同样能认识社会历史事件的因果关系。他所倡导的理解的社会学主张运用“理解类型”和“主观（投入）理解”的方法对社会现象作出历史的因果解释。他的《新教伦理与资本主义精神》（1905）就是运用这些方法进行历史比较分析的典范。韦伯和迪尔凯姆的方法论思想确立了社会学在社会科学中的独立地位。在他们之后，G·H·米德、B·K·马林诺夫斯基、R·E·帕克、T·帕森斯等人在不同领域进一步发展了社会学的理论和方法论。

20世纪以来，社会学的经验调查方法逐步系统化、精确化。这主要得益于现代科学技术手段的发展和引进。社会调查技术的主要进展是：统计调查方法更为完善，统计学的各种方法大量应用到社会研究中。例如，英国古典统计分析创始人R

·费希尔的抽样理论和英国现代统计学创始人K·皮尔逊的“相关系数”法，促进了抽样统计调查、问卷调查和民意测验的广泛应用。此外，计算机技术的发展有助于处理和分析大量调查数据，并且使复杂的多变量统计分析成为可能，借鉴和引入了心理学的实验法和人格测验方法等。实验法在社会研究中起初运用于个人，后来又被美国社会学家R·F·贝尔斯、R·利克特等人用于研究小群体的互动关系和行为特征。基于实验法的思想，社会心理学家J·L·莫雷诺所创建的社会计量法为测量群体内部的人际关系和结构特征提供了有效的工具。人格测验被应用于精确测量人们的社会态度等方面也收到了明显的效果。实地调查技术的精密化、系统化。其主要表现是：问卷设计和测量技术的精确化；结构化的访问、观察方法的应用；由人类学和历史学引入的参与观察、个案研究、生活史研究、历史文献分析等方法的系统化；新式调查工具的应用等等。

第二次世界大战以后，社会调查研究的数量化倾向日益明显。P·F·拉扎斯菲尔德的《社会研究的语言》（1955）一书建立了较完善的调查数据分析方法，社会统计学和数理社会学的发展也为社会研究的数量化分析奠定了理论基础。同时，社会理论的发展也日益取决于科学方法的应用。例如，路径分析方法促进了社会阶层、社会流动理论的发展，对策论和计算机模拟方法的引入推进了社会组织理论的发展。

尽管社会学家们越来越多地借鉴和引进自然科学方法，但是人文科学的方法在社会学研究中仍发挥着重要作用。尤其是在20世纪60年代以后，人们对19世纪兴起的理性主义思潮产生怀疑，对社会研究中实证主义方法的局限性有了更深刻的认识，一些社会学家试图从现象学、语言学、语义哲学等学科中寻求更有效的分析手段或思想方法。H·加芬克尔的民俗学方法论就是这种尝试之一，他强调对人和社会交往关系的主观理解，主张通过日常观察、思辨和阐释来研究社会现象。从发展过程上看，社会调查技术的精密化，社会研究的数量化确实是社会学方法的主要发展方向，这种发展有助于精确地分析社会现象。但另一方面，历史方法、哲学方法及其他人文科学的方法，在洞察事物本质、理解人及其行为意义方面仍然是不可取代的研究手段

（资料来源：《中国大百科全书（社会学卷）》，北京：中国大百科全书出版社，1991 年版，第 337～339 页）

社会学研究方法论

社会学研究方法论是对研究方法的探讨与评价，对利用不同方法所获得的资料的性质和质量的分析，以及对社会研究的逻辑和基本假设的考察。社会学研究最终是以研究者对人和社会性质的假设为基础的，这些基本假设指引整个研究工作，包括课题的选择、资料的搜集与分析和对结果的解释。研究者所采用的研究方法及其所获得的资料的类型在很大程度上是由这些基本假设决定的。对具体研究有重大指导意义的两个基本假设是：①关于社会本体的性质；②关于社会秩序的形成原因。

社会唯名论与社会唯实论代表了对社会本体的截然不同的假定。唯名论的本质在于否定共性，否定超越于个人之上的一般社会规律。唯名论者认为，社会是由个人组成的，除此没有任何超个人的实体。社会、文化、结构、制度等都是不具有实体性的抽象名词，它们必须由个人的动机和行为来说明和解释，不能由自身的整体性质来解释。韦伯、K·R·波普尔等人以及符号互动论、现象学社会学、民俗学方法论和交换理论等

学派都在不同程度上坚持社会唯名论的主张。

与此相反，社会唯实论认为，社会本身就是一种实在，它存在于个人之中。社会现象只能由抽象的、普遍的本质加以说明而不能归结为个人因素。因为社会中存在着集体意识、集体特征，它们具有外在性和强制性，必须把它当作一种客观事物。唯实论者重视整体研究，主张摒弃个人的主观因素，对社会现象作客观的描述。在他们看来，唯名论由于重视个人而易于陷入主观的和烦琐的细节分析。迪尔凯姆等实证主义者是唯实论的主要代表，结构功能主义、冲突理论、现代结构主义、历史社会学等学派也在不同程度上具有唯实论的倾向。

社会学研究的重点之一是考察社会秩序的形成、条件和机制。社会秩序是社会存在的前提，社会之所以能维持共同生活是有赖于某种客观秩序。社会学家依据对社会秩序的一般假设来研究社会的起源、发展、冲突与变迁。对社会秩序的形成原因有几种假设：①强制理论认为社会秩序不外是一种统治与服从的关系，它的维持依赖于权力，特别是国家机器所代表的公共权力。②利益理论认为秩序是通过互惠互利的社会契约而建立的。当这种契约无法满足个人的新的利益时，就会造成社会秩序混乱与社会变迁。③价值共识理论认为社会秩序是以人类对某种价值的共同认识而建立的，而社会变迁是由于在新文化价值的冲击下旧价值体系的瓦解引起的。④惯性理论假定社会是一个超稳定系统，它是由多种机制和运行过程来维持的。

上述基本假设作为研究的预设决定了研究者对研究起点、研究对象、分析层次和研究方式的选择。在社会学研究中，可作为研究起点的主要有：①具有人格、目标、动机和价值取向的个人；②文化及符号系统；③具有各种独立特征的社会结构，如群体、组织、制度等；④环境和生物因素。从这几种不同的角度出发，都可以对社会秩序的状态和机制作出解释。侧重以个人为研究对象或分析单位来解释社会秩序，这种方式可称为方法论个体主义；以结构、文化、环境等因素来解释社会秩序则称为方法论整体主义。它们分别对应于社会唯名论与社会唯实论。

因基本假设的不同，各理论学派所侧重的分析层次也有所不同。①宏观社会学理论注重研究社会整体与社会结构。例如，孔德、马克思、斯宾塞等人把社会视为一个体系，强调整体分析或功能分析，迪尔凯姆从客观角度对社会分工和自杀等现象进行了实证性研究，马林诺夫斯基、A·R·拉德克利夫一布朗等人提出要以结构功能的观点研究各种文化模式。微观社会学理论注重在社会心理的层次上分析个人行为和倾向。V·帕雷托认为人类行为的基本动力来自天生的本能，但人往往用虚假的意识来掩饰真实的行为动机，因此社会学家的任务就在于揭示隐藏在表象后面的真实动机。现象学社会学、民俗学方法论等学派都主要从事微观研究。互动理论既不从社会整体和社会结构入手，也不从心理层次入手，而是介于两者之间，侧重分析个人之间、个人与结构之间的相互作用；交换理论也是从人们之间的交往关系入手，以沟通宏观结构与具体行动者的联系。

研究者在选择研究策略，特别是在选择资料搜集与分析的方法时，必然要受其理论假设的影响；尽管各种研究方法并不属于各特定的理论学派专用，但不同的理论学派往往有自己较固定的研究模式以及相应的一套具体方法。实证主义学派和宏观社会学研究常常使用较严格的定量方法（如结构式的问卷调查或统计调查），对数据进行较精确、复杂的统计分析，通过严谨的操作化和逻辑推演来验证理论假设。反实证主义学派和微观社会学研究则常常使用定性方法（如参与观察、访问、个案研究)、文献研究,对资料进行归纳、综合并结合主观思辨或阐释得出研究结论,建构理论假说。使用不同研究模式的社会学家在对不同资料的质量及可靠性、不同证据和解释方式的有效性等问题的认识上往往存在着根本分歧。

与其他学科相比,社会学的研究方法更为多样化。这是容易理解的。从历史起源上看,社会学来自思辨与经验这两种传统思想;从目前发展状况上看,社会学包罗了哲学研究、历史研究和实证研究的主题与方法。试图建立统一的方法论尚为时过早,况且许多社会学家对是否有这一必要仍持有疑问。

(资料来源:《中国大百科全书(社会学卷)》,北京:中国大百科全书出版社,1991 年版,第 341~342 页)

附录二:社会学与人类学田野工作

田野工作(feildwork)又可译为田野调查、现场调查、实地调查,是一种在各个学科里广泛应用的方法。历史考古学、民俗学、地质学、生物学、医学等等都在使用这一方法。然而,田野工作在社会学和人类学里却得到了完全不同意义上的发展。

19 世纪末期到 20 世纪初期是社会科学体制化的关键时期,获得国家和社会的承认,被接纳到体制(大学、研究机构)中,对于各门类知识都十分重要。进入体制意味着有了世袭的领地,从业人员可以从国民收入分配中得到相应的一部分,通过学位的授予等形式,该知识形态可以以生物学方式繁衍后代。

各学科存在都得有自己独特的研究对象、研究方法和理论传统,各门类知识都能从古希腊、罗马那里找到自己的理论源头，建立自己的知识谱系。在确立研究对象上，社会学和人类学的做法有点特别，它们是以国家的边境线为界，社会学研究国内，人类学研究国外（非西方国家）。社会学是西方资本主义工业社会催生的，而人类学则是海外殖民扩张的一个副产品。

在寻找独特的研究方法上，人类学面临的压力比较大。当时的古典人类学家的书斋式的工作方式几乎将若干世纪积累的民族学资料消耗殆尽，出于对这种日子的腻烦和对资料的不信任，以及意识到原始部落文化的消亡，到实地去亲身搜集资料的呼声日益高涨。英国的进化论学者纷纷前往大英帝国的殖民地，美国的人类学在博厄斯（Boas）的带领下也纷纷投入田野。特别要指出的是，剑桥学派的里弗斯（Rivers）晚年由进化论者变变为传播论的支持者，而博厄斯与德奥的传播论有递进关系，因此我们有理由认为到了19世纪末，古典人类学的两大学派都认识到田野工作的重要性。

尽管古典人类学家已经在大学、博物馆、研究机构谋得一席之地，在知识界也获得崇高声望，如泰勒、摩尔根、巴斯蒂安、麦克伦南、弗雷泽等人，其中泰勒、弗雷泽还受封爵士，享有较高的社会声望。但人类学在学科体制中的地位还是比较模糊，学者们到晚年才获得人类学的职衔，在此之前往往是寄居其他学科的门下。另外，学科里业余爱好者不少，特别是摩尔根，他甚至拒绝进入美国大学体制。这种专业意识不强的人活跃在人类学界，是不利于人类学树立其专业形象的。至少英国的人类学家已经意识到人类学需要突破，进化论、传播论的理论潜力已经发挥到极致，其表现是各位学者的论点缺乏新意、理论构建平面化，最后集中到一点上，即激发古典人类学家灵感的民族学资料的匮乏感和不真实。在英国，大家把注意力都放在了田野工作上。“到大英帝国的殖民地去”已是人人认可的，然而要区别以往的传教士、殖民官员、冒险家、旅行者、商人的民族学记录，还需要在如何确保民族学资料的科学性、专业性上下工夫。剑桥学派的里弗斯被认为是找到了田野工作方法论的突破口，但由于死亡终止了他的一切活动，具体的实践留给后人去做了。在德国学术界没有谋得职位的波兰人马林诺夫斯基来到英国，他抓住了英国人类学界转型的机遇，运用他的功能主义有效地将田野工作和理论研究有机的融合起来，一举解决了困惑英国人类学界的田野工作方法问题。他的特洛布里恩（Tribriand）调查为现代人类学田野工作树立了典范，而他本人也跻身英国学术界，成为现代人类学的宗师。自马林诺夫斯基之后，几乎所有的人类学家都意识到要在自己的田野工作基础上撰写民族志、构建相关理论。而想进入人类学界的新手，必须到某个地方进行一年以上的田野工作，然后回到学校撰写博士学位论文，通过答辩获得学位，取得资格认证。M·米德之所以迫切地要去萨摩亚，是因为当时美国的人类学家都有各自的田野（field），要想在学术界立足，就必须有自己的田野。当她要求去调查那伐鹤（Navaho）印第安人时，遭到博厄斯的拒绝，理由是那是赖卡德（G·Reichard）和戈达德（P·Goddard）的地盘。（Mead，1975）

在马林诺夫斯基和R－布朗的带领下，英国人类学家如E－普里查德(E-Pritchard)、弗思（Firth）、鲍德梅克尔（Powdermaker）等人以自己的实践建立了现代人类学的学科规范。美国人类学家则在博厄斯的指引下，通过克鲁伯（A·Kreober）、萨皮尔（E·Sapir）、本尼迪克特（R·Benedict）、米德等人的努力下将美国的人类学带入现代人类学，并与英国社会人类学会通。英美人类学的现代人类学模式对其他国家的民族学、人类学研究方式的改进起了极大的促进作用，如法国的列维－斯特劳斯、中国的吴文藻等人都敏锐地抓住了这一历史变革迅速跟进，各有成就。

当人类学在殖民地从事田野工作，并以此革新了人类学工作方式，社会学家在国内也出现了以田野工作推动社会学研究的新动向。这一变化最突出的表现是在美国，其代表是社会学芝加哥学派。社会学和人类学都关注“他者”，就美国而言，人类学研究北美土著，社会学研究欧裔、亚裔、美国黑人等“少数民族”、“种族和民族的关系”。

社会学的社区研究一开始是在教会的自主下进行的，林德（R·Lynd）作为一名刚刚被授职的新教牧师，被教会选中调查北美工业社会里基督教社区的道德状况。在林德之前，芝加哥大学已经开始了这方面的工作。斯莫尔（A·W·Small）1893年创建芝大社会学系，他的研究取向有较强的教会色彩。然而到了托马斯（W·I·Thomas）、伯吉斯（E·W·Burgess）、帕克（R·E·Park）、麦肯齐（R·D·Mchenzie）时期，芝加哥社会学系摆脱教会色彩。芝加哥学派的关键人物是托马斯，他和波兰学者兹纳涅茨基（F·Znaniecki）合作研究在美国的波兰移民为社会学树立了一个里程碑。在这项浩大的研究里，他们使用了许多研究方法（包括征集信件、日记、报纸等），托马斯还提出了“情境定义”的概念。正是这个托马斯把帕克从南方的记者职位上引入芝加哥大学，尔后托马斯因为受到政府和校内保守势力的迫害、排挤而离开芝加哥大学，但帕克的到来已经足以弥补托马斯离去所造成的损失。

帕克主导了芝加哥大学社会学系很长时间。他认为，“每一个美国城市都有贫民区、犹太社区、移民区，以及多少保留了点异国情调文化的地区。几乎每个大城市都有自己的波西米亚，生活在那里要比其他地方更自由、更冒险、更孤独。这些地方被称为城市的自然地区”。他特别指出，“从方法论来看，人类学家博厄斯和罗维（Lowei）考察北美印第安人生活方式时所使用的细致方法，若应用于现代人的研究定会更有成果”。（帕克等，1987）于是犹太人社区、意大利人、波兰人、德国人、中国城等大城市中的小社区、亚文化地区和社团都成了研究对象，与此同时，小城市、乡村、郊区等“民俗社会”的研究也得到推动。

芝加哥学派的社区研究和人类学的田野工作有密切的联系，社会学家和国内的人类学家、英国的人类学家都保持密切的学术互动关系。林德夫妇在去调查之前，先向人类学家威斯勒（C·Wissler）请教，而后者提供了人类学田野调查的表格作为参考。因此在中镇（Middletown）研究里，已经渗透了人类学田野调查的经验。以后，R·林德进入哥伦比亚大学，将自己的经验传授给几代社会学学生。怀特在波士顿北区进行的研究（1937～1938）是美国社会学和人类学交融的另一个例子。怀特解释说，在进行实地研究时，他是从社会人类学的角度工作的，社会人类学家阿伦斯伯格（K·M·Arensberg）指导他读了很多人类学著作。怀特是带着《街角社会》的初稿进入芝加哥大学社会学系，并继续在社会人类学家沃纳（W·L·Worner）的指导下完成论文，可以说怀特是带着人类学的经验进入芝加哥学派。而芝加哥大学1929年建立人类学系，对这个系产生重要影响的有芝加哥学派的托马斯、法里斯（E·Faris）。而芝加哥学派大佬帕克的女婿人类学家雷德菲尔德（R·Redfield）在1928年发表了他的关于墨西哥研究的学位论文，他提出的小社区的“民俗文化”的概念，可以说是芝加哥学派与人类学混合的产物，也是两者共享的。

人类学的海外田野工作在二战后受到极大冲击，殖民体系崩溃，反帝反殖的国际风潮使得公开宣扬人类学与殖民当局亲密关系的人类学家尴尬不已，新独立的民族国家不信任人类学家，进入田野变得很困难。新兴国家的现代化规划以及所谓全球化的浪潮正深刻改变人类学家的田野面貌，“原始”的提法既不被接受，而且与现实也越来越不符合。如果一味地坚持“原始”的标准，人类学家势必将被赶到博物馆去。世界的政治经济格局的变化给人类学赖以存在的基础田野工作造成极大的压力。

在这种情况下，人类学也采取了相应的适应性对策。一方面，（西方）人类学家拼命洗刷自己和殖民主义的历史联系，鼓吹文化相对论和多元主义，树立自己保护弱小民族文化的形象；另一方面坚持田野工作。由于西方国家仍然是世界贸易的中心，其经济和政治的霸权依然存在，因此新独立的民族国家不可能摆脱西方国家，大多数国家仍然和西方国家保持合作、依附的关系，人类学家仍有可能通过正常渠道进入非西方国家，如美国人战后仍可以到东南亚进行田野工作，英国人和非洲的联系也保持着。对于关上大门的国家，如中国，人类学家采取了迂回的策略，研究美国的唐人街、新加坡、东南亚的华人社区，而香港、台湾则成了了解大陆的窗口和替代品。当然，这也造成对中国的研究萎缩为对中国东南沿海的研究。坚持海外的田野工作的同时，人类学家也开始重视国内的田野工作。曾经在剑桥学习过人类学的查尔斯王子，作为皇家人类学会的保护人，敦促人类学家关注大不列颠的问题。据统计，在《人类》（Man）上发表的61篇建立在田野工作基础之上的论文里，关于欧洲的有13%，这个比例相当可观。同时，英国人类学家在英国都有自己的第二战场，其数字尚无确切统计，但可以肯定的是，相关研究成果都发表在社会学的刊物上了。（Kuper，1982）美国的人类学在国内有其传统的印第安人研究，原先是社会学的研究对象，如少数民族、欧裔社区等也都成为人类学田野工作的对象。

从总的趋势来看，人类学和社会学的研究对象有逐渐重合的迹象。一方面是国内的研究对象的重合，另一方面，海外研究对象的"原始"性质逐渐消失，越来越多的是世界范围里的工业化浪潮下出现的非西方国家与西方国家趋同的现象，人类学家在异文化地区见到的，与社会学家在国内看到的，同样是工业文明带来的社会弊病。西方人类学仿佛经历了一个轮回，重新回到自己的社会或类似的社会。对人类学家而言，文本研究的意义逐渐上升，他们研究的对象不仅仅是没有文字、没有历史的部落社会，甚至那些残存的部落社会也由于数代人类学家的田野工作而积累了大量的民族志文本。人类学的研究也由过去关注宗教、亲属制度等转变为兼顾政治、经济等制度研究。

人类学的田野工作刺激了社会学的都市田野工作，芝加哥学派的昌盛与它在方法上借鉴人类学田野工作是有密切关系。社会学的实地研究的发展，丰富完善了社会学经验研究的方法体系。由于世界政治经济格局的变化，人类学的田野工作很大程度上转移到国内，而田野工作的对象也逐渐和社会学趋同，但这不意味着两门学科会融合在一起。首先，它们的研究对象只是部分重合，社会学的主要兴趣还是国内问题，而海外研究和异文化研究仍然是人类学的兴趣所在。其次，两个学科的研究方法体系还是有很大差异，田野工作对于人类学而言几乎是其安身立命之所在，但对社会学而言，重要性显然有所降低。并且两个学科在理解田野工作和具体操作上还是有很大差异的。第三，社会学和人类学各自确立了其在社会科学体制中的地位已有近百年的历史，无论是从人事体制、社会资源、和影响等因素看，都具备了捍卫既得利益的能力，特别是各自建立了自己的知识谱系，确实不可以一概而论。确实有社会学和人类学放在一个系里的情况，但在有条件的地方（资金、师资充足），这两个专业却是各立山头。这说明两者有密切关系，但又是有区别的。

中国的情况比较复杂，早期的社会学学者吴文藻欲以芝加哥学派的方法来提升当时中国的社会学研究水平，他糅合了社会学、人类学两方面的理解，在中国倡导社区研究。他派出去的学生主要受的是英美人类学的训练，在19世纪40年代发挥了巨大的作用。然而到了1949年后，人类学、社会学学术研究中断20年，1979年重建时人才凋敝，才有南开讲习班之举。经过若干年积累，到90年代才有繁荣的迹象。由于中国社会学近30年的空白，再加上社会学本土化的中断（19世纪40年代的中国社会学的繁荣只是为本土化开了好的头），社会学界对新时期的理论、方法均很生疏，社会学的定量研究在这种情况下，要么停留在简单的资料统计水平上，要么是模仿西方人已做过的研究，借用别人的命题设计进行填充，得到的结果很脱离中国实际。也许是受到费孝通的“社区研究”这一综合体现社会学和人类学实地研究方法的思路影响，一批建立在田野工作基础之上的社会学研究成果反而显得有声有色，对于提高社会学本土化和抬升学术水准都迈出实实在在的一步。在这里，社会学对农村的研究和人类学对农村的田野调查显示出非常紧密的联系，可以说中国这块辽阔的土地为社会学和人类学提供了一个共同的时空维度，而田野工作则使得两个学科走得很近，加深了两个学科在术语、命题、理论上的交流和分享。这一现象将对中国社会学和人类学的本土化产生深远的影响。

（资料来源：上海：《社会》，2001年第9期，谢燕清）

推荐阅读文献：

[1] 中国大百科全书（社会学卷）. 北京：中国大百科全书出版社，1991

[2] 宋林飞. 社会调查研究方法. 上海：上海人民出版社，1988

[3] 风笑天. 社会学调查研究方法. 北京：中国人民大学出版社，2000

[4] 水延凯等. 社会调查教程（修订本）. 北京：中国人民大学出版社，1996

第五章　企业文化诊断评估中的抽样技术

在企业文化的诊断中，为了尽快采集反映企业文化的信息，以确认公司现有企业文化中存在的问题。一种便捷的方式是进行问卷调查。当企业处于较小规模时，我们可以对公司全部员工进行访谈或填答问卷；当企业规模较大时，采用抽样调查的方法，则具有经济、快速和及时性以及可行性的优点。

我们经常从任意和不正规的样本做出有关总体的推断：尝一个葡萄来判断一篮葡萄的味道；一个购买者随意地挑几件物品检验之后就接受一批进货，等等。在物理学和生物学中很多研究是根据随意挑选几项进行的。然而，在企业文化诊断过程中，我们却不能这样做，这是因为人与人之间存在着个体差异，特别是在大型企业或企业集团，不同部门、不同团队之间存在着文化上的微妙差异，这就不能采取随便找几个人来调查的做法，必须依照科学的抽样原则进行缜密的选样。

第一节　基本抽样方法

抽样设计描述抽取多少样本量以及样本是如何抽取的。在制定抽样方案时，既要考虑抽样方法的科学性，又要照顾实际的可行性、经济的节约性等。整个抽样方案的设计包括样本框的设计、抽样方法的选择（概率抽样还是判别抽样，一次抽样还是多阶段抽样等），确定与抽样设计相匹配的总体参数的估计及估计量的精度，以及调查费用预算与质量控制等。

在企业文化的诊断、评估中涉及一些抽样理论的基本概念、基本要素，下面我们来介绍一下：

（1）要素。要素是搜集信息的单位和进行分析的基础。通常在调查研究中，要素是指人或一定类型的群体。而其他类型的单位也可以作为科学研究的因素：家庭、俱乐部或公司都可以作为研究的要素。

（2）总体。总体理论上是指研究要素的特定集合体，虽然“模糊的美国人”这个词可能作为研究的目标群体，但对总体的描述应包括对美国人这一个要素的界定，以及研究的时间段。要将抽象的成年纽约人转化为可操作性的总体，就需要界定成年的年龄和纽约的界定。而当我们定义大学生时，就要考虑到全日制学生和非全日制学生、学位候选人和非学位候选人、本科和研究生等。

（3）研究总体。研究总体指是从中抽出样本的全体要素的综合。但在实际操作中，我们往往很难保证定义所要求的每一个要素有同等的机会被抽到。即使有了以抽样为目的的要素名单，这些名单通常多少是不完整的。

（4）抽样单位。抽样单位是指在抽样各阶段中考虑选取的某个要素或者某组要素。在简单抽样中，抽样的单位既是要素本身，也可能就是分析的单位。在更复杂的抽样中，需要采用不同层次的抽样单位。我们可以用初级抽样单位、次级抽样单位和最终极抽样单位来表述连续的抽样阶段。

（5）抽样框。抽样框是抽样单位的实际名单，样本或是某些阶段的样本从抽样框中选取。以一阶段抽样为例，其抽样十分简单，即是先前定义好的研究总体的一个名单。如果一个简单的学生样本是从学生中选举出来的，那么这个名册就是一个抽样框。在简单的抽样之中，其抽样框就是构成研究总体的各个要素名单。在这种条件下，既有的抽样框决定了研究总体而不是研究总体决定抽样框。

(6) 观察单位。观察单位，或称资料搜集单位，是指足以提供资料的一个或者一组要素的集合。同样，分析单位与观察单位通常是相同的——比如说个体——但并非所有情况都是如此。当分析单位与观察单位相同时，研究工作比较简单，但通常这不太可能或可行，在这种情况下，我们必须灵活的去搜索与分析单位相关的资料，而不是实际的去观察这些单位。

(7) 变量。变量为一组互斥的属性特征的集合，如性别、年龄、职业等等。某总体的要素可以用要素在某变量上的各种属性来进行描述。社会研究通常试图描述某变量的属性在总体中的分布。变量，按其定义，必须具有变异性，假若总体内各要素都具有相同的属性，则该属性就是该总体内的一个常量，而不是变量的一部分。

(8) 参数值。参数值是关于总体中某变量的综合描述。例如，某城市所有家庭的平均收入和某城市人口年龄分布都是参数值，在观察样本的基础上推论总体的参数值，是社会研究的一个重要方面。

(9) 统计值。统计值是关于样本中某些变量的综合描述。例如，从样本中计算出的平均收入和样本中的年龄分布都是统计值。样本统计值用于推论总体的参数。

(10) 抽样误差。概率抽样方法很少提供与所要推论的总体参数值完全相等的统计值。但是概率抽样理论使我们能够估计某抽样产生的误差。

(11) 置信水平与置信区间。置信水平与置信区间是测量抽样误差程度的两个关键概念，我们用置信水平来表示样本统计值的精确度，它是指样本统计值落在参数值某一正负区间内的概率。

量表在描述统计方面有平均数、标准差、积差相关；在推论统计方面有 t 考验、变异数分析、共变量分析、回归分析等。

问卷在描述统计方面有次数分配、百分比；在推论统计方面有 x^2 考验（如适合度考验、百分比同构型考验、独立性考验、改变的显著性考验等）

理想的抽样方法是概率抽样，抽样的最终目的在于通过抽样方法从总体中选择一些要素，并通过对这些要素的描述来精确描绘样本总体的各种特征。概率抽样使这一目标更易于实现，并能够提供方法以估计成功的程度。

随机抽样是这一过程的核心，在随即抽样中任何要素都具有同等的、独立于任何其他事件的被抽到的概率。投掷硬币是最常被引用的例子：对正面或反面的选择是与先前对正面或反面的选择无关的一个独立事件。掷色子也是一例。然而，这类关于随机抽样的想像很少能直接用于社会调查的抽样方法之中。社会研究者通常使用随即数表或计算机程序，从中随机选出抽样单位。

从概率抽样的结果来看，对总体的推断完全可以应用统计方法来做出，而不需要对总体的分布情况做出决定。总体随机性假设的需要是通过在选择过程中引入随机性来实现的。简单随机抽样（SRS）是基本的抽选过程，其他所有的抽样都可以看成是对它的修正，以便得到更实用更经济或更精确的设计。

对于简单随机抽样，一个可操作的定义可以写为：从一个随机数字表中按等概率选出 n 个不同的数字，它对应于 N 个总体元素号码中的 n 个不同号码。从名单上选出来的号码必须代表唯一确定的 n 个不同元素。就名单本身而言，总体中的每个元素都确切地由一个号码来代表。在n次陆续抽选的每一次中，每个未曾选中的元素都有同等被选的概率，但已选过的号码就不能再选了。n次选取中的每一次都选出一个特定的号码，用以确定不同的特定总体元素。

总体的N个号码不必是连续的，它们可以在N+B个号码中分散取值，这里B代表没有与总体相对应的空白。在每次抽取中，对已经选出的号码以及不与总体相对应的B个空白，都不予考虑。

例如，假设我们要从一个公司工资单上的N=10000个员工中选出一个n=400的简单随机样本。如果这些员工的号码是从1~10000，我们就可以选出400个不同的四位随机数，在任一次抽取中，选出从1~10000中以前从未被选过的号码，就可以将又一个元素选入样本。

随着现代计算机技术的发展，抽样工作可以通过计算机软件来完成，如SPSS、SAS以及S-plus等统计软件都能进行抽样设计，这为我们的抽样工作减轻了很多负担。

在大型企业或集团公司的企业文化诊断中一般采用分层随机抽样的方法，即在确定总样本量之后，根据总公司下属各个部门或分公司的规模分配样本量，在分公司内部或部门内部采用随机抽样（必要时附以专家判别抽样）。

第二节　样本量的计算

如何能够真实、深入地了解被咨询企业的企业文化现状是该咨询项目成功的一个关键环节。为使企业文化综合诊断的信息分析具有说服力，使调查样本对企业全体员工的总体做出有信度的判断，同时要考虑调查的经济成本，我们需要有效地控制企业员工信息调查的样本量。

如果假定总体员工的人数是无限多的，为使持某种意见的员工人数达到一定比例所需要的样本量可由下面的公式算出：

$$n_0 = \frac{t^2}{d^2}p(1-p)$$

式中，d = 限定的抽样误差，t = 标准正态分布下的双侧 α 分位数。一般取 $1-p=95\%$，此时，$t=1.96$，p = 持某种意见员工的比例，n_0 为样本量。

当 $p=0.5$ 时，$p(1-p)$ 取得最大值，此时，n_0 取得在一定误差下最保守的样本量。表 5－1 分别是在抽样误差为 1%、5% 和 10% 下的最小样本量。

表 5－1　　无限总体下的样本量

误差（%）	最小样本量
1	9604
5	384
10	96

实际上，任何企业的员工人数都是有限的，假设企业员工人数为 N，如果 $n_0 < 0.05$，就取 n_0，否则对其进行修正：

$$n = \frac{n_0}{1 + \frac{n_0 - 1}{N}}$$

表 5－2 为在不同企业员工人数下的样本量选择。

在实际工作中，当企业员工的总人数规模不大时，无论在时间上还是经济上，我们都有能力进行完全的普查。当企业员工在 200 人以下时，我们有能力对全体员工进行普查。这时，调查涵盖的偏差比较容易检查和减少，并不需要抽样的统计人员。

当企业员工人数在 200 人以上时，我们考虑允许误差的同时，还要考虑费用因素，因实际情况，在可接受的时间和费用下仍可选择普查，在时间和费用的约束下，我们可以采用上表的数据（实际中为使有效问卷数不低于设计样本数，采集样本数一般多于设计样本数)。

表 5-2　　有限总体下的样本量

员工人数	所需最小样本量	
	误差 = 10%	误差 = 5%
100	49	80
200	65	132
300	73	169
400	78	196
500	81	217
1000	88	278
2000	96	322
5000	96	357
10000	96	370
10000 人以上	96	384

第三节　抽样技术应用

针对具体的企业文化项目，在诊断过程中，由于调查对象可能包括总部领导、总部员工、分公司领导、分厂员工，由于总体规模过于庞大，而本部与分厂之间、分厂与分厂之间又相互有着文化上的差异，故采取分层随机抽样与专家判别抽样综合调查的方法，对总部领导与分公司领导根据其领导人员的角色进行判别抽样，对一般管理人员及员工采用随机抽样。这样可以较为充分地获取公司企业文化的信息，又节省了时间与经济成本。

在这个过程中要获得样本单元的调查数据，关键问题是保证原始数据的质量，使数据客观地反映企业文化状况的真实信息，这就需要对调查过程进行有效的管理和监控。调查实施前，需要对调查员进行技术培训，使调查员熟悉调查问卷，掌握访谈技巧，并增强责任感。在调查过程中要加强质量检验，出现质量问题及时总结，及时补救。调查人员要有操作手册，调查过程也要有管理制度和措施，使从事具体调查的人员有章可循。

◇ ABC公司企业文化调查问卷

ABC公司问卷调查以本部和下属四个公司为总体，通过前述科学的抽样方法，从ABC公司总体员工数据库中，利用数据挖掘技术，选取10%左右的员工为调查样本。综合考虑问卷采集的时效性和经济性，以及无收回现象的存在，设计样本量远大于5%误差下的样本数量。此次调查共发放问卷822份，具体发放、回收以及有效问卷的情况见表5－3。其中，A_1、B、C_1、D为企业文化调查问卷，A_2、C_2为管理文化倾向问卷，A_1、A_2针对总部领导，C_1、C_2针对分厂领导，B、D针对总部员工和分厂员工。

表5－3　问卷发放与回收情况

项目	A_1	A_2	B	C_1	C_2	D
发主	5	5	45	47	47	673
回收	4	4	40	40	40	647
回收率（%）	80.00	80.00	88.89	85.11	85.11	96.14
有效问卷	4	4	40	40	40	619
有效率（%）	100.00	100.00	100.00	100.00	100.00	95.67

调查样本构成情况见表5－4。对本次企业文化项目的问卷调查工作，ABC公司本部与各公司的员工给予了高度的重视和积极配合，问卷的发放与回收工作顺利，问卷的回收率比较

高，达到了问卷调查样本的要求，保证了问卷调查达到了最终目的和效果。但是在调查过程中，也存在着一些问题，例如，没有填写个人信息或信息不完整、答卷不完全、随意答卷等现象，虽然比例不大，

表 5－4 调查样本构成情况

类别	构成					
性别	男 74.32%			女 22.82%		
年龄	25 岁以下 6.13%	26～30 岁 16.98%	31～35 岁 26.25%	36～45 岁 31.95%	46 岁以上 15.55%	
学历	高中以下 9.70%	中专和技校 26.96%	大专 35.81%	本科 21.83%	研究生及以上 2.43%	
工作类别	本部与电厂高层 5.99%	中层干部 22.11%	一般管理人员 21.26%	技术人员 10.70%	生产操作人员 29.10%	其他 7.28%
到公司时间	1～2 年 6.42%	3～5 年 17.12%	6～10 年 21.83%	11～15 年 14.84%	15 年以上 35.81%	
技术职称	高级 22.25%	中级 31.81%	初级 20.83%	其他 17.12%		

也给调查分析带来了一定困难。这种现象也从一个侧面反映了一种态度，是我们在建设企业文化时需要注意的一个方面。

在抽样调查中，除了抽样误差和偏差外，我们必须注意来自以下因素所造成的误差，并设法避免或减轻。这些因素包括：回答的变异性；不同类型和程度的调查之间的差异；由调查员引起的偏差和变异；问卷设计和制表的缺陷；总体在制表前发生的变化；来自无回答的偏差；由于推迟报告产生的偏差；对调查或覆盖的时期缺乏代表性的数据引起的偏差；解释的错误；等等。

✍ 社会调查研究方法的内涵和主要内容

1. 社会调查研究方法的涵义

社会调查研究方法是指关于社会调查研究整体的理论、原则、方式、方法的科学，或者说是如何进行社会调查研究的一门科学。

社会调查研究作为一种体系，它包括如下阶段：选择课题，设计研究方案，收集资料，整理分析资料，解释调查结果以及检验调查结论。上述各个阶段是相互依存、相互制约的。

社会调查研究方法包括三个方面的内容：第一，它是一种专门的科学理论，它以特有的概念、基本原理、公式和方法构成了一个完整的理论体系；第二，它是一种观点，表达了一种哲学，或者就是表达了一种价值观念和指导思想：第三，它包括了独特的方法、工具和技术。

2. 社会调查研究方法的主要内容

（1）社会调查研究方法的基本理论。社会调查研究方法的基本理论是指关于社会调查研究方法的一般原理，其中包括：调查研究课题的确定、调查研究的目的、研究类型、研究范式、分析单位、研究程序、研究方案设计、研究假设、研究理论结构、社会测量、概念的操作化等，它们构成了社会调查研究方法的基本理论。

（2）资料收集方法与手段。资料收集包括：第一，确定社会调查研究对象的理论和方法，即如何科学地确定调查研究的对象。第二，收集资料的具体方法，诸如：文献法、个案法、观察法、问卷法、访谈法等等。

（3）资料的整理与分析。资料的整理和分析包括资料的统计分析、理论分析、调查报告的撰写及应用等几个环节。

3．当代社会调查研究方法的特点

（1）关于社会调查研究及方法的理论研究更加广泛更加深刻。这种理论研究，不仅仅使社会调查研究建立了科学的理论基础，而且使社会调查研究本身的理论更加科学。

（2）许多新兴科学的研究结果运用到社会调查研究中，使社会调查研究方法更加完善和科学。

（3）各种方法相互渗透，取长补短，使社会调查的具体方法也更加完备和科学，使调查研究的信度和效度大大提高。

（4）为了使社会调查研究中主观意愿成分减少，就需要定性与定量研究相结合，在客观、全面的原则指导下，使对社会现象的认识更加符合客观实际。

（5）现代科学技术工具的运用，如电子计算机等，使社会调查研究的效率得到空前的提高。

4．社会调查研究的理论基础

（1）调查研究方法的哲学理论基础。建立在人本主义哲学理论基础上的社会调查研究，在调查过程中，把人看作是生理学上的自然人，是抽象的、一般的人，而不是社会的人，他们不联系具体历史、不联系社会实践来考察人，因而看不到人的社会性和阶级性。实证主义是资产阶级社会调查研究的另一种哲学理论基础。建立在马克思主义理论基础上的社会调查研究，是一种运用科学的世界观作为指导的调查研究。

（2）社会调查研究方法的具体科学理论基础。社会调查研究方法借助了统计学的基本原理，在此基础上产生并发展起来的。统计学中的基本概念、基本原理、基本方法以及对社会调查结果的分析方法，都构成了社会调查研究方法的坚实基础。

心理学所研究的个人认识过程中的感觉、知觉、记忆、思维、想像，个人活动情绪中的情感、意志，心理特点中的气质、能力、性格等，都从不同方面影响社会调查研究过程。

逻辑学中概念的内涵和外延、判断、推理、论证，以及逻辑的基本规律同一律、矛盾律、排中律、充足理由律等，是社会调查研究方法这门科学的直接的理论基础。

社会学揭示了社会的内在联系和发展规律。正因如此，社会调查研究过程，必须运用社会学中有关的原理，诸如：初级社会群体、社会组织、阶级与阶层、社会制度、社会控制、社会舆论、社区、社会变迁、社会现代化、社会工作、社会问题等，运用这些原理，进行调查研究，才能正确地认识社会中的各种纷繁复杂的问题。

第六章　企业文化诊断评估过程与技巧

企业文化诊断与评估是企业文化建设的重要环节，没有良好的诊断，便无从真正了解企业文化的现状，准确把握企业文化建设项目的脉络。企业文化评诊断与评估将依据仁达方略完整的文化诊断模型、丰富的文化诊断咨询经验与量化诊断方法，结合企业实际，分不同管理层级、不同内容维度形成企业文化调研大纲，通过对大量内外部数据、信息的综合分析，系统、细致地呈现企业文化建设现状，为企业文化建设与管理平台提升提供有效依据。

在具体的企业文化诊断项目操作过程中，我们的工作一般包括问卷调查、文件回顾与分析、深度访谈、现场调查以及基于上述资料的诊断分析，最后形成企业文化诊断评估报告。下面针对每一环节进行简要的介绍。

第一节　问卷调查

我们发现操作变量的方法有很多，运用问卷进行观察的方法也很不少。尽管问卷是调查研究的根本性手段，两者之间的关系也很直接，不过问卷对诸如实验、实地调查和其他一些资料搜集活动也很重要。

问卷的格式就像提问方式和用词一样重要。如果问题编排不当，就可能使受访者漏题或者使他们弄不清楚到底要说什么。

一般而言，问题的卷面格式要整齐，经验不足的研究者为了怕问卷看起来太长，尽量缩短问卷长度，结果就把几个问题挤在同一行里，或把问题变的简略。这种做法都是不智之举，严重的情况下还会产生很多的问题。把多个问题放在一行里，会使部分受访者完全忽略后面的问题。而简略的问题会使受访者产生误解。因此，无论怎样强调问卷的卷面问题都不为过。无论是受访者自己添答的还是由访者访问的问卷，过于拥挤总是一件糟糕的事情。

不论是自填式还是访谈式问卷，所有问卷都要有清楚准确的提示与说明。如果自填式问卷在开头附有答题指示，则必有助于受访者填答。虽然很多人对填写表格和问卷都相当熟悉，但是问卷的开头还是要确切地告诉受访者答题的方法：应该用打钩的方式挑出答案，还是在答案旁的格子里面记号，或者根据提示写出他们的答案。如果问卷里有很多开放式问题，还应该就答案的长短给受访者以明确的指示。如果要受访者仔细回答封闭式问题，要特别注意。

基于文化评估的维度，针对企业不同管理层级设计不同的问卷模板。调查问卷能够较为系统和组致呈现目前企业文化现状的信息，是量化分析的重要渠道。通过科学的抽样方法确定人员，确保人员来源的广泛性和代表性。

在问卷调查过程中，绝不是把问卷发放、填答、回收就了事。负责问卷调查的咨询师与客户方工作组负责问卷调查的成员在进行问卷调查时，要注意以下问题：

(1) 项目人员自己先把调查问卷做一遍，这样才能够站在填答者的角度考虑问题，推己及人。

(2) 解释一下，这些调查问卷为什么能对企业文化建设提供帮助。

（3）鼓励被访者畅所欲言。

（4）强调这些调查问卷仅仅是一种调查和提问，而不是什么考试。调查结果更多的是给企业提供一种建议或暗示，而不是下定论。

为了让参与者积极配合项目人员填答问卷，在问卷主体之前，需要有一个清晰的事前陈述。问卷中可以使用下面的辞令：为了最大程度提升公司的未来绩效，改善企业文化，我们需要尽快采集信息，以确认目前公司企业文化建设中存在的问题。一种便捷的方式是，通过问卷采集信息，并将在咨询小组讨论中反馈这些信息。

希望您能积极参与，填写我们问卷中的量表。您诚实的回答，将使大家对公司企业文化状况得到一个清晰的、客观的认识。

您的参与是匿名的。我们将对结果进行总结，并在咨询小组中汇报，以开展下一步工作。

第二节 文件回顾与分析

包括企业管理中的各项规章制度，国家、行业政策及资料，国内外相关企业发展资料等。公司目前现有的管理文件是企业文化诊断评估的重要素材。

一般情况下，企业文化诊断评估所需要调阅的文件资料清单如下：

（1）公司组织结构图。

（2）公司的发展战略、政策对公司的影响。

（3）行业的相关资料。

(4) 历史沿革、对公司发展有重大影响的事件说明材料(包括领导视察、领导指示)。

(5) 公司近年有关收购、兼并、分立、改制、重组等方面的资料。

(6) 公司领导近一年内的讲话记录。

(7) 公司历年生产经营情况。

(8) 机构(职位)设置及人员配置的详细情况。

(9) 领导职责分工情况。

(10) 在人力资源方面的规划介绍,包括预期未来的人员结构和目前采取的措施。

(11) 工资福利现状,在行业和地区中的水平。

(12) 现有员工状况,在年龄、职位、职称和学历等因素方面的分布结构。

(13) 人员提升、发展现状,人员流动状况。

(14) 部门职责。

(15) 高层领导近期提倡的口号、标语等。

(16) 人事管理方面的详细规章制度、政策。

(17) 思想政治方面的学习制度、学习文件。

(18) 公司管理中的制度文件。

(19) 人员培训状况,包括培训制度、政策、培训、内容和周期等。

(20) 发行的内部刊物。

(21) 宣传渠道、采用的思想政治工作方式介绍。

(22) 公司先进事迹、先进员工资料。

(23) 员工活动资料(如球赛、联欢以及各种娱乐性比赛)。

(24) 内部关注员工生活的各个协会的详细介绍资料。

(25) 如可能,请提供业内其他单位企业文化建设的情况资料。

第三节 深度访谈与现场调查

访谈目标

通过不同层次的访谈与员工座谈会，广泛了解信息。企业文化访谈一般需要聘请第三方机构的人员来完成，才能达到最佳效果。深度访谈将达成以下目标：

（1）高层访谈：了解高层对企业发展、企业文化建设的设想和规划，辨识高层管理者的领导风格，发现对基层员工的基本看法和假设。

（2）中层访谈：了解管理和领导下属的能力及特点，看能否贯彻执行上层的决定和方针，了解对员工的基本看法和假设、与基层员工的关系、制度和规章的执行情况、管理中的问题。

（3）基层访谈：了解员工的需求现状、对上层领导的看法及期望、管理中的漏洞。

访谈中的一些技巧和注意事项

1. 访谈前

熟悉公司主要信息、概况；掌握必要的访谈及评判技巧；熟悉被访人的个人资料；对访谈问题及相关事项做简单准备；佩带工作证；衣着整洁、职业，注重形象。

2. 访谈过程中

对待被访人态度和蔼亲切，言谈、举止得体；访谈人要表现出足够的自信；有效的面对各类被访人，灵活控制访谈局面；坚持20/80原则，以倾听被访人讲话为主。

3 访谈结束后

以高度的责任心客观的进行评价；认真填写访谈记录。

4. 访谈各阶段要点

访谈过程应分为五个阶段层层导入：引入阶段、预备阶段、正题阶段、变换阶段和结束阶段。

(1) 预备阶段（开场白）。访谈人主动打招呼，告知姓名和职务；“你好，请坐！”“请喝水！”（微笑、热情）；用1~2分钟时间“破冰”，创造和谐的气氛；解释访谈的目的、步骤和有关事项；说明会做一些笔记或录音，让被访人不会因此而紧张。

(2) 引入阶段。主要了解被访人的基本情况；最好不要问已经从资料中得到信息的问题。

(3) 正题阶段。挖掘被访人的信息，辨别其他被访人的信息；自然地将话题及时转到了解其他被访人提及的问题；介绍基本情况；问一些具体问题；了解其他同类企业的某些问题。

(4) 变换阶段。简单介绍企业文化项目的情况，了解被访人的想法和愿望；区别不同对象，向被访人了解如下方面：工作环境、组织制度、管理方式、内部沟通、员工激励、领导和决策、培训与开发、员工工作动机、员工满意度、员工忠诚度、文化建设、理念与价值观。

(5) 结束阶段。可通过下列方式来结束访谈：问被访人是否还有问题；解释说明访谈完后的下一个步骤；“谢谢您”、“再见”（握手）。

◇ 现场调查

考察企业器物层建设、公司员工精神风貌以及公司相关政策的落实执行情况。进行信息补充调研。

现场调查一般需要半天到一天的时间，咨询小组与客户项目负责人约定好现场调查的时间与行程安排，项目组成员根据设计好的企业文化现场调查表单进行一一的评判，必要时，可对现场工作人员进行采访，以获得更为本质的理解。

第四节 诊断分析与撰写评估报告

◇ 诊断分析

咨询小组依据与企业的深度沟通，对上述调研内容和调研方式作适当调整，以期贴近实际。在相关信息收集完毕后，咨询小组会基于量化的诊断方法进行梳理与分析，形成企业文化评估报告，并以此作为后续阶段工作的基础。

基本数据统计分析通常采用统计分析系统（SAS）、社会科学统计软件包（SPSS），一般大学的经济学院和商学院都会这两套软件的应用课程。通常企业文化调查问卷所包含的数据变量较少，数据结构较为简单，因此一般是把 SPSS 与 Excel 结合起来应用。对统计软件有兴趣的读者，可参看卢文岱编著的 SPSS 教程《SPSS10.0 for Windows》，电子工业出版社出版。

1. 诊断中的统计分析

(1) 问卷中可挖掘的数值变量。问卷中所反映的员工信息一般包括员工的基本背景资料，如性别、年龄、学历、工作类别、工作时间、技术职称、部门等以及员工在企业文化诊断所测量的反映员工态度的各个要素和维度的数值。

(2) 数据分析中的统计方法。第一，对背景资料一般是进行基本的频数分析和比例分析，以了解员工的总体构成结构。员工背景基本反映了员工自身的社会文化方面的内容。不同年龄、不同学历以及不同工作类别的员工在价值观的认识和领悟上，对人生和未来的态度上，对同事关系、上下级关系的认识态度上，都存在着差异。因此，对员工结构的分析，以及按不同类别进行细分后的态度量值比较，对于企业文化的诊断都有重要的意义。

第二，对态度量值一般情况下我们首先要对所有态度变量先计算一下均值和标准差等基本统计量，看一下数据的全貌，在进行所有进一步的深入分析时，我们都要看一下这两个统计量的情况。通过对数据基本统计量的扫描，我们可以整体上得到公司文化在各个要素和纬度上的基本反映。

进一步地，由于不同员工在背景资料上的差异，我们需要考察不同年龄、不同职位的员工在态度上是否存在差异。

这就需要对数据进行分组比较处理。一般采用均值比较和方差分析。比如我们要看不同学历的员工在工作环境这一要素上的态度量值。首先我们想知道每一组，即拥有同一学历的员工的平均态度量值，如高中以下（含高中）员工在工作环境上得分为3.72，中专或技校3.67，大专3.69，本科3.61，硕士及以上3.54。

那么，抽样得到的不同细分群体之间这样的分值差异是否有意义（即是否有统计学上的显著性）？我们就要在比较各细分群体均值的同时，进行方差分析，以验证差异的显著性，如果通过检验，则我们可以说具有硕士以上学历的员工与高中以下（含高中）学历的员工之间存在具有统计意义的差异。然后，我们才可以进一步的分析产生这种差异的深层次的原因。

第三，我们还可以通过相关分析、聚类分析和因子分析等对诸要素进一步分类，找出各要素之间的相互关系，这样，在诊断企业文化现状的同时，我们可以通过这些要素变量之间的相关关系，找出从根本上起决定作用的变量，即该变量的变动会引起其他变量的变动。通过改善某一个或某几个要素，继而改善其他相关变量，最终，实现企业文化状况的总体改善。

最后，我们可以通过相关分析和回归分析的方法，研究企业文化诸要素对企业财务指标的影响。大多数公司历来都是依赖财务数据，或四“硬”数据，来评测它的业绩和价值，或“健康”状况。然而，仅靠诸如利润、资本回报、现金流动等财务指标，并不足以制定未来战略和实施未来计划。企业文化诊断中的诸要素，作为一种软性的指标，它们先于财务指标。我们可以通过综合的统计方法的应用，确定企业文化诸要素对提升财务指标的贡献度。

2. 如何用 SPSS 分析数据

将数据到如 SPSS 表格，如果录入好的数据为 Excel 文件，则可按如下操作导入：

File→Open→Data，出现图 6-1 的 Open File 对话框，在文件类型中选择 Excel（＊.xls），然后在查找范围里选择要导入的数据即可。

得到如图 6-2 的数据。下一步就可以利用 SPSS 来分析我们的数据了。来看一下基本的描述统计量是如何做出来的。

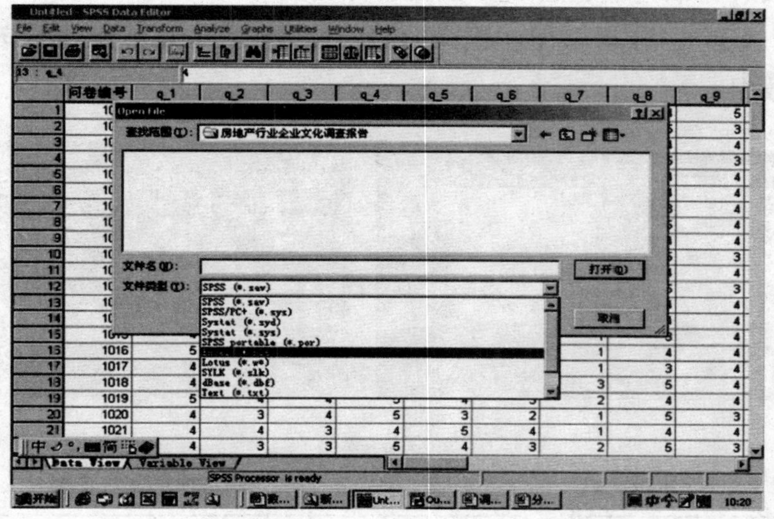

图 6－1　open File 对话框

	问卷编号	q_1	q_2	q_3	q_4	q_5	q_6	q_7	q_8	q_9
1	1001	5	2	4	5	5	5	3	4	5
2	1002	4	5	4	5	3	2	1	5	3
3	1003	4	4	4	5	5	4	1	4	4
4	1004	5	2	4	5	4	3	2	5	3
5	1005	5	2	3	5	4	3	1	4	4
6	1006	4	2	4	5	4	3	1	4	4
7	1007	5	3	3	5	5	2	1	3	4
8	1008	4	3	5	4	5	4	3	5	4
9	1009	4	4	4	5	4	3	2	4	4
10	1010	5	4	4	4	3	2	1	5	3
11	1011	4	3	4	5	5	4	1	4	4
12	1012	5	4	3	5	4	3	2	5	3
13	1013	4	3	4	4	4	3	1	4	4
14	1014	4	5	3	5	4	3	1	4	4
15	1015	4	4	5	4	5	2	1	3	4
16	1016	5	3	3	4	4	3	1	4	4
17	1017	4	3	5	4	5	2	1	3	4
18	1018	4	4	4	5	5	4	3	5	4
19	1019	5	4	4	5	4	3	2	4	4
20	1020	4	3	4	5	3	2	1	5	3
21	1021	4	4	3	4	5	4	1	4	4
		4	3	3	5	4	3	2	5	3

图 6－2

如图 6－3，在 analyze 菜单下选择 Descriptive Statistics→frequencies，得到如下对话框，在左面选择要分析的变量，图例中选择了 q-4，鼠标点击 Statistics 按钮，选择基本描述统计量。

得到如下统计数据：样本计数、均值、中值（中位数）、众数、标准差、极值、频数及百分比。

见表6－1和表6－2，q-4为一道通过5分制评比量表得到数据。

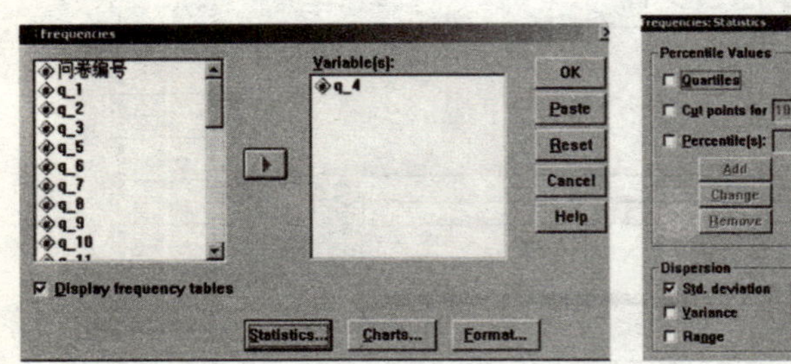

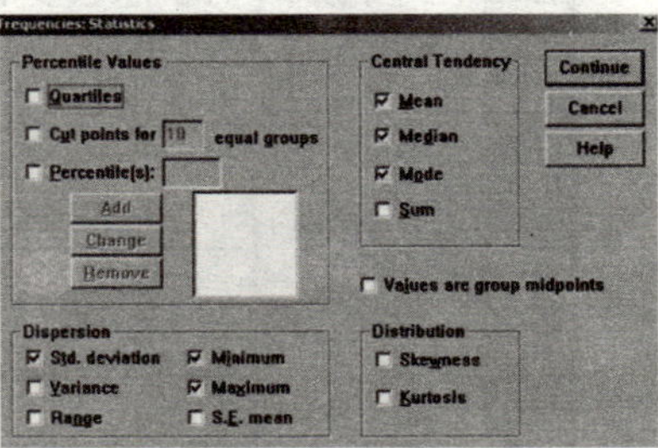

图6－3

表6－1 Statistics

样本计数	200
均值	4.35
中值	4.00
众数	5
标准差	0.71
极小值	3
极大值	5

表6－2 q-4

	频数	百分比	有效百分比	累积百分比
Valid	27	13.5	13.5	13.5
4	76	38.0	38.0	51.5
5	97	48.5	48.5	100.0
Total	200	100.0	100.0	

一般情况下我们首先要对所有变量先计算一下均值和标准差，看一下数据的全貌，同时这也是我们最常用的基本统计量，在进行所有进一步的深入分析时，我们都要看一下这两个统计量的情况。

如图6－4，在analyze菜单下选择Descriptive Statistics→Descriptives，在对话框中选择我们想要的变量，如最大值、最小值、均值和标准差，在Output里得到如下结果。

对SPSS计算出的数据报告结果，我们可以直接放到报告的附件里作为参考，但是，通常情况是将数据转移到Excel中编辑、整理以至进行数据图表化。

数据的分组比较，比如不同年龄段员工在某一指标上的得

Descriptives

Descriptive Statistics

	N	Minimum	Maximum	Mean	Std. Deviation
Q_1	200	4	5	4.44	.50
Q_2	200	2	5	3.50	.59
Q_3	200	3	5	3.62	.68
Q_4	200	3	5	4.35	.71
Q_5	200	3	5	4.48	.72
Q_6	200	2	5	2.70	.82
Q_7	200	1	3	1.48	.80
Q_8	200	3	5	3.94	.86
Q_9	200	3	5	3.86	.37
Q_10	200	2	5	2.82	.79
Q_11	200	1	5	3.04	1.14
Q_12	200	1	4	2.78	.63
Q_13	200	3	5	3.77	.44
Q_14	200	2	5	3.66	1.14
Q_15	200	1	4	3.09	.65
Q_16	200	2	5	3.10	1.04

图 6-4

分。首先是数据的分组，在 **SPSS** 中可以先通过 **Data→Split File**，出现图 6-5 的对话框，选择要分组的数据变量，如图选择了年龄。

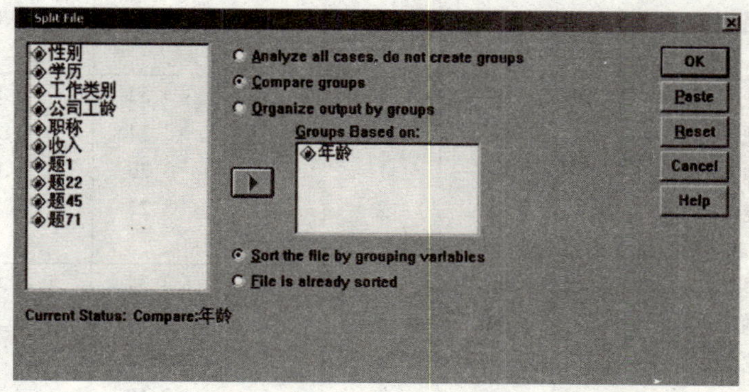

图 6-5

点击 OK 后，进行下一步的描述统计分析即可。

不同年龄段员工对几个题目的回答情况如下，总体的基本描述统计量见表 6-3。

表 6-3 总体的基本描述统计量表

	N	Minimum	Maximum	Mean	Std. Deviation
题 1	439	1	5	3.44	1.01
题 22	49	1	5	3.63	1.21
题 45	440	1	5	3.36	1.01
题 71	438	1	5	3.14	1.08
Valid n（listwise）	436				

按年龄分组后，各年龄段的基本描述统计量见表 6-4。

表 6-4 各年龄段的基本描述统计量表

年龄		N	Minimrm	Maximum	Mean	Std. Deviation
1	题 1	30	1	5	3.20	1.06
	题 22	30	1	5	3.33	1.27
	题 45	30	1	5	3.03	1.16
	题 71	30	1	5	3.03	1.10
	Valid N（listwise）	30				
2	题 1	76	1	5	3.26	1.15
	题 22	75	1	5	3.61	1.31
	题 45	76	1	5	3.24	1.09
	题 71	75	1	5	3.19	1.09
	Valid N（listwise）					
3	题 1	97	1	5	3.52	1.88
	题 22	97	1	5	3.54	1.20
	题 45	97	1	5	3.36	1.03
	题 71	96	2	5	3.22	1.95
	Valid N（listwise）					
4	题 1	145	1	5	3.34	1.04
	题 22	146	1	5	3.75	1.18
	题 45	146	1	5	3.32	1.99
	题 71	146	1	5	3.10	1.17
	Valid N（listwise）					
5	题 1	91	1	5	3.76	1.90
	题 22	91	1	5	3.64	1.15
	题 45	91	1	5	3.63	1.84
	题 71	91	1	5	3.13	1.05
	Valid N（listwise）					

更深入的分析包括相关分析、均值比较、方差分析、卡方检验、聚类与因子分析等，则包含了统计学的丰富知识，不仅仅是一次讲座、甚至是一门课程就可以解决的，它需要系统的统计学的学习。在这里将不作介绍，有兴趣的可以在大学里选修一下统计学的课程。

◇ 撰写报告

一个企业文化建设阶段的完整的企业文化诊断与评估报告一般包括如下提纲中的内容，根据具体企业的实际需求进行适当调整。

第一部分　项目概述

一、项目背景

二、本报告的主要任务

三、诊断的基本原则与目标

四、项目执行过程

五、数据来源

六、样本构成与分布

第二部分　企业文化诊断与评估结论摘要

一、××企业文化状况总体评价

二、××企业文化的主要优势与问题

三、××企业文化的12个维度分析摘要

四、××企业文化建设评估摘要××

第三部分　企业文化状况基础诊断分析

一、问卷数据分析说明

二、企业文化维度要素分析总述

三、××企业文化维度分析

四、××员工分析

第四部分　企业文化 SWOT 分析

一、战略 SWOT 分析

二、管理 SWOT 分析

三、市场 SWOT 分析

四、文化 SWOT 分析

五、人员 SWOT 分析

第五部分　企业文化建设评估

一、××企业文化历史与现实评估

二、××企业文化主体评估

三、××企业文化建设意识评估

四、××企业文化理念体系导入契机评估

第六部分　结束语

企业文化诊断与评估的基本原则与目标与其他类型的企业诊断有一定的区别：

(1) 企业文化诊断与评估主要着眼点为企业主体层面，二级单位或部门的情况分析仅控制在企业文化诊断与评估涉及的内容。

(2) 企业文化诊断与评估的侧重点为旨在提出问题，或对个别问题做出简要的方向性分析，对管理对策不作详细阐述。

(3) 报告发现和提出问题的侧重点，主要在于当前企业及所属分厂或部门的人文、制度和企业文化管理方面，对其他领域和模块只在涉及上述方面时加以提及。

第二编　企业文化诊断评估工具

第七章 企业文化诊断评估工具开发的基础

人们经常问我，“努克（Nucor）公司成功的秘诀何在?”我的答案是：70%的成功来自于文化，30%的成功来自于科技。毫无疑问，文化是努克公司竞争优势的最主要因素，这一点无论到何时都不会改变。

——肯尼斯·F·艾弗林，努克公司主席

第一节 对企业认识的转变

近年来，随着知识经济的到来，知识员工的重要性得到普遍承认，管理理论已经把团队学习的价值作为一个重要问题加以强强调。这导致人们对企业认识的转变，人们起初把企业看作物理的“机器”，现在人们把企业看作“有思想的机器”。对企业认识的这一转变具有重大的意义。既然承认企业有思想，那么，承认企业有感情也就不怎么困难。当企业开始从关注外部环境的变化，转向学习和了解内部环境的时候，人们就开始接受企业具有情感这一事实。当企业开始了解它自身的时候，通往情感之路的大门便自然开启。这种微妙的认识转变——从了解知识转向了解情感——对从前把企业比作机器的观念造成了巨大的冲击。只有人才能思考和感觉，因此，企业也不应再被视作为机器，而应视为有生命的活生生的实体，并能表现人类所具有的全部情感。

渐渐地，我们发现，一些学习型企业开始反身内视，重新发现自我。这是自然而然的事情，因为仅仅了解外面的事情无法使企业找到自身的竞争优势。了解外面的情况很重要，譬如，消费者的需求、产品市场以及竞争对手的情况等，但这对于企业内部阻碍创新、创造力、生产力等方面的文化问题，所起的作用却微乎其微。只有当人和企业乐于面对使自己身心分离的情感问题时，他们才能够成长和发展。所以，无论从个人层面还是从企业层面来说，认识自我都是发展和成长的唯一途径。

✧ 作为活生生实体的企业

当个人或企业开始关心集体利益的时候，我们就进入了精神价值的境界。信任、诚实、正直、同情、分享等价值，变得非常重要。依据这些价值进行经营管理的企业，就不应再视为机器，而应视为活生生的实体，它们有着肌体、情感、心理和精神需求。那些把自己看作活生生实体的企业懂得，要达到最佳的健康状态，必须在这些需求之间寻找平衡。

✧ 企业的肌体健康

企业的肌体健康是由财务方面的成功决定的。利润、现金流、资产回报、股东价值，是衡量企业肌体健康的几个财务指标。财务之于企业，如同水、食物和空气之于人类，它是维持企业生存的能源。对于绝大多数企业来说，财务指标是用以评估企业肌体健康的唯一指标。但财务指标带来的问题是，它强调的是过去，它对于影响未来财务健康的因素，譬如客户满意度、员工的士气、内部凝聚力、战略联盟、创新以及生产能力等，没有任何意义。这就像所开的车没有仪器仪表而只有一个后视镜一样，你只了解过去的行驶情况，却不知道现在的车速是多少，不知道发动机是否过热，也不知道电池能支持多久。那些把自身看作活生生的实体的企业明白，长期的财务健康是企业肌体、情感、心理和精神健康的必然结果，它们必须不断地设法改善和监控所有这些方面的状况。

企业的情感健康

企业的情感健康，是由企业自我感觉的好坏以及对各方面关系感觉的好坏程度决定的。企业的内在素质（包括生产能力、效率及质量）和人际关系，是衡量情感健康的指标。各个层次的员工都要深深地感觉到，他们与同事以及主管人员之间建立了很好的友谊和联系。如果没有这些关系，他们对企业的贡献很少会超过企业所要求的水平。员工还需要感受到公正和平等，需要获得承认。他们需要自由的工作，并以自己的工作为荣，同时他们也愿意为自己的行为负责。官僚作风、恐惧、剥削以及管理人员和员工之间糟糕的工作关系，是情感状况不良的明显特征。当企业在情感方面不健康时，员工对同事的忠诚度，会超过对企业的忠诚度，产品的质量和对客户的服务就会每况愈下。而把自己看作活生生实体的企业知道，自我感觉良好非常重要。它会像善待自己一样善待自己的员工。它懂得“受之以桃，报之以李”的道理，因为只有关心别人，别人才会关心自己。

企业的心理健康

企业的心理健康状况与企业对内、对外的开放程度有着直接的联系。在一个竞争的社会里，学习对企业的生存至关重要。如果不学习，员工就不能进步，企业很快就会消亡。对于企业的心理健康而言，学习主要指这样两个方面：一是旨在提高产品质量和服务水平的学习，二是旨在促进内在成长的学习。前者关注的是以市场为基础的外部成就，后者关注的是以文化为基础的内在提高。内在的成长和外部的成就，两方面都很重要，外部成就可以建立企业的自我尊严，鼓励员工的士气，内在成长可以培养企业的创造力。员工的参与和创新，是衡量企业心理健康的指标。培养创造力要远比获取知识重要得多，知识本身并不是目的，而是培育创造力的跳板。当知识与僵化的思想结合时，它就堵塞了学习的门径。把自己看作活生生实体的企业，总是鼓励员工在个人生活和职业生涯两方面同时成长。个人成长增进的是情商，职业成长增进的是技能和智力。

企业的精神健康

企业的精神健康是由企业对内、对外联结的程度决定的。凝聚、合作、协作、战略联盟、社区参与以及社会责任等，都是衡量企业精神健康的一些指标。企业的内部联结是通过强有力的、由价值驱动的文化实现的。当员工认同企业的形象，致力于实现共同愿景，并持有相同的价值观时，他们会为了公共利益凝聚在一起，努力工作。他们参与集体学习，并形成对企业高度的忠诚。而企业的外部联结是通过与客户、供应商建立战略联盟，与当地社群建立合作伙伴关系实现的。当企业从伦理道德的角度看待那些影响社会利益的问题时，企业对内、对外的联结都会得到提升。那些把自己看作活生生的实体的企业关注员工的个人实现。它们懂得，当主管人员鼓励下属员工通过工作发现人生的意义，鼓励他们为当地社群作出贡献，并鼓励他们积极为全人类服务时，员工就会最大限度的展示自己的主观能动性、创造力和对企业的忠诚。所以，精神健康是一种文化的粘合剂，它是一个好企业与一个伟大的企业之间最显著的区别所在。

最终能够提高生产力和创造力的，不是物理的流程再造，而是情感和精神方面的动机。那些被顽固的科学派管理学家称之为“软件”的成分，将成为企业转变的下一个领域，在21世纪的管理理论中，这些软件将与硬件同等重要。企业的管理者和领导者都必须习惯于讨论企业的价值和行为，并学会区分转变、变革和进化。

转变：指不同的做事方式。我们还是做自己正在做的事情，但做事的方式却发生了变化，是用一种更加有效、更加高产、质量更高的方式来做。

变革：指不同的存在方式。它涉及信念、价值、观点等最根本的转变，导致个人和企业行为以及企业制度和结构的根本变化。变革发生在如下体制中：乐于公开接受批评，能够从错误中汲取教训，面向未来，而又能够超越过去并摆脱僵化观念的束缚。

进化：持续的变革和转变的状态。它涉及价值观、行为和信念的不断调整，这种调整是以学习为基础，并根据企业内外环境的变化而进行的。进化很容易发生在这样的体制中：这种体制特别注重学习，在多渠道公开交流的基础上形成内部凝聚，并持之以恒的推进个人的发展。

长寿企业及其繁荣

研究成功企业特点的成果主要有三项，其中有两项是从企业寿命的角度展开的。《基业长青》一书介绍了对18家长寿企业长达7年的研究成果，这些企业都已存在45年以上。它们在财务运营方面取得了优异的业绩，对世界产生过重大影响，赢得了人们广泛的尊重。研究过程中，他们运用比较分析的方法，把每一个研究对象与相邻部门中的另一家成熟企业进行比较，取得了显著的成果。从企业经营的状况来看，在64年中，这18家长寿企业的6项指标超过同部门的对比企业；在股票方面，有15项指标优于对比企业。

在《长寿公司》一书中，阿里·德·古斯引用了大量他人的研究成果，探讨了影响企业寿命的一些关键因素。其中包括荷兰壳牌公司对1913年以前成立的27家跨国公司进行的研究。

在《杰出企业的8项操作技巧》一书中，杰克·费茨·恩兹介绍了自己长达4年的研究成果，他研究的是企业在人力资本管理方面的最佳做法，这些企业不仅保持了高利润率，而且留住了优秀的员工。

这三项研究结果极为相似。概括起来看，有着良好财务业绩的长寿企业具有以下六个方面的主要特征：具有以价值驱动的积极有力的企业文化；能够持之以恒的学习与自我创新；根据内外部环境反馈的信息进行持续不断的调整；建立与内外部合作伙伴、客户及供应商之间的战略联盟；敢于冒险，大胆实践。

以价值为基础，采用适当的方法对绩效进行度量，度量的对象主要包括以下方面：企业的生存状况（财务情况）；企业的内在素质（效率、生产能力和质量方面的情况）；与供应商和客户的协作；持续的学习和自我发展（进化情况）；企业对当地社群和社会的贡献。

持久成功的企业所具有的这六个方面的特征，与正在进化和成长中的企业所具有的特征相似。

第二节 个人动机与企业意识

人类祖先的演变发生在有四次大冰期和三次间冰期的更新时代。当时急剧的环境变化迫使所有的动物必须能不断地适应新的环境。能否适应的关键不是取决于蛮力，也不取决于耐寒的能力，而是取决于智力的不断增长，取决于能否运用其智力使自己较好地适应环境的需要。当然，这也就是人类所以能在地球上居于无可争辩的首要地位的秘密。首先，人类的才能是多方面的。人类与长臂猿或北极熊不同：长臂猿双臂柔软细长，只适应森林生活；北极熊白色的毛皮很厚，只适应北极环境；而人类，绝不是只适应一种环境，相反，人类对环境的适应是通过自己的大脑，人类利用自己的大脑能适应一切环境。

——《全球通史》

地球上最成功的物种，是那些根据环境的变化不断自我改进的物种。进化从来就不是战略计划中单独的一项活动，而是一系列连续的调整，这种调整建立在对影响生物体生存的内部和外部因素的敏锐反应之上。对于人类这一物种而言，最大的生存威胁就是竞争。数千年来，人类对于竞争的威胁的第一反应是消灭或同化“敌人”；第二反应是通过提高创新力和创造力获得一定的优势。在我们目前生活的时代，经济意义上的生存竞争已经达到全球化的程度，已经不可能消灭或同化所有“敌人”。生存不再是加强实力或力量的问题，而是提高创造力的问题。企业目前面临的最大挑战，是如何培育一种能够鼓励员工最大限度地发挥创造力和生产力的文化。应对这一挑战的答案在于弄清楚员工的动机。

个人动机

人的任何动机都是基于自身利益。只有当某件事在某种程度上对我们有利时，我们才有做这件事的动机。如表 7－1，人的所有行为都是企图满足以下四种需求中的某一方面：物质、情感、心理以及精神。这四种需求与人类的九个基本动机相对应。当我们照顾到自己的安全和健康时，我们基本的物质需求就能得到满足。我们保持着密切的人际关系（朋友和家庭），自我感觉良好（自我尊严），那么，人类基本的情感需求即可满足。通过接受教育或获取知识，取得个人成就以及个人成长，那么，基本的心理需求即可得到满足。而当我们发现

表 7－1　　需求与动机

人的需求	个人动机
精神	9. 服务社会
	8. 变革现实
	7. 人生意义
心理	6. 个人成长
	5. 个人成就
情感	4. 自我尊严
	3. 人际关系
物质	2. 健康
	1. 安全

所做的事情使自己的生命充满了意义，并使自己在服务全人类的过程中变革现实，我们的精神需求就得到了满足。而当我们实现了物质、情感、心理和精神需求时，就实现了自我价值。

前五个动机与后四个动机之间有着明显的不同。前五个动机满足的是我们作为个人的需求。在这些动机层次上，自我尊严是通过外在环境实现的，具体包括以下方面：所拥有的财产、所认识的人、聪明的程度、受到师友和家人及同事的羡慕和尊重。

个人成长不是在外部环境中实现的，而是在自己内心环境中实现的。个人成长有一个逐渐自我觉醒的心路历程：在这一过程中我们一点一点摒弃自己的恐惧，最终实现自己力所能及的目标。当我们学会认识自己并认识到自己最深层次的动机时，我们就不再把自我尊严建立在别人评判的标准之上，而是建立在对自己了解的程度上。这使我们能够自由地按照自己内在的本质要求去发展，并大大增强我们的责任感。这样，我们不再将自己的不幸归咎于别人。新的个人责任感要求我们重新审视自己过去的价值，以便寻找能够帮助自己做出更好选择的新价值。这就是个人变革的过程。

在个人变革方面取得进展之后，我们开始认识到人际关系的重要性。我们不再对控制他人感兴趣，而是愿意支持个人发展。我们学着照顾和关心周围的人，这使我们产生更广泛的认同感。我们认同什么，就会关心什么，因为它已经成为我们的一部分。我们认同自己的家庭时，就会关心家庭的幸福。我们认同自己工作单位和企业时，就会关心它们的成功。当我们认同自己生存的社群和地球时，我们就会成为社会和环境的保护者。为了把世界建设得更好，我们志愿提供服务。我们关心所有这些事务，因为在这种广泛的认同感之下，它们就是我们。我们感受着自己所关心事务的成功与失败，就如同它们就是我们自己。

最后三个动机——人生意义、变革现实和服务社会——是建立在大我的需求基础上的，这个大我，是认同了我们的家庭、事业、企业、社群和地球的自我。这个大我的利益与公共利益是不可分的。当我们为了这一广泛的认同感发挥着自己的聪明才智的时候，我们的生命便有了意义。当我们的努力赢得了赞赏，我们对世界产生了积极的影响时，我们会感到自己变革了现实。当变革现实成了我们的核心任务时，我们便进入了服务社会的境界。在这些高层次的动机中，我们的自我尊严不再是通过财富、地位或相貌等从外部环境中产生，而是通过我们所做的贡献从内心环境中产生。当我们能够满足自己的物质、情感和精神需求时，就能够实现个人价值。

工作、事业或使命

如果我们对工作没有正确的心态，我们就无法获得这种满足。对待工作有三种状态——作为工作，作为事业，以及作为使命。

工作。工作基本上只是为了短期的安全。我们付出时间、精力和技能，目的是获得生存所需的金钱和愉悦。工作可以满足我们的物质和情感需求。

事业。事业主要是为了长期的安全。我们付出时间、精力、技能和知识，目的是提高我们的地位和赚钱的能力。我们获得舒适、安全以及学习和成长的机会，还能获得一种成就感。事业能够满足我们的物质、情感和心理需求。

使命。使命是没有时间限制的。我们在工作中迸发出内在的激情，我们奉献出深层的自我，作为回报，我们找到了人生的意义。我们的直觉和创造力活跃起来。如果我们的工作成就了我们的使命，而且我们的雇主能够公平地对待我们，那么我们就有机会实现个人价值。

在21世纪，企业通过培养创造力来获得竞争优势，这意味着它们将寻求一些方法，鼓励每个员工都把工作视为使命。要想达到这一目的，必须具备四个条件：

(1) 企业中的每个人都必须强烈的感受到与“企业形象识别”的密切关系。这就要求企业有深厚的企业文化，有共同的愿景和价值观，这种价值观应与员工个人的价值观一致。

(2) 企业必须给予每个人适当的机会，使他们找到一种适合发挥自己内在才能和激情的工作，激励他们取得最大的成就，并将企业的整体使命与每个人的使命联系起来。

(3) 企业必须创造一种文化和工作环境，使员工达到个人实现——满足他们的物质、情感、心理和精神需求。

(4) 企业必须通过提供职业培训和个人成长培训，支持员工达到个人实现。

✩ 人类意识框架

1. 低层次的意识

马斯洛的需求层次理论包括四个方面：安全、人际关系、自我尊严和自我实现。当我们感到安全时，物质需求就得到了满足。当我们与他人建立了良好的关系，而且自我感觉不错时，情感需求既得到了满足。自我认知和自我主宰可以帮助我们满足自己心理的需求。

2. 生存意识

人类最重要的需求是生存。我们需要清洁的空气、食物和水维持生命和健康。我们还需要保护自己的安全，使自己免受伤害。在这一意识层次，我们基本的动机是自我生存。当我们感到身体或经济方面受到威胁或不安全时，我们就会转向“生存”意识。在多数情况下，我们产生的恐惧是一种良性的恐惧，这些恐惧迫使人们密切关注身体和经济方面的基本状态。当一个人陷入过度恐惧或感到极度不安时，生存意识会转化为一种生活方式。这类人很容易恼怒。恼怒产生于一种狭隘的心理，在他们看来，没有人关心他们。他们把任何不如意的事情都看作是对自己的威胁，始终感到自己在一个充满敌意的环境中生活。他们永远保持警惕，并且认为，如果自己不小心，没有任何人会提醒他们。因此，为了保证自身的安全，他们认为，必须控制周围的一切。结果，他们很难信任他人。

3. 关系意识

人类的第二种需求是人际关系。当与那些志同道合的人建立起有益的联系时，我们的关系需求即可得到满足。从本质上讲，人是社会的动物，所以，人们的归属感很重要。只要能够进行开放、坦诚的沟通，人与人之间就能够建立良好的人际关系。如果一个人总是担心是否受欢迎，或者能否被接纳，关系意识便会转化成为一种生活方式。这类人不断地寻找让别人接纳和喜爱自己的方式方法，在这种意识状态下，与他人之间很容易形成不良的相互依赖关系。如果对人际关系的需求十分强烈，他们会放弃或牺牲自己的正确判断，而屈从于他人的看法，以此换取自己在群体中的生存。有时，为了维持同他人的关系，一些人会甘心受他人的虐待。

4. 自我尊严

人类的第三种需求是自我尊严。当感受到志同道合的人对我们的尊重时，自我尊严需求动机即可得到满足。他人的尊重可以使我们感受到自身的价值。而当一个人深深陷入对自我价值的恐惧时，自我尊严意识会转化为一种生活方式。在这种情况下，人们会通过追求地位、财富甚至相貌等满足对自我尊严的需求。为此，人们会表现出极大的野心或竞争欲望。有的人希望出人头地，希望引起他人的关注，尤其是希望得到地位相当的人的关注和认可。有的人甚至企图以傲视他人来证明自己的优秀，他们最担心的是自身的价值得不到认可，不能得到他人的尊重。

5. 自我实现

恐惧使人们心神不定，当我们摆脱这种恐惧时，就达到了自我参照状态。在这种状态下，我们不再关心从前认同的别人对我们的评判，更关心我们对自己的认识。我们不再依赖于他人的评判，因此能够对自己更为负责。自我实现的人往往就如下问题寻求答案：我是谁？我为什么在这里？我怎样才能成为一个更好的人？

马斯洛通过深入的研究得出这样一个结论：自我实现的人是由精神需求驱动的。他把自己的发现概括为："基本需求层次的满足先于自我超越需求。这意味着，精神生活与物质生活处于同一个统一体中。精神生活是我们生命的一部分，是生命中最崇高的部分。"他列举了自我实现的人在其生命中所崇尚的价值观。这些价值观包括真理、善良、团结、完整、独特、活跃、完美、正义、秩序、富裕、淳朴、乐趣、自足和意义。他将这些称作根本价值观。

6. 高层次的意识

为了更清楚地了解更高层次的意识，即精神层次意识的需求和动机，我们必须转而研究古印度的“梵学”。精神意识的每个层次对应着内涵宽泛的个人意识，这些个人意识是随着对世界更大程度的感知而建立起来的。

7. 心灵意识

第一个层次是心灵意识。这一层次十分接近马斯洛称之为自我实现的状态，意大利心理治疗专家罗伯特·亚沙吉奥利则称之为精神综合。在这一意识状态下，人们摆脱了由物质和情感需求产生的恐惧，自我与心灵的界限消失。人们抛弃理想中的自我，转而感知现实中真实的自我。瑞士精神病学家卡尔·荣格将此过程称为个性化——将大脑中无意识的成分纳入有意识的认知当中。换言之，将无意识的恐惧纳入有意识的认知当中。这样，人们学会了控制自己的恐惧，提高了自己的主动反应能力。在这个过程中，我们个性散乱的程度越来越小，越来越趋于统一。我们对他人越来越真诚，对自己的目标越来越明确，实现这一目标成为人们最大的人生动机。

8. 宇宙意识

第二个层次是宇宙意识。这是心灵意识的一种永恒状态，在这种状态下，个性和心灵变得不可分割，个人可以发挥他们最大的潜能。人们发现真实的自我，并与真实的自我合二为一。我们希望每天24小时都在为自己的使命而工作，生命充满了意义，创造力和直觉非常活跃。我们与家庭、社群、同事的关系变得至关重要，因为通过他们，并与他们合作，我们才能实现自己的潜能并为生命赋予意义。我们开始培养一种大我的认同感，并且认识到，在追求公共利益的过程中，我们的个人利益也会得以实现。

9. 超凡意识

宇宙意识之上是超凡意识。在这一意识状态下，个人会体验到与天地万物的紧密联系。我们开始认同人类和地球，完全能够欣赏地球之美以及地球上动植物之美，并认识到所有生命形式之间是相互依赖的。在这一层次，我们不再满足于有意义的工作，而是希望我们的工作能够真正地为世界带来变化，我们需要知道自己正在发挥着积极的作用。我们寻求与他人建立合作，以便提高自己的效率。如果无法通过正式的工作发挥作用，我们会寻求成为社区志愿者以及社会及环境的保护者。

10. 一体意识

最后一个层次是一体意识。在这一层次，认知者与认知的对象之间没有界限。人类的自我与万物的自我融合，我们与世间的万物融为一体。我们希望自己所做的每一件事都能够为现实带来变化，能够对万物有益。我们认识到，为他人做事，也就是为自己做事。我们希望自己的工作能够影响整个社会，我们开始关心全球的状况，我们开始过着服务人类和地球的生活。

员工意识

弄清人类意识的七个层次对于企业发展来说有着重要的意义。如果企业不能为员工的个人变革提供支持，或者不能为员工提供发展机会，使他们通过工作发现人生的意义，使他们在社会中发挥作用，使他们有益于世界，那么企业潜能的发挥就会受到严重制约。这不仅无法发挥和利用员工的直觉和创造力，而且还会错过培养企业管理人员商情的机会。理解人类意识七个层次重要性的企业，不仅允许员工自行设计他们的个人培训和职业培训计划，而且为员工提供在当地社区工作的时间。这些企业已经认识到满足员工物质、情感、心理和精神需求的重要性。人类意识的七个层次可以直接诠释为员工意识的七个层次。

1. 生存意识

员工第一个基本需求是经济安全。每位工作人员都希望自己的工作有保障，希望可以定期领到薪水。经济安全问题会使员工产生最强烈的恐惧感。如果员工过度专注于这一层次的意识，他们将会将注意力完全集中在金钱上，而且感到自己的未来没有保障，这会导致员工迫切地需要控制或了解所发生的一切。处在这一意识层次，员工会将大量时间放在传播小道消息方面；他们害怕自己作出决定，即使不得已作决定，也会十分谨慎；对员工而言，把权力交给别人很困难；他们通常会认为，世界不仅复杂，而且充满敌意，所以，很难信任别人。结果，员工极度重视自己的领地，他们将生活视为战斗，视为为夺取自己想要的东西而不断进行的战斗。他们害怕变化，因为他们将未知的东西视为对自己的威胁。对生存的恐惧是缺乏信任的表现。

2. 关系意识

员工第二个基本需求是同事之间寻找友情和同志之情。如果员工过度专注于这一层次的意识，就会因恐惧而产生对人际关系的渴求，这叫做相互依存。相互依存产生的动机是，你需要从他人那里获得你所需要的东西，以便减轻你的不安全感。而团结的东西是，你乐于给予他人他们所需要的东西，以便减轻他们的不安全感。相互依存的员工在情感需求方面十分强烈，为了感受到自己是团队中的一员，他们愿意做任何事情。相互依存要求他们牺牲自己的愿望，抑制自己的感受，以便维持自己在这个群体中的成员地位。结果他们发现，在持有不同意见的时候，他们很难表达出自己的想法。为了维持这种归属感，他们牺牲了真诚和创造力。他们宁可保持沉默，也不愿冒险得罪任何人。他们对自己的形象很在意，因为他们希望别人能够喜欢自己。他们害怕变化，因为变化会给他们费尽心思构建起来的情感体系带来影响。在这种意识状态下，对同事的忠诚要比对企业的忠诚更重要。

3. 自我尊严意识

员工第三个基本需求是获得尊重，他们希望获得良好的自我感觉。由这一层次意识主要的员工关注的是加薪及晋升。如果对自我尊严的需求十分强烈，他们会变得野心勃勃，具有强烈的竞争欲望。他们会撒谎或隐瞒部分真相，而不会将不好的消息向上级汇报。他们处于一种客观参照的状态，对自我价值的评判依赖于外部环境。他们关注的是如获取那些能够提升自身形象的东西。那些处于自我尊严意识中的人最担心的是得不到人的尊重和赞赏，他们需要获得别人的认可，为了获得认可，他们会不惜一切。如果这需要长时间加班或连续出差，他们也会努力去做。他们的生活中缺乏平衡，为了工作，宁愿牺牲家庭、朋友和同事。他们需要自己卓越超群，需要得到最高的工资，而且渴望进入主管人员行列。免职或提前退休对于这些人而言是致命的打击。他们把自己过多地投入在工作中，以致不知道自己是谁。他们害怕变化，因为变化会对他们的地位产生影响。如果你知道某个人是由自我尊严和生存意识主导的，那么你就要小心你的背后，如果你挡了他的路，你的背可能就会挨上一刀。

4. 变革意识

当人们对生活中的某些方面感到不安时，他们会重新审视自己的信念，这样，就进入了自我实现阶段。自省产生的原因复杂多样，可能是个人生活中一个具有严重破坏性的事件，或是工作中一段艰难的经历，或是一系列打击，这种打击使他们开始认真反思。当个人对所发生的一切承担起全部责任的时候，变革过程就开始了。只有当他们不再将自己的不幸和痛苦归罪于他人的时候，他们才能够客观的看待现实。变革过程有一个十分重要的转变，即从无意识被动的反应到有意识的选择，从在恐惧中生活转变为在真实中生活。人们在进行这些转变时，放弃了对控制的需求，从而开始信任别人。在自我实现阶段，人们在内心深处进行着挣扎，努力寻求着困惑自己的问题的答案，寻找着生命的意义，从内心深处渴求真理。对真理的渴求主要围绕两个问题："我是谁"以及"我为什么在这里"。当个人愿景和个人使命形成后，他们就找到了这些问题的答案。他们开始认识到价值的重要性，这些价值会指导他们日常的决策。当发现了自己深层次的动机后，他们便开始寻找能够表现真实自我的方法。

5. 企业意识

在这一意识层次，员工关注的重点是通过工作寻求人生的意义。他们不再将工作视为职业或事业，而是把工作看作实现自己人生意义的途径。受这一层次意识主导的员工会不断寻找的新方法，提高他们的效率。他们认为，通过谋求整个社会的利益，个人利益也会得到最大的满足。他们认识到分享和沟通的重要性，有着强烈的价值意识，并积极地通过自己的工作实践这些价值。他们不断学习，寻求个人成长。他们直觉敏锐，并富有创造性。他们不害怕受伤害，并且值得信赖，别人可以向他们袒露各自的想法和感受。他们认识到良好人际关系的重要性，并擅长人际交往。结果，他们十分正直诚实，有着高度的团队精神。在这一意识层次，员工能够使自己的愿景更加清晰和深刻，并在工作中找到游戏的感觉和乐趣。

6．社群意识

在这一意识层次，员工关注的重点是为世界做贡献。他们责任感的内涵变得更为广泛，不仅对企业，而且对当地社群也具有很强的责任感。他们对企业和社群都非常关心，因为二者已成为他们身份识别的一部分。他们特别关注环境和社会问题，是地球的保护者，有着人道主义者的眼光。处于这一意识层次，员工具有高度敏锐的直觉和很强的创造性。他们并不十分看重报酬，关注的是个人实现，企业和工作只不过是实现自己使命和目标的工具。他们不会采取戒备心理，而是十分平易近人。只要能够在生活中保持平衡，他们愿意多做一些份外的工作。在这一意识层次上，人们能够保持内心世界的一种超然状态，使他们在任何情况下都能全面发挥自己的心智潜力。

7．社会意识

在这一意识层次，员工关注的重点是服务社会。他们会站在世界的高度看问题，时刻关注国际社会的发展变化。他们了解社会面临的主要问题，并积极寻找解决问题的办法。他们非常关心伦理道德，并受到人们的尊敬和信任，社会各界会经常追求和咨询他们对一些问题的看法。他们将世界视为复杂的相互联结的网络，他们人生的每个侧面都很有意义，所做的每件事都有目的。人们可以给予他们完全的自由，而他们的所作所为一定会符合社会广泛认同的伦理道德。他们长期关注的问题是如何为整个社会的利益服务，并确保企业个世界带来有益的影响。他们在工作中高瞻远瞩，总知道什么是必要的、什么是必须的。他们能够耐心地等待其他人与自己在思想上逐步达成共识，为保持良好的状态，他们需要一定时期的独处和思考。由于他们具有独到的思想和洞察力，他们往往不被他人理解。他们是直觉的和创造性的，因而说出的话和奉献给世界的东西是极为重要的。这些人的内心世界是深邃的、宁静的、专注的、奉献的、快乐的和满足的。

8. 员工意识的分布

很少有人完全专注于某一特定的意识层次。多数情况下，人们的意识由相邻的三个或四个相互关联的层次构成。一般来说，人们意识的重心主要集中在三个大的领域，即处于最低的三个层次，注重个人利益；处于最高的三个层次，注重公共利益；处于变革的层次，注重从低层次向高层次的转换。在压力较大的时期，譬如企业兼并或裁员的时期，意识的重心一般会转向最低的三个意识层次。对个人生存的担忧会在很大程度上的改变员工意识的分布。

企业意识

每个企业都有自己鲜明的个性：这就是企业文化。

企业文化是围绕一套复杂的信念和理念建立起来的，这些信念和理念构成了企业员工的心智模式，决定了员工对世界的基本看法。当企业处于创业阶段时，它的文化与企业创始人的个性相吻合。当创始人把权力移交给一位首席执行官时，企业文化就会带上新领导的某些个性特色。当企业发展到一定规模时，自身独立的文化开始成长，但文化的成长不会超过首席执行官和创始人允许的界限。如果企业想取得长久的成功，它必须培育一种独立于企业领导人个性之外的文化，必须以集体的动机和员工的共享价值观为基础，建立自己的文化和识别系统。一旦达到这一阶段，企业就会出现一种以追求公共利益为目标的核心文化，企业就会成为个性突发的活生生的肌体，这时，企业中个人的利益就会与企业整体的利益统一起来。企业文化进化的这些不同阶段，可以用企业意识的七个层次来概括。

1. 生存意识

企业的第一需要是有足够的资本。如果不赢利或者没有持续不断的资金流入，企业很快就会死亡。每一个企业都需要把良好的财务状况作为首要的问题，然而，当企业深深陷入生存意识之中时，它们就会把获得净利润作为当务之急，而对未来的发展有一种不安全感和恐惧感。这时，企业对内往往采取严格的控制，对外则竭力守住自己的地盘，以便减轻内在的恐惧。从这一层次的意识出发，企业对战略联盟没有多少兴趣，而是热衷于购并其他企业。它们把收购其他企业和占有被收购企业的资产作为发展的手段，把地球和人类看作可开发的资源，并通过开发这些资源获取利润。当社会要求它们按照一些基本的规范行事时，它们只是按照最低的标准去做。对于执行这些规定，它们通常抱着一种不得已的态度，总是觉得自己成了规章制度的牺牲品，觉得这些制度限制了它们赚钱的自由。处在这一意识层次的企业，始终处于无限的恐惧之中。

2. 关系意识

企业的第二需要是和谐的关系。如果不能与员工、消费者、供应商建立起良好的关系，企业的生存就存在很大危机。那些深深陷入这一层次意识的企业，总是把关系看得很重要，但建立这种关系的目的不是为了给予，而是为了索取。它们只是从满足自身需要的角度看待这些关系，之所以愿意投入，是因为在这些企业看来投入的资金肯定能够收回。处在这一意识层次的企业，往往具有浓厚的传统色彩，重视企业形象，但缺乏灵活性和进取精神。在这些企业中，由于缺乏信任，规则显得十分重要。企业要求员工必须遵守纪律，服从指挥。家族企业往往是从关系意识出发进行经营的，它们无法对外人产生信任，不愿意让外人担任管理职务，因而企业获得成功的能力受到很大的限制。为了进一步成长和发展，家族企业必须提升他们的意识层次。

3. 自我尊严意识

企业的第三个需要是自我尊严。在企业中，自我尊严意识表现为一种追求更大规模和强大实力的愿望。按照这一层次意识进行经营的企业，往往希望成为同行业中最大最好的企业。结果，它们具有很强的竞争力并不断设法提高成本效益。这一层次的企业往往把管理看作一门科学，并把企业的良好运作作为管理的重点，将生产、效益、时间计划以及质量控制等安排得井然有序。只要培训能直接增加利润，企业很愿意为员工提供培训。企业的控制是通过金字塔式的权利结构实现的，这种权力结构的作用，往往仅限于满足管理人员对地位、特权、褒奖等方面的需要。当这一层次的意识在企业中占据主导地位时，企业很容易退化为官僚机构。如果发展到这一步，企业将最终失败或崩溃，除非它们能够实现自身的变革。

4. 变革意识

变革意识是一座桥。如果企业希望把自己的理念系统从自身利益转向公共利益，并实现企业的内在凝聚，它们必须跨越这座桥。这一层次意识的焦点是：自觉和更新。企业进入这一变革过程有两种原因：一种原因是，企业在前三个层次意识的基础上，自然而然地向前发展至这一步骤；另一原因是，企业的生存发展受到了威胁。无论哪一种情况，这一变革过程自始至终都必须让员工参与，每一位员工都要对企业的成功负责。随着企业的变革，企业文化实现了从控制向信任、从惩罚向激励、从剥削员工向员工持股、从恐惧不安向遵从真理的变革。企业建立了能够促进创新和学习的机制。企业的财务利润不再是衡量企业业绩的唯一指标，企业开始用一系列指数作为衡量自己成功的标准。企业认识到，使命、愿景和价值观，是能够培育企业强大的核心形象以及增强内部凝聚力的手段。

5. 企业意识

这一层次企业意识的基本焦点是企业的内在联结和维系。要达到这一目标，企业必须建立能够支持员工实现自我价值的优良文化。通过重视和满足企业员工的需求，员工个人的生产力和创造力达到了新的高度。这实际上是培育信任、团队精神以及内在凝聚力的自然而然地结果。透明、平等等价值观开始受到重视，冒险行为受到鼓励，失败成为经验，工作成为乐趣。处在这一意识层次的企业认识到，员工能够通过自己的工作找到人生的意义和目的，是一件十分重要的事情。它们鼓励员工把个人动机与企业的愿景和使命结合起来，支持员工在职业生涯和个人成长方面各尽所能。

6. 社群意识

这一层次企业意识的基本焦点是企业的外部联结和维系。这一目标是通过与客户、供应商建立合作伙伴关系，以及支持当地社群的活动实现的。那些具有社群意识的企业对于以下事情非常重视：构建战略联盟、成为受尊重的社群成员以及成为良好的世界公民。它们通过与当地企业合作，支持当地经济发展，并自愿致力于社会及环境的协调发展。在履行企业所承担的责任方面，它们所作出的努力远远超越了法律规定的最低界限。它们支持员工在工作中实现自身价值，并积极创造条件让员工在当地社群中发挥作用。处在这一意识层次的企业不只是关心员工的某一方面，而是关心员工的全面发展，即努力满足员工物质、情感、心理和精神的需要。

7. 社会意识

这一层次企业意识的基本焦点是服务全人类。企业认识到，世界上所有生命都是相互联结的，无论个人还是机构，都必须为全人类的幸福承担相应的责任。处在这一意识层次的企业十分重视伦理道德、正义、人权、和平以及当前的行为对子孙后代的影响，并非常注重可持续发展。社会活动以及自觉的慈善行为成为企业整体战略的重要组成部分，它们懂得社会意志在培育成功企业过程中所发挥的重要作用，始终遵守社会的最高道德规范，并十分注意企业的决定和行为给社会带来的长远影响。通过准确的道德定位，这些企业体现了员工和社会的意志，并最终赢得了员工和社会的尊重。

企业意识的分布

一般情况下，企业的管理是围绕三个或四个意识层次进行的，所以，几乎没有企业是按照某一单一层次的意识进行经营管理的。最佳的企业一般倾向于按照较高的几个意识层次进行管理：即第四个层次是创新，第五个层次是员工的个人实现，第六个层次是与客户和供应商的协作。同时，它们还关心当地社群的活动（属于第六个层次），并积极为整个社会提供服务（属于第七个层次）。

第三节　企业文化与管理职能

一群人走到一起，组成了我们称为公司的团队，这样，他们就可以共同获得个人独自无法获得的成果，从而为社会作出贡献。这些话听起来有些老套过时，但事实的确如此。

——大卫·帕卡德　惠普公司的创始人之一

管理的真正功用是将复杂、专业化的东西落实到行动上面。随着世界经济知识化、全球化时代的来临，人们的工作也将变得更加专业化和复杂化，而不是相反。因此，管理在我们生活中将会扮演越来越重要的角色。

这也是新经济的一个内在的基本矛盾：我们接受的教育和专业化程度越高（可以更像自由撰稿人那样工作，更像自由职业者或者独立专业人士那样思考），我们越需要别人的共同操作或者执行来配合。互联网强调了这种相互依赖性，但是具有讽刺意味的是，互联网同时也让这种趋势表现得更加隐蔽。我们认为我们生活在自己的世界中，并且作为个体奉献着一些东西。但是，只有当组织机构形式让我们个人从事的专业工作效率更高的时候，这一切才有可能。

管理的职能就是建立可以运作的组织机构。它隐藏在所有的理论和工具之下，隐藏在所有的专业知识之下，肩负着改变我们经济和生活的使命。可以说，管理是我们每个人都无法回避的事情。组织机构的变化非常剧烈，而且不断在以新形式出现。如果没有这些组织机构，什么事情可能都无法办成。竞争使组织机构变得更加灵活多变，技术赋予组织机构全新的运作模式，但是，它们为人们提供的生活结构的稳定性却越来越小。过去，我们希望组织机构为自己安排合适的工作，照管我们的职业，成就我们的工作生活。如今，这些都已经成为了过去。无论采用何种形式，今天的组织机构都需要个人更多的主动性和责任感。从本质上说，它们要求我们每个人都成为管理者。正如我们需要自己照顾自己的健康，而不是完全依赖医生一样，在知识经济时代，工作要求我们对自身的行为负责。

企业文化的诊断与评估的最终目的是要为企业文化建设、创新与变革提供可操作性的依据，改善企业的长期管理效率与经营绩效。构成企业文化分析图式的这些维度和要素与管理的基本职能存在着天然的联系。

首先从管理的概念和管理的职能出发。管理就是通过对组织资源的计划、组织、领导和控制，以有效果和高效率的方式实现组织目标的过程。在管理的定义中，存在着两个重要思想，分别是计划、组织、领导和控制这四个职能，以及以有效和高效率的实现组织目标。

图 7 - 1 描述了整个管理过程，而企业文化就像空气一样散布在由企业及企业人组成的这样一个大系统里的各个角落，在计划、组织、领导和控制四个管理职能里都包容着企业文化的因子。

将管理的四个职能向更细的范围演绎，则每个职能都可以分解出若干个管理的因子。如计划职能可以分解出：目标、战略、自上而下、目标管理、自下而上、参与决策、宗旨、机会、威胁、优势、劣势、企业家精神、企业家、预测、基准化、环境扫描等因子。组织职能可以分解出：组织结构、正规

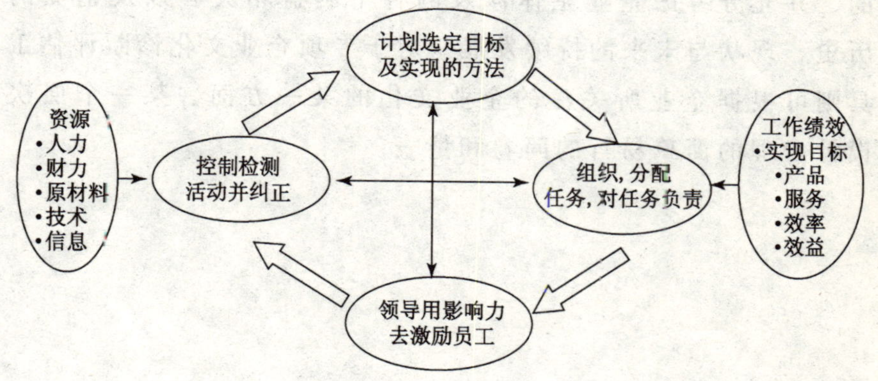

图 7－1　管理过程

化、集权化、劳动分工、管理跨度、统一指挥、职权、职责、权力、部门化、职务专业化、职务轮换、职务扩大化、职务丰富化、工作团队、弹性工作时间、职务分析、职务规范、职务说明书、员工培训、绩效评估、职业发展、变革、处理员工压力、激发/促进创新等。领导职能可以分解出：工作投入、权威、冒险、自尊、学习、群体、行为规范、努力、绩效、忠诚度、工作满意度、地位、威望、责任心、群体内聚力、吸引力、沟通、对员工尊重、公正、办事前后一贯、激励、公平、目标明确、期望、领导风格、授权、冲突、谈判等因子。控制职能可以分解出：衡量、比较、反馈、前馈、准确、适时、经济、灵活、通俗、标准合理、战略高度、强调例外、多重标准、纠正行动、信息交流、交流网络、作业管理、质量控制、降低库存等因子。

企业文化诊断评估工具的设计既要考虑到企业员工的动机与需求因素，又要考虑到企业意识的各个层次，而最为关键的是企业文化诊断评估结果要为管理服务，要为企业文化创新与变革提供路径指导和策略支持。因此，一套科学的企业文化综合诊断评估工具是建立在人类学、社会学、组织行为学、组织心理学、实验心理学、管理学、经济学等学科的基础之上的，并充分考虑企业主体涉及的各个利益相关者以及企业的历史、现状与未来的持续发展。对于专项企业文化诊断评估工具则可根据企业所关注的企业文化的某一方面、某一个层次设计合理的简单易行的问卷和量表。

第八章　企业文化综合诊断评估工具

国外企业文化的研究者们在开发企业文化诊断评估工具的研究中遵循着两个主要理论基础：①人类学基础。其特点是认为企业本身就是文化；②社会学基础。其特点是认为企业具有文化。而在每个理论基础下，又可分为两个不同的研究途径：功能主义，认为企业文化由集体的行为表现出来；符号学（semiotic），认为企业文化存在于个体的解释和认知中。企业文化的量化研究采用了社会学中功能主义的视角，这一学派认为企业文化是企业的属性，可通过测量和其他的企业现象区别开来，能够用来预测企业或员工的有效性。对于企业文化的定量化测量，由于研究者的背景、关心的主题与使用方法各异，形成了多元化的风貌。

本章对目前国际上通行的主要企业文化诊断评估工具进行应用性的介绍。主要包括：

（1）Quinn 和 Cameron 构建的组织文化评价量表（Organizational Culture Assessment Instrument，简称 OCAI）。该量表在仁达方略的研究基础上进行了适当的改良，因为该量表的测试对象为企业的高层领导者，因此我们重新定义了该量表，称为领导者文化倾向问卷（Leader's Preferred Culture Assessment Instrument，简称 L－PCAI）。

（2）Denison 构建的组织文化问卷（Organizational Culture Questionnaire，简称 OCQ）。

（3）美国加州大学 Chatman 为了从契合度的途径研究人－

企业契合和个体有效性（如：职务绩效、组织承诺和离职）之间的关系，构建的企业价值观的 OCP 量表。

（4）探索企业文化形态的四种测试方法。《公司精神——决定成败的四种企业文化》一书的作者，罗伯·高菲和盖瑞士·琼斯把所有的公司组织分为四种基本文化形态——网络型（networked）、图利型（mercenary）、散裂型（fragmented）、共有型（communal）。

（5）仁达方略企业文化综合诊断评估问卷（CMAS）。

第一节 领导者企业文化倾向评估问卷

一、L－PCAI 的开发和应用

企业文化在某种程度上可以说是企业家文化，更确切的说是企业家群体文化。一个企业，无论它多么微小，多么原始，或多么巨大，多么复杂，都渐渐形成了领导者以及员工共同遵守的系统的或非系统的企业文化模式。而在一个企业的总体文化框架的形成过程中，领导者的文化倾向起着至关重要的作用。

领导者企业文化倾向评估问卷（Leader's Preferred Culture Assessment Instrument，L－PCAI）是仁达方略企业文化诊断与评估系统中的基础评估工具之一。L－PCAI 经北京仁达方略管理咨询有限公司的企业文化 R&D 小组历经 2 年的时间，在 Quinn 的 OCAI 量表基础上，通过与国内外组织文化专家学者的反复论证以及在多家企业的实证检验中逐步开发完善而成。目前 L－PCAI 已广泛应用于我国大型企业集团、金融机构、政府部门的文化框架评估，展现了良好的评估效果，为包括中国五矿集团公司、华电国际电源开发有限公司、中国长城资产管理公司等在内的众多大型知名企业的文化建设方向奠定了坚实的实证基础。

✿ L－PCAI的评估维度

L－PCAI根据六个方面来评估领导者的企业文化倾向：管理特征、组织领导、员工管理、组织凝聚、战略目标以及成功标准。问卷共有六个维度24个测试条目，每个维度下有四个陈述句，分别对应着四种类型的企业文化。对于某一特定企业来说，它在某一时点上的企业文化是四种类型文化——宗族型、活力型、层级型和市场型——的混合体。

各种类型文化特征的表现：

宗族型（Clan）——企业内部有非常友好的工作环境，强调组织凝聚力和团队士气，重视关注客户和员工，鼓励团队合作、参与和协商。

活力型（Adhocracy）——企业内部有充满活力的、有创造性的工作环境。员工勇于争先、创新和承担风险，鼓励个体的主动性和自主权。

层级型（Hierarchy）——企业内部有着非常正式的、有层次的工作环境，各级员工的工作行为活动都有章可循，关注的长期目标是企业运行的稳定性和有效性。

市场型（Market）——企业内部有一个竞争性十足的工作环境，关心声誉和成功，关注富于竞争性的活动和对可度量目标的实现。

☆ L－PCAI 的主要用途

L－PCAI 评估结果为企业文化建设者和人力资源工作者提供了了解公司企业文化态势、制定培训计划的方向性指导，使高层管理人员更加清晰地了解自己公司的文化现状和对预期文化的期望，从而有助于制定合适的企业文化建设发展规划。

☆ L－PCAI 的信度指标（A）

信度是指使用相同的评估方法（评估工具）测量同一个研究对象时，得到相同研究结果的可能性。信度系数值越高，评估结果越准确。L－PCAI 的信度指标（A）表明了 L－PCAI 评估结果的稳定性（见表 8－1）。

表 8－1　L－PCAI 的信度指标

文化类型	文化类型现状的测评信度系数	文化类型预期的测评信度系数	文化类型现状与预期比较的测评信度系数
宗族型	0.80	0.77	0.82
活力型	0.75	0.72	0.83
市场型	0.90	0.84	0.67
活力型	0.62	0.79	0.78

☆ L－PCAI 企业文化特征矩阵

L－PCAI 企业文化特征矩阵示意图如图 8－1 所示。

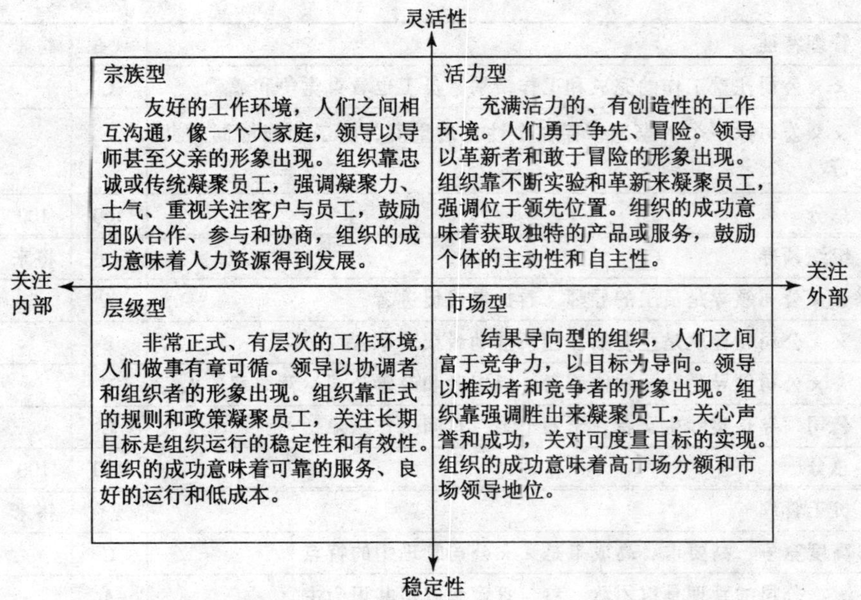

图 8-1　L-PCAI 企业文化特征矩阵

L-PCAI 问卷

见表 8-2，问卷填答者为企业的高层领导。每道问题含四个陈述，总分为 100 分，请您将符合现状及将来预期的分值添入相应陈述后面的空格中，分值越高表示这一项更符合情况，在回答任何一项时可以出现 0 分或 100 分。例如：四项得分为：30、54、0、16，也可以为：100、0、0、0，但总分为 100 分。

注：本问卷中“现在”一栏表示公司目前的真实现状，“将来”一栏是您希望五年后的状况。

表 8-2　L-PCAI 问卷

管理特征	现在	将来
××公司中充满活力和事业心，员工愿意接受和承担风险	B	
××公司的组织结构明确，控制系统完善。员工的工作完全按照规章制度	D	

续表

管理特征	现在	将来
××公司注重工作的完成和工作结果，员工也看重竞争和成就	C	
××公司像一个大家庭，存在个性化的空间，员工们能够同甘共苦	A	
总分	100	100
组织领导	现在	将来
××公司领导是员工的导师、看护者或促进者	A	
××公司领导就是企业家、创新推动者或改革者	B	
××公司领导是公司的协调者、组织者和改善公司运营效率的人	D	
公司领导是实际主义者，干劲十足、只问工作结果	C	
总分	100	100
员工管理	现在	将来
高度竞争、高要求、高成果是××公司管理中的特点	C	
××公司的管理是以团队、参与管理和取得共识为主	A	
××公司寻求雇佣和与员工关系的稳定性、员工行为的一致性和可预知性	D	
××公司的管理中充满个人冒险主义、自由、创新和独特性	B	
总分	100	100
组织凝聚力	现在	将来
××公司的凝聚力来自于正式的规定和政策，保持组织平稳运行非常重要	D	
完成目标和重视成就形成了××公司的凝聚力，进取和获胜是××公司的主旋律	C	
××公司的凝聚力来自于注重革新和发展，××公司的关注点是消除边界，融为一体。	B	
忠诚和相互信任是××公司凝聚力的来源，员工承担义务对××公司非常重要	A	
总分	100	100
战略目标	现在	将来
××公司重视人员的发展、高度信任、开放和持续参与	A	
××公司重视持久和稳定，强调效率、控制和平稳运行	D	

续表

战略目标	现在	将来
××公司重视获得新资源和创造新的挑战，鼓励为寻找机会而尝试新事物	B	
××公司强调竞争性行动和成就，最重要的是达到目标和在市场中获胜	C	
总分	100	100

成功标准	现在	将来
成功就是××公司在市场上获胜、超过竞争对手，成为市场竞争的领导者	C	
成功意味着××公司有最新或独特的技术或服务，是技术、服务的领导者和创新者	B	
在人员发展、团队、员工承诺和关注员工的基础上才会有××公司的成功	A	
效率是××公司成功的基础，关键是可靠的传递、顺畅的计划和低成本	D	
总分	100	100

计分卷

1. 文化现状

文化现状如表8-3所示。

表8-3　文化现状

宗族型		活力型		市场型		层级型	
1A		1B		1C		1D	
2A		2B		2C		2D	
3A		3B		3C		3D	
4A		4B		4C		4D	
5A		5B		5C		5D	
6A		6B		6C		6D	
A小计		B小计		C小计		D小计	
平均		平均		平均		平均	

2. 文化偏好

文化偏好如表 8-4 所示。

表 8-4　　文化偏好

宗族型		活力型		市场型		层级型	
1A		1B		1C		1D	
2A		2B		2C		2D	
3A		3B		3C		3D	
4A		4B		4C		4D	
5A		5B		5C		5D	
6A		6B		6C		6D	
A 小计		B 小计		C 小计		D 小计	
平均		平均		平均		平均	

图 8-2 中对角线上的数字分别是在宗族型、活力型、市场型和层级型上的得分。其中 A 象限：宗族型；B 象限：活力型；C 象限：市场型；D 象限：层级型。

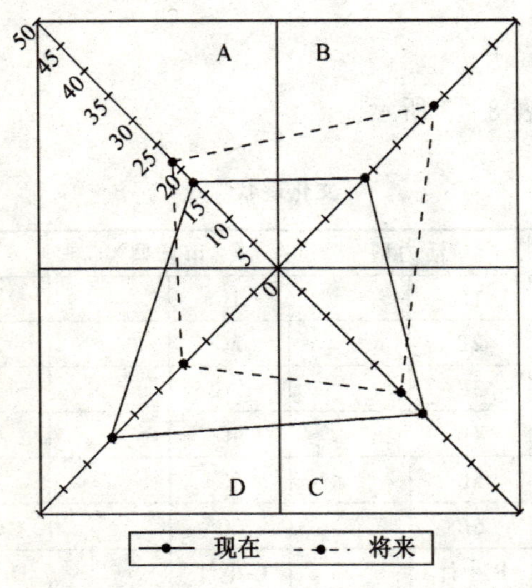

图 8-2　L-PCAI 企业文化特征矩阵示意图

参考资料:

Journal of Extension, April 2003, Volume 41 Number 2

An Organizational Culture Assessment Using the Competing Values Framework: A Profile of Ohio State University Extension

Angel A. Berrio, Researcher II, National Institute for Agricultural Research (INIA), Maracay, Venezuela

Introduction

The contemporary definition of organizational culture (OC) includes what is valued, the dominant leadership style, the language and symbols, the procedures and routines, and the definitions of success that characterizes an organization. OC represents the values, underlying assumptions, expectations, collective memories, and definitions present in an organization (Schein, 1992; Cameron & Quinn, 1999). [当前的组织文化的定义包括价值观是什么,主要的领导风格是什么,语言与象征是什么,程序与常规是什么,关于一个企业成功的定义是什么。组织文化表现这些价值、潜在的设想、期望、集体记忆以及一个组织中出现的各种定义。]

Cameron and Quinn (1999) have developed an organizational culture framework built upon a theoretical model called the "Competing Values Framework". This framework refers to whether an organization has a predominant internal or external focus and whether it strives for flexibility and individuality or stability and control. The framework is also based on six organizational culture dimensions and four dominant culture types (i.e., clan, adhocracy, market, and hierarchy). In addition the framework authors generated an "Organizational Culture Assessment Instrument (OCAI)" which is used to identify the organizational culture profile based on the core values, assumptions, interpretations, and approaches that characterize organizations (Cameron & Quinn, 1999).

[卡迈伦和梅因扩展了一种组织文化的框架，它建立在一种叫“竞争性价值结构”的理论模型上。这个结构涉及一个组织是否具有主要的外部或者内部的焦点，以及它是否为灵活性和特性或者稳定和支配而奋斗。这个结构也建立在六个组织文化的维度和四个主要的文化类型上（即宗族型、活力型、市场型和层级型）。而且它的创建者们也建构了一种“组织文化评价量表”，用于识别组织文化的面貌，这个面貌建立在表现组织的核心价值观，设想，阐释和方法上。]

The central issue associated with organizational culture is its linkage with organizational performance. Connections between OC and performance have been established. An increasing body of evidence supports a linkage between an organization’s culture and its business performance. In the business arena, evidence has confirmed that companies which put emphasis in key managerial components, such as customers, stakeholders and employees, and leadership, outperform those that do not have these cultural characteristics (Kotter & Heskett, 1992; Wagner & Spencer, 1996). [组织文化的主要问题是它和组织行为关系的联系，越来越多的迹象支持了一个组织的文化与商业行为的联系。在商业领域，明确认可了这样一些企业，它们把重点放在关键管理成分像客户、股东、员工和领导上，比那些没有这些文化特质的企业做得好。]

The competing values framework can be used in constructing an organizational culture profile. Through the use of the OCAI, an organizational culture profile can be drawn by establishing the organization’s dominant culture type characteristics. In this respect the overall culture profile of an organization can be identified as:

☐ ***Clan***: an organization that concentrates on internal maintenance with flexibility, concern for people, and sensitivity for customers.

☐ ***Hierarchy***: an organization that focuses on internal maintenance with a need for stability and control.

☐ ***Adhocracy***: an organization that concentrates on external positioning with a high degree of flexibility and individuality.

☐ ***Market***: an organization that focuses on external maintenance with a need for stability and control.

[竞争性价值结构可以被用于建构组织文化。通过“组织文化评价量表”的使用，一个组织文化的面貌就能通过建立组织的主导文化类型来描述。这样，所有的组织文化就能被定义为：

☐ 宗族型：组织强调适应性的内部维持，关心员工，重视客户。

☐ 层级型：组织关注稳定和控制需求的内部维护。

☐ 活力型：组织强调一个高度灵活和个性的外部环境。

☐ 市场型：组织关注稳定和控制需求的外部维护。]

The culture of Ohio State University Extension plays an important role in the way Extension personnel plan, implement, and evaluate educational programs. OSU Extension is perceived by its personnel to be an institution devoted to satisfying the needs and wants of its clients through programs that are clearly defined, sensible to public needs, constantly monitored for success, and pro-actively implemented (Berrio & Henderson, 1998). [OSUE 的文化在函授人员计划、执行和评价教育课程的方式上扮演了一个非常重要的角色。OSUE 被它的员工体认为一个致力于通过课程满足客户需求的的机构，这些课程定义清晰，紧跟公众需求，在监控中以确保成功，同时也被正面积极地执行。]

Purpose and Objectives

The purpose of the study discussed here was to describe the dominant culture type of Ohio State University Extension (OSUE). The research study was designed as an evaluation survey with the purpose of exploring and describing Ohio State University Extension's organizational culture. It is also an organizational survey because its results were used as part of a larger change effort to diagnose issues related to leadership, teamwork, and management behavior and to determine the impact of these issues on employee outcomes (Wagner & Spencer, 1996). The researcher was also interested in studying factors that may account for variation among the organizational culture profile. [这里讨论研究的目标是描述 OSUE 的主导文化类型。这项研究被设计为一项评估测量，目的是发掘和描述 OSUE 的组织文化。它同时也是一项组织测评，因为其结果会用于一项大变革成果的组成部分，它涉及诊断有关领导、团队和管理行为的问题，确定这些问题对于员工的影响。研究者们同样有兴趣研究这样的因素，它们可能说明了组织文化中的变化。]

The current and preferred dominant culture types and selected demographic characteristics were analyzed in order to establish a profile of Ohio State University Extension. The study was guided by the following objectives:

1. Describe the dominant culture type of OSUE as perceived by their personnel. This objective was subdivided into:
   a) Describe the dominant culture type in both current and preferred situations;
   b) Describe the strength of the culture type;
   c) Describe the culture profile findings among groups of individuals at OSUE.
2. Describe OSUE personnel by demographic characteristics of job title, major program area, sex, age, and length of employment.

[分析当前占主导的文化类型和精选人口统计学特征，是为了建立 OSUE 的面貌。这项研究由以下目标主导：

1. 描述员工认同的 OSUE 的主导文化类型。这个目标分为：
   a) 描述在当前和首选情况下的主导文化类型；
   b) 描述文化类型的优势；

c）描述在 OSUE 不同个体群的文化发现。

2. 通过职务、主要项目领域、性别、年龄、工作长度来描述 OSUE 的员工]。

Methodology

The study was classified as descriptive – correlational. The target and accessible populations were Ohio State University Extension personnel distributed in 5 districts and 88 counties（N = 965）. A sample was drawn from the population（N = 434）, composed of the following three personnel categories: professionals（n = 357）, paraprofessionals（n = 347）, and support staff（n = 261）.［这项研究被分为描述性交互关系。目标人群是 OSUE 被分在五区 88 郡的员工（965 人）。样本从 434 人中选出，包括三种员工组成：专职人员、辅助性专职人员和支援人员。]

The questionnaire used to gather data from the sample consisted of a modified version of the "Organizational Culture Assessment Instrument" developed by Cameron and Quinn（1999）. The OCAI instrument was adapted and used to describe the organizational culture profile of Ohio State University Extension.［调查问卷被用于收集样本数据，这个样本由卡迈伦和梅因开发的组织文化评价量表的改良版构成。组织文化评价量表适用于描述 OSUE 的组织文化。]

For the purpose of the study, instrument validity and reliability were established. In assessing the reliability of scales used in the questionnaire a coefficient of internal consistency was calculated using Cronbach's alpha methodology（Santos, 1999）. The results for the statements contained in the OCAI for both current and preferred situations are shown in Table 1.［鉴于研究目的，工具的有效性和可靠性被确立。研究结果显示在表 1 中。]

Data were collected by a mail questionnaire using a modification of the procedures recommended by Salant and Dillman（1994）. The first mailing and follow – up postcard resulted in a 53% response rate. After the second mailing, an overall response rate of 74% was established, with a 68% usable return rate for the study.

Table 1. Coefficients of Internal Consistency Using Crombach's Alpha Methodology

Culture Type	Reliability Coefficients for Current Situation	Reliability Coefficients for Preferred Situation	Comparison Reliability Coefficients *
Clan	0.8	0.77	0.82
Adhocracy	0.75	0.72	0.83
Market	0.9	0.84	0.67
Hierarchy	0.62	0.79	0.78

* Reliability coefficients reported by Cameron & Quinn (1999)。

Results

Dominant Culture Type – Current Situation

Table 2 illustrates the perceived current dominant culture type of OSU Extension personnel by demographic groups. An analysis of the highest mean scores obtained (Mean = 28.44) shows that the dominant culture type for OSU Extension personnel in the current situation is the Clan culture. [主导文化类型——当前状况。表2表明了被 OSUE 员工认知的主导文化类型。平均值的分析显示 OSUE 的主导文化类型是宗族式。]

Table 2 Dominant Culture Type of OSU Extension Personnel in the Actual Situation

Current Situation							
Category	n	Mean	S. D.	Dominant Culture	df	F	p
Total Group(Extension)	297	28.44	9.33	Clan			
Sex							
Male	96	28.51	9.94	Clan			

续表

Current Situation							
Category	n	Mean	S. D.	Dominant Culture	df	F	p
Female	198	28.36	9.11	Clan			
Location					2	2.907	0.056
County	182	28.85	8.99	Clan			
District	48	30.03	8.72	Clan			
State	67	29.09	12.05	Hierarchy			
Program Area					4	1.002	0.407
Ag. & Nat. Res.	79	29.45	8.28	Clan			
Comm. Dev.	21	30.82	14.14	Hierarchy			
Fam. & Con. Sci.	69	29.23	9.49	Clan			
4 - H Youth Dev.	74	27.45	8.72	Clan			
More than one	51	28.56	11.41	Clan			
Job Title					2	1.774	0.172
Profes. /Admin.	147	27.51	9.86	Clan			
Paraprofes.	64	28.62	8.76	Clan			
Support Staff	86	29.88	8.69	Clan			
Age					2	0.699	0.498
20 - 40 years	93	29.18	9.89	Clan			
41 - 50 years	114	28.46	10.02	Clan			
51 + years	87	27.53	7.82	Clan			
Length Employment					2	1.078	0.342
01 - 05 years	105	29.46	9.42	Clan			
06 - 13 years	92	28.05	8.01	Clan			
14 + years	97	27.62	10.45	Clan			

P * < .05

Note: Mean scores could range from 0 to 100, Representing a percentage out of 100.

The dominant culture type exhibited by OSU Extension personnel in the group categories labeled as sex, job title, age, and length of employment was the Clan culture. Only the group categories labeled as location and program area had a different dominant culture type for the current situation. For the group category labeled as location, the state personnel had a Hierarchical dominant culture type, different from county and district personnel, who had a dominant Clan culture. For the group category labeled as program area, the Community Development personnel had a Hierarchical dominant culture type, different from the Agriculture & Natural Resources, Family & Consumer Sciences, 4 - H Youth Development, and more than one program area, who had a dominant Clan culture. [就性别、职务、年龄和雇佣时间而言，OSUE 的主导文化类型是宗族型。只是就地点和项目区域而言，会有层级型和宗族型的不同。]

Dominant Culture Type——Preferred Situation

Table 3 illustrates the dominant culture type of OSU Extension personnel by demographic groups in the preferred situation. An analysis of the highest mean scores obtained (Mean = 32.14) shows that the dominant culture type for OSU Extension personnel in the preferred situation is the Clan culture. [主导文化类型——预期状况。表 3 表明了 OSUE 在预期状况下的主导文化类型。研究表明这个类型为宗族型。]

Table 3. Dominant Culture Type of OSU Extension Personnel in the Preferred Situation

Preferred Situation							
Category	n	Mean	S. D.	Dominant Culture	df	F	p
Total Group(Extension)	297	32.14	7.82	Clan			
Sex					1	4.39	0.508
Male	96	31.72	8.09	Clan			
Female	198	32.37	7.74	Clan			
Location					2	1.976	0.14
County	182	32.17	7.68	Clan			
District	48	33.79	6.96	Clan			
State	67	30.86	8.65	Clan			

续表

Preferred Situation							
Category	n	Mean	S. D.	Dominant Culture	df	F	p
Program Area					4	1.333	0.258
Ag. & Nat. Res.	79	31.35	8.21	Clan			
Comm. Dev.	21	31.45	7.76	Clan			
Fam. & Con. Sci.	69	31.54	7.3	Clan			
4 - H Youth Dev.	74	32.23	7.13	Clan			
More than one	51	34.33	8.94	Clan			
Job Title					2	3.125	0.045*
Profes. /Admin.	147	31.53	7.53	Clan			
Paraprofes.	64	31.17	7.75	Clan			
Support Staff	86	33.89	8.18	Clan			
Age					2	1.052	0.351
20 - 40 years	93	32.94	8.42	Clan			
41 - 50 years	114	31.38	8.16	Clan			
51 + years	87	32.35	6.71	Clan			
Length Employment					2	0.1367	0.257
01 - 05 years	105	31.46	7.78	Clan			
06 - 13 years	92	31.86	7.32	Clan			
14 + years	97	33.21	8.36	Clan			

* P < .05

Note: Mean scores could range from 0 to 100, Representing a percentage out of 100.

The dominant culture type exhibited by OSU Extension personnel in the group categories labeled as sex, location, program area, job title, age, and length of employment was the Clan culture. A statistically significant difference was found among job title categories. The post hoc pairwise multiple comparison analysis using the Tukey method revealed that there were not significant differences between pairs of groups, meaning that the significant difference could be between one group and a combination of two other groups. [就性别、地点、项目区域、职务、年龄和雇佣时间而言，OSUE 的主导文化类

型是宗族型。统计上明显的差异在职务上。Tukey 方法分析的结果显示对群之间无明显差异，而一群与两个其他群的组合之间却存在明显差异。]

Figure 1 shows a graphical representation of the mean scores obtained in each of the four culture types for both the current and preferred situations of OSU Extension personnel using the competing values framework axis and quadrants. Figure 2 shows that the mean scores are diminishing in the Hierarchy and Market culture quadrants (current), and the mean scores in the Clan and Adhocracy quadrants are increasing (preferred) . [图 1 是平均值的图表显示，包含在当前和首选情况下用数轴和象限表示的四种文化类型。图 2 显示平均值在层级型和市场型方面的递减（当前），在活力型和宗族型方面的递增（首选）。]

Figure 1. Graphical Representation of the Highest Mean Scores in the Four Culture Types for Both Actual and Preferred Situations of OSU Extension Personnel

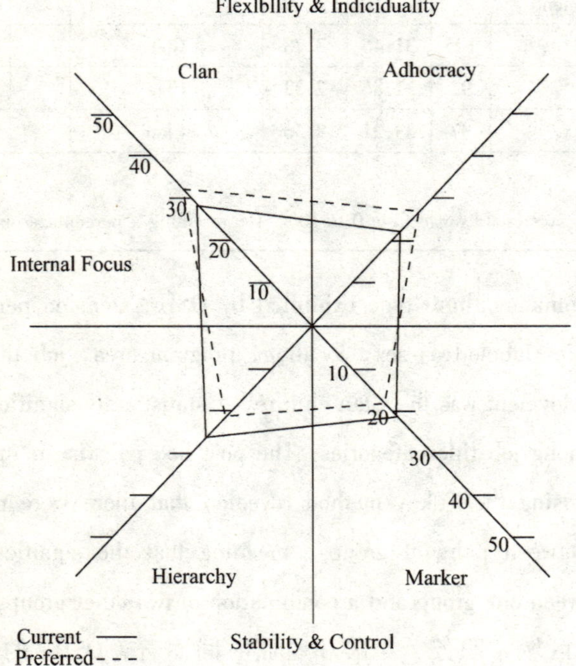

Dominant Culture Type Strength

The strength of the dominant culture type exhibited by OSU Extension personnel is related to the number of points assigned to a specific culture type. In the current situation, the Clan culture type exhibited by OSU Extension is slightly strong, while in the preferred situation the Clan culture type is considered moderately strong. In the case of the dominant Clan culture type exhibited by OSU Extension personnel in the current situation, a mean score of 28.44 was considered less strong than a mean score of 32.14 in the preferred situation (Smart & St. John, 1996; Cameron & Quinn, 1999). [OSUE 建立的主导文化类型的优势跟指定一个特殊文化类型的点的数量相关。在当前状况下，OSUE 建立的宗族型微强，而在期望状况下，宗族型适度强势。]

When the mean scores of the culture types Adhocracy, Market, and Hierarchy, are compared with the mean score of the dominant Clan culture exhibited by OSU Extension personnel, statistically significant differences are found between the dominant Clan culture and the Market and Hierarchy culture types in both current and preferred situations. This finding suggests the presence of characteristics of both Clan and Adhocracy culture types in the organization. Table 4 shows the mean scores by culture type for OSU Extension personnel in both current and preferred situations. [比较之下，无论是在当前情况，还是在首选情况下，OSUE 建立的宗族型与市场型和层级型有巨大的差异。这个发现暗示了在组织中宗族型和活力型的典型表现。表 4 显示了 OSUE 在当前和期望下文化类型的平均值。]

Dimensions of Organizational Culture

Six dimensions were analyzed by the organizational culture assessment instrument using the competing values framework. The highest mean score for each of the culture types in both current and preferred situations for OSU Extension personnel are shown in Table 5. In the current situation, the highest mean score exhibited by OSU Extension personnel was in the criteria for success dimension (Mean = 34.07), while the lowest mean score recorded was in the organizational glue dimension (Mean = 26.90). [运用竞争性价值结构，组织文化评价量表分析了六个维度。表5显示了对于OSUE员工来说，在当前和期望下每种文化类型的最高平均值。]

Table 4. Mean Scores by Culture Type for OSU Extension Personnel in Both Current and Preferred Situations

	Current Situation					Preferred Situation				
Culture Type	Mean	S. D.	df	F	p	Mean	S. D.	df	F	D
Clan	28.44	9.33				32.14	7.82			
Adhocracy	23.44	6.93	83	1.173	0.182	27.93	6.14	79	1.134	0.238
Market	22.09	8.74	83	5.31	.000 *	18.52	6.64	79	6.595	.000 *
Hierarchy	25.63	8.56	83	2.003	.000 *	21.31	5.74	79	1.943	.000 *

* $P < .05$

Note: Mean scores could range from 0 to 100. Representing a percentage out of 100.

Table 5. Highest Mean Scores on the Organizational Culture Dimensions for OSU Extension Personnel

	Current Situation			Preferred Situation		
Dimension	Mean	S. D.	Culture Type	Mean	S. D.	Culture Type
Dominant Characteristics	27.49	14.62	Clan	28.83	11.61	Adhocracy
Organizational Leadership	30.05	14.55	Hierarchy	30.07	11.39	Clan
Management	30.64	13.84	Clan	35.19	12.71	Clan
Organizational Glue	26.9	15.07	Clan	31.98	12.63	Clan
Strategic Emphases	28.9	11.85	Adhocracy	32.08	9.82	Adhocracy
Criteria for Success	34.07	17.6	Clan	37.19	14.33	Clan

Mean scores could range from 0 to 100. Representing a percentage out of 100.

In the preferred situation, the highest mean score exhibited by OSU Extension personnel was in the criteria for success dimension (Mean = 37.19), while the lowest mean score recorded was in the dominant characteristics dimension (Mean = 28.83). Two dimensional profiles demonstrated to be different from the overall Clan culture profile in the current situation, organizational leadership (Hierarchy) and strategic emphases (Adhocracy). Two dimensional profiles demonstrated to be different from the overall Clan culture profile in the preferred situation, dominant characteristics (Adhocracy) and strategic emphases (Adhocracy).

Conclusions and Recommendations

The findings of this study are in agreement with the fact that almost two thirds of the colleges and universities in a nationwide study currently have a Clan culture type. In the same study, trustees, administrators, and department chairpersons perceive the Clan culture as the most effective culture type for colleges and universities (Smart & Hamm, 1993; Smart & St. John, 1996). [这项研究发现与这样的事实一致，即大约 2/3 的学院和大学是宗族型文化。同时，理事、管理者和系主任认为这是最有效的文化类型。]

The Clan culture classification applied to Extension portrays the institution as an organization that concentrates on internal maintenance with flexibility, concern for people, and sensitivity for customers. The Clan culture is characterized as a family type of organization and represents a friendly place to work, where people share a lot of themselves. The Clan culture views its leaders as having the role of mentors or facilitators. The glue that maintains the organization together is loyalty and tradition, with a high level of commitment among its members. Clan organizations emphasize individual development, morale, teamwork, participation, and consensus (Cameron & Quinn, 1999). [宗族型文化把机构描述成这样一种组织，它关注于适应性的内部维护、关心员工、重视客户。宗族型的特点是一个家族式的组织，提供一个友好的工作环境，大家互相分享，把领导视为导师或者家长，靠忠诚或传统凝聚员工。宗族型组织强调个人发展、团队合作、参与

和协商。]

The strength of the culture is determined by the number of points conceded to a specific culture type. In the current situation, the Clan culture type exhibited by OSU Extension is slightly strong, while in the preferred situation the Clan culture type is considered moderately strong. OSU Extension personnel desire a stronger (moderately) Clan culture in the future. This finding is in agreement with what research has revealed about organizations that possess strong cultures; they are associated with having homogeneity of effort, clear focus, and higher performance in environments where unity and common vision are required (Cameron & Quinn, 1999). [OSUE 未来需要一种更强的宗族型文化。这项发现与研究揭示的关于具有强势文化的组织相一致。]

Three dimensions of organizational culture displayed a distinctive profile from the overall culture profile exhibited by OSU Extension in current and preferred situations. The dimension labeled as "Dominant Characteristics" is concerned with what the overall organization is like. The Adhocracy classification in the preferred situation is not in agreement with the overall culture profile of OSU Extension (Clan), but it is in agreement with the finding that no statistically significant difference was found between the mean scores of the Clan and Adhocracy cultures in the preferred situation. This finding suggests that OSU Extension possesses a combination of the core characteristics of the dominant Clan culture with those of the less dominant Adhocracy culture type. [组织文化的三个维度显示了在当前和首选情况下 OSUE 文化的不同方面。显性特征是关于整个组织像什么。在首选情况下的活力型与 OSUE 的整体文化面貌并不一致，却与这样的发现一致，即在首选情况下宗族型与活力型的平均值没有统计上的明显差别。这说明 OSUE 拥有一种占主导的宗族型和次主导的活力型的核心特征的综合。]

The dimension labeled as "Organizational Leadership" is related to the dominant leadership style and approaches used by leaders and administrators in the organization. The Hierarchy classification in the current situation of this dimension is not in agreement with the overall culture profile of OSU Extension (Clan). In terms of the leadership style, OSU Extension personnel perceives its leaders and administrators as currently having a Hierarchical type of culture, wanting them to change to a preferred Clan culture type. ["组织的领导能力"与占主导的领导风格和领导、管理者的方法有关。在这点上，层级型在当前情况下与 OSUE 文化面貌不一致。领导风格上，OSUE 员工认为他们的领导和管理者目前具备的是层级型，而希望它们变成宗族型。]

The dimension labeled as "Strategic emphases" is concerned with the definition of areas of emphasis that drive the organization's strategy. The Adhocracy classification in both the current and preferred situations are not in agreement with the overall Clan culture exhibited by OSU Extension personnel, but they are in agreement with the finding that no statistically significant difference was found between the mean scores of the Clan and Adhocracy cultures in both current and preferred situation. This finding suggest that OSU Extension possesses a combination of the core characteristics of the dominant Clan culture with those of the less dominant Adhocracy culture type when it comes to areas of emphasis and strategy in the current situation and that OSU Extension personnel want this condition to become stronger in the future. ["战略重点"与驱动组织战略的重点领域有关。活力型在当前和首选情况下都与 OSUE 的不一致，却与这样的发现一致，即在首选情况下宗族型与活力型的平均值没有统计上的明显差别。当涉及当前情况下重点和战略领域时，这说明 OSUE 拥有一种占主导的宗族型和次主导的活力型的核心特征的综合，而且 OSUE 员工希望这种情形在未来变得更强。]

Some demographic groups considered in this study displayed a different culture type from the overall dominant Clan culture of Extension. The demographic groups comprised of OSU Extension employees at the state level and in the Community Development program area exhibited a Hierarchical type of culture in the current situation. Evidence supports the fact that the culture type considered most effective in a college or university setting is the Clan culture. In addition, organizational success is said to depend on matching the culture type with the demands of the external environment (Smart & St. John, 1996; Cameron & Quinn, 1999). In the case of OSU Extension, where characteristics of the Clan and Adhocracy culture coexist, the strengths of both culture types should be used to conform to the external environment. [在这项研究中被考虑的一些统计群展示了不同的文化类型。迹象显示在大学和学院中被认为最有效的文化类型是宗族型。而且，组织的成功被建立在使文化类型适应于外部环境。在 OSUE 这个案例中，无论宗族型与层级型的特征共存于何处，它们的优势都应被用于适应外部环境。]

Although the study applies to Ohio State University Extension, it has implications for Extension on a national level. The research results might provide some thoughts on the way to embrace some of the issues facing Extension nowadays. In this regard, one of the strategic issues identified by the Cooperative Extension System (CES) in Framing the Future: Strategic Framework for a System of Partnerships report was: "Extension must embrace multiple organizational models to be visionary and responsible" (p.6). On the other hand, one of the actions for success recommended was: "…to challenge and rethink assumptions about organizations, methods, and processes" (p.6). The CES report also recommends addressing issues and challenges, and making changes in Extension's complex internal environment in order to secure the evolution of the Cooperative Extension System. [尽管这是应用于 OSUE 的研究，但它对全国层面的函授学院有启发。这样研究结果也许能为正面临问题

的函授学院提供一些想法。在这点上，CES认识到的一个战略问题，即合伙系统的战略结构问题，就是“函授学院必须采取多种组织模式以使它更理想和可靠”。另外，推荐的成功的行动之一便是“质疑和重新思考关于组织、方法和程序的假设”。CES报告也建议提出问题和挑战，在函授学院复杂的内部环境作改变，以确保合作函授系统的发展。]

This could only be done by means of identifying critical internal factors, and it has been suggested that Organizational Culture is one of those factors compromising the CES effectiveness (ECOP - CSREES; 1995). The researcher recommends that other states perform similar studies in order to have a better understanding of the current organizational culture type, which could help Extension make the necessary changes in pursuing enhanced effectiveness of its programs.［这可能只能通过确定重要的内部因素来实现，也暗示了组织文化是那些阻碍CES效力的因素之一。研究者们建议其他州进行类似的研究以便对于当前的组织文化类型有个更好的理解，这将帮助函授学院在追求提高效力方面进行必要改变。]

第二节 Denison组织文化模型

◇ 丹尼森组织文化模型

“丹尼森组织文化模型”（如图8-3）是由瑞士洛桑国际管理学院（IMD）的教授丹尼尔·丹尼森（Daniel Denison）创建的，该模型是衡量组织文化最常用的模型之一。

位于图形正中央的是公司员工的基本信仰和假设。这些信仰和假设决定了人们的行为方式及具体行动，但是难以捉摸，

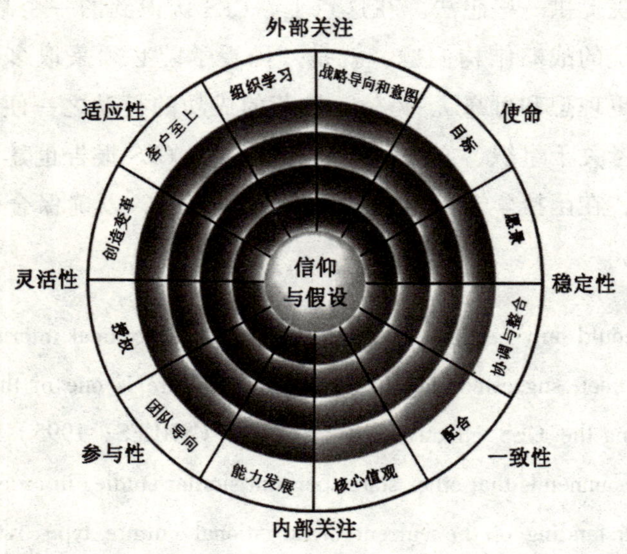

图 8-3 丹尼森组织文化模型

因为它们深藏在公司日常活动的背后。图中有 4 个颜色各异的 90 度扇形区域，每部分又被细分为 3 个维度。各维度的定义如下：

1. 参与性（involvement）

涉及员工的工作能力、主人翁精神（ownership）和责任感的培养。公司在这一维度上的得分，反映了公司对培养员工、与员工进行沟通，以及使员工参与并承担工作的重视程度。

（1）授权（empowerment）：员工是否真正获得授权并承担责任？他们是否具有主人翁意识和工作积极性？

（2）团队导向（team orientation）：公司是否重视并鼓励员工互相合作，以及实现共同的目标？员工在工作中是否依靠团队力量？

（3）能力发展（capability development）：公司是否不断投入资源培养员工，使他们具有竞争力，跟上业务发展的需要，同时不断满足员工不断学习和发展的愿望？

2．一致性（consistency）

用以衡量公司是否拥有一个强大且富有凝聚力的内部文化。

（1）核心价值观（core values）：公司是否存在一套大家共同信奉的价值观，从而使公司员工产生强烈的认同感，并对未来抱有明确的期望？

（2）配合（agreement）：领导者是否具备足够的能力让大家达成高度的一致，并在关键的问题上调和不同的意见？

（3）协调与整合（coordination & integration）：公司中各职能部门和业务单位是否能够密切配合？部门或团队的界限会不会变成合作的障碍？

3．适应性（adaptability）

主要是指公司对外部环境（包括客户和市场）中的各种信号迅速做出反应的能力。

（1）创造变革（creating change）：公司是否惧怕承担变革而带来的风险？公司是否学会仔细观察外部环境，预见相关流程及步骤的变化，并及时实施变革？

（2）客户至上（customer focus）：善于适应环境的公司凡事都从客户的角度出发。公司是否了解自己的客户，使他们感到满意，并能预见客户未来的需求？

（3）组织学习（organizational learning）：公司能否将外界信号视为鼓励创新和吸收新知识的良机？

4．使命（Mission）

这一文化特征有助于判断公司是一味注重眼前利益，还是着眼于制定系统的战略行动计划。成功的公司往往目标明确，志向远大。

（1）愿景（vision）：员工对公司未来的理想状况是否形成了共识？这种愿景是否得到公司全体员工的理解和认同？

（2）战略导向和意图（strategic direction & intent）：公司是否希望在本行业中“脱颖而出”？明确的战略意图展示了公司的决心，并使所有人都知道应该如何为公司的战略做出自己的贡献。

（3）目标（goals & objectives）：公司是否周详地制定了一系列与使命、愿景和战略紧密相关的目标，可以让每位员工在工作时做参考？

对这个图形进行整体分析。位于左边的两个文化特征（即参与性和适应性）注重的是变化与灵活性，而右边的两个文化特征（即使命和一致性）则体现了公司保持可预测性及稳定性的能力。中间的水平线将图形一分为二，上半部分（即适应性和使命）与公司对外部环境的适应能力相关，而下半部分（即参与性和一致性）强调的则是公司内部系统、组织结构以及流程的整合问题。

该模型的一个独特之处在于，它所关注的是每家公司一直试图平衡的两对矛盾。首先是一致性与适应性之间的矛盾：全力关注市场的公司也许会面临内部整合的问题，而那些过度整合的公司则可能由于监控力度过大、灵活性不足而无法适应环境。另一方面则是自上而下的愿景（使命）与自下而上的参与性之间的矛盾：过分强调总体使命的公司往往会忽视对员工进行授权并争取获得员工的理解，而员工参与程度较高的公司又可能难以确定工作方向。

4个颜色各异的90度扇形区域所代表的含义是不言自明的，除此之外，对整个图形进行解读（无论从纵向、横向或是对角线方向）也能给我们带来深刻的启迪。而且，不同文化特征会对公司业绩的不同方面产生影响。研究结果表明，对外部的关注往往极大地影响市场份额和销售额的增长，而内部关注则更多地影响着投资回报率和员工满意度；灵活性与产品和服务的创新密切相关，而稳定性则直接影响到诸如资产收益率、投资回报率和销售回报率等财务指标。

✍ 某在华国际办公家具公司的组织文化分布图

对该组织各个岗位的136名员工进行了调查，经过计算，最后得到了图8-3显示的测评结果。其计算原理是：把组织文化测评每个维度的分值，与组织文化测评法中所选用的550多家公司的分值进行比较后，可以得到一个百分数，这个百分数就是该公司在相应维度上的得分。举例说，在“团队导向”上获得59分意味着就这一维度而言，有59%的公司表现不如该公司，而有41%的公司表现优于该公司。“能力发展”获得14分说明，在这方面，有14%的公司表现比该公司逊色，而有86%的公司表现超过该公司。

在“愿景”、“团队导向”、“组织学习”及配合等测评维度方面，公司的得分超过平均水平。“愿景”维度得到高分，说明员工们非常清楚公司未来的理想状态和目标；“团队导向”和配合两个维度的得分显示，员工们能很好的进行团队合作；而“组织学习”维度得分较高则反映出该行业和市场正经历着变革，公司在努力加深对外部环境的认识，以便更好的适应环境。

该图还显示，公司在“能力发展”、“顾客至上”、“创造变革”及“核心价值观”等测评维度得分偏低。在所有测评维度中，“能力发展”得分最低，这可能意味着员工们没有获得足够的培训和发展机会，至少员工自己认为这方面的机会不够

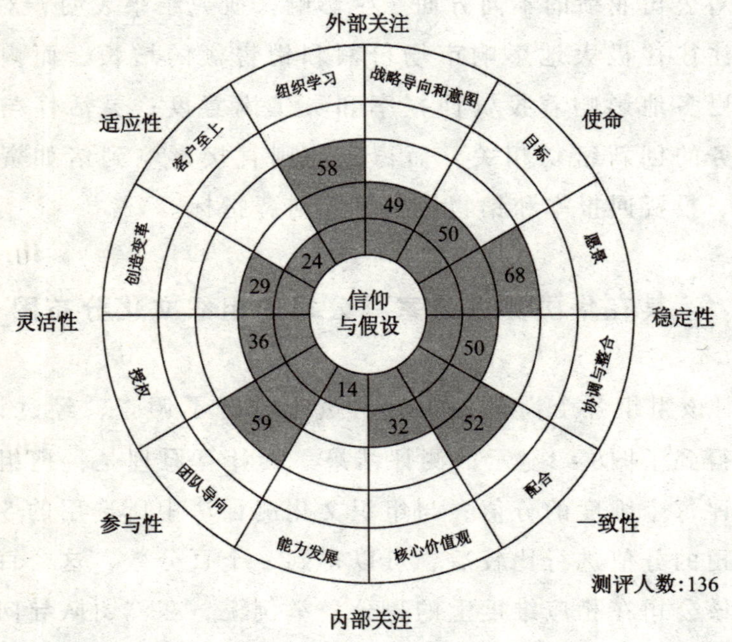

图 8-4 某在华国际办公家具公司的组织文化分布图

多。尽管公司已经将工作重点转移到顾客上，但“顾客至上”得分维度的低分说明，这种转型尚未完全获得成功。公司正在变革，但在“创造变革”维度得分较低却意味着员工对变革仍有抵触，公司领导必须努力争取员工们对变革的理解，同时还要帮助经理们掌握变革管理的技能。

如果我们将该图分成左、右两部分，就会发现右侧的所有得分均大于 25，而最低的 3 个得分都分布在图形的左侧。我们由此可以得出结论，该公司的稳定性超过了灵活性；使命和一致性方面的表现胜于适应性和参与性方面的表现。随着外部环境的迅速变化（商机不断涌现，市场迅速扩大），以及内部结构和流程的调整，该公司必须加强适应性和灵活性，才能在竞争中脱颖而出。

丹尼森组织文化调查问卷

如表 8－5 所示，本项调查共有 60 道陈述题，这些题目描述机构文化的各个不同方面以及机构的运作方式。回答问卷时，只需要就每一条陈述说明您同意或不同意的程度。在回答问题时，对您所在机构做总体评估，以正常状况为评估基础。

如果问题准确描述了您所在机构的正常状况，您就应当表明赞成该项陈述。如果陈述未能准确描述您所在机构的正常状况，您就应当表示不赞成。如果您难以决定在两种答案中应当选择哪一种，请选择最接近机构状况的答案。如果您觉得对陈述既不赞成也没有异议，则应当选择中性的回答。如果某项陈述题与您无关，可以不回答。

表 8－5　　问题的回答及得分

1	2	3	4	5	0
强烈不赞同	不赞同	中立	赞同	强烈赞同	不适用

在本公司…

1. 大多数员工积极投入自己的工作。

2. 通常在可获得最佳信息的层面作出决策。

3. 信息广泛共享，每个人都可以在需要时获得所需的信息。

4. 每个人都相信自己能够产生积极的影响。

5. 业务规划具有持续性，并且让每个人都能参与其中。

6. 积极鼓励组织内不同部门之间进行合作。

7. 员工彼此进行广泛合作。

8. 利用团队结构而不是等级结构来完成工作。

9. 团队是我们的主要基石。

10. 工作的组织方式使每个人都能了解本职工作与组织目

标之间的关系。

11. 员工被授予权利，可以自己进行决策。

12. 储备实力（员工的能力）不断得到改善。

13. 对员工的技能不断进行投资。

14. 员工的能力被视作竞争优势的重要来源。

15. 由于我们不具备完成工作所需的技能，因此时常出现问题。

16. 领导和管理者能够信守诺言。

17. 具有独特的管理风格和管理方法。

18. 明确、一致的价值观指导着我们的经营方式。

19. 忽略核心价值观会使你陷入困境。

20. 有道德准则指导着我们的行为，使我们明辨是非。

21. 出现分歧时，我们尽全力找到双赢的解决方案。

22. 组织拥有一种强有力的文化。

23. 即使遇到难题，我们也总能达成一致意见。

24. 在关键问题上我们经常难以达成一致意见。

25. 员工们对正确和错误的行为方式有着明确一致的看法。

26. 我们的经营方式具有一贯性和可预测性。

27. 来自不同部门的员工具有共同的目标。

28. 协调不同部门之间的项目并不困难。

29. 与不同部门的员工进行合作同与来自不同组织的员工合作一样困难。

30. 组织内各阶层的目标协调一致。

31. 工作方式十分灵活，容易进行改变。

32. 我们善于应对竞争对手以及业务环境中的其他变化。

33. 我们不断采纳新的先进工作方法。

34. 改革尝试通常会遇到阻力。

35. 不同部门经常相互合作，实施改革。

36. 客户的意见和建议常常带来变革。

37. 客户的意见直接影响着我们的决策。

38. 所有员工都对客户的愿望和需求有着深入了解。

39. 我们在作出决策时经常无视客户的利益。

40. 我们鼓励员工与客户直接接触。

41. 我们将失败视作学习和改善的机会。

42. 我们鼓励和奖励创新和敢于承担风险。

43. 很多事情不了了之。

44. 学习是我们日常工作的一个重要目标。

45. 我们确保部门之间互通信息。

46. 我们制定了长期目标和发展方向。

47. 我们的战略迫使其他组织改变其在本行业的竞争方式。

48. 企业确立了明确的使命，为我们的工作提供指导和方针。

49. 我们制定了明确的未来发展战略。

50. 我不了解企业的战略发展方向。

51. 员工普遍认同组织的发展目标。

52. 领导者制定的目标既雄心勃勃又切合实际。

53. 领导层已公开阐明了我们要努力实现的目标。

54. 我们不断跟踪既定目标的实现进度。

55. 员工都了解取得长期成功所需作出的努力。

56. 我们对组织的未来前景达成了共识。

57. 领导者具有长期发展的眼光。

58. 短期思维经常会影响到我们的长期愿景。

59. 我们的愿景使员工精神振奋，工作积极主动。

60. 我们能够达到短期要求，同时又不会影响长期目标的实现。

第三节 Chatman 企业价值观 OCP 量表

Chatman 认为 OCP 量表可以区分出七个文化维度（革新性、稳定性、尊重员工、结果导向、注重细节、进取性和团队导向），但是在实际的不同测量应用中，每个维度对应的测量项目可能有所差别。

OCP 量表的测量项目通过对学术和实务型文献的广泛回顾来获得，经过细致的筛选最终确定下来 54 条关于价值观的陈述句。和多数个体层面上的研究采用 Likert 的计分方式不同，OCP 量表采用 Q 分类的计分方式，被试者被要求将测量条目按最期望到最不期望或最符合到最不符合的尺度分为 9 类，每类中包括的条目数按 2 - 4 - 6 - 9 - 12 - 9 - 6 - 4 - 2 分布，实际上是一种自比式的分类方法。在西方国家，OCP 是最常用的企业价值观量表之一，它在我国台湾和香港地区也有一定的影响。Judge 将 OCP 精简为包括 40 个测量项目的量表，Q 分类按 2 - 4 - 4 - 6 - 8 - 6 - 4 - 4 - 2 分布。

表 8 - 6 是 40 条关于价值观的表述，请你根据你对所在企业的了解，将企业对每个价值观的重视程度按顺序填入现状栏中；然后将你心目中理想公司的价值观特征按照重要顺序填入偏好栏中（见表 8 - 7）。

通过这样的分类，你可以判断出企业价值观中哪些是企业现在所重视的，你还可以和偏好的价值观相比较，看看价值观还需要怎样的改进。如果按头等重视（重要）到第九等重视（重要）按 9 - 8 - 7 - 6 - 5 - 4 - 3 - 2 - 1 的方式计分，则每个价值观都有具体的得分。你可以通过组织企业中对企业文化和企业经营熟悉的人员组成一个团队，通过讨论（不是平均）

表 8-6 OCP 量表的价值观表述

热衷工作	稳定发展	人际和谐	研发创新	社会责任
尽职尽责	冒险精神	成长机会	工作自主	井然有序
工作时间长	注意细节	业绩挂帅	团队合作	同仁融洽
人性化管理	奖罚分明	科学求真	宽容大量	保障工作
迅速果断	竞争能力	诚信原则	追求卓越	经营理念
结果终于过程	工作期望很高	积极有冲劲	勇于面对冲突	不拘泥于形式
表扬工作优良者	对员工很支持	自我激励反省	资讯流通分享	快速掌握机会
环境应变能力	凡事理性分析	注重企业形象	强调产品品质	讲求与众不同

表 8-7

现状	偏好
头等重视（2）	头等重视（2）
第二等重视（4）	第二等重视（4）
第三等重视（4）	第三等重视（4）
第四等重视（6）	第四等重视（6）
第五等重视（8）	第五等重视（8）
第六等重视（6）	第六等重视（6）
第七等重视（4）	第七等重视（4）
第八等重视（4）	第八等重视（4）
第九等重视（2）	第九等重视（2）

注：括号内的数字代表 40 条价值观表述在九个等级上的分布。

发现本企业“客观”和“将来应该（偏好）”的价值观条目得分。这样，你可以去观察企业员工和企业之间对价值观现状和偏好的差距。这些信息对企业的价值观设计和建设是非常有用的。例如，如果你的企业现状中“稳定发展”、“井然有序”排名靠前，而偏好反映出“冒险精神”、“快速掌握机会”、“结果重于过程”排名靠前，那么在设计企业价值观时，就要注意反映创新、结果导向的内容。你还可以考察员工们的偏好和企业偏好之间价值观的差距，重点通过各种方式向员工灌输差距大的价值观。

第四节　探索企业文化形态的四种测试方法

一旦清楚组织的定位，你就能知道你是否需要重新调整组织的定位。

知易行难

在接下来的内容中，我们将会展示四种工具，帮助你评估自己企业的特色。

第一种工具是一张观测检查表。我们依照实体空间的设置、人们相互沟通的方式、时间如何运用，以及人们如何展现自己的特性，来审视这四种文化形态。

第二种工具是一张直接的问卷调查表，它用23种问题来问你，让你依照组织的情况来圈选同意度。

第三种工具是利用第二项的结果，去辨别你的文化形态，并检测它是属于正面或负面形态。

最后，第四种工具是提出10种情境，你必须去辨识组织中的人在这些情境下会如何反映。你将能藉此进一步确认，自己是否正确地辨识出你们组织的文化形态，以及它是偏向正面或反面行为。

在你开始这个过程之前，我们要先厘清，因为人类关系很复杂——也因此社交性和团结性的层次复杂到像针尖般的细微——所以，对组织文化实际进行诊断并不容易。这就是为什么我们提供了四种工具，而不是一种工具。我们强烈建议，在论断企业文化形态之前，要运用所有的工具。

另外，在评论你所处的每一个文化时，你可能都需要去使用这四种工具——也就是在评估你的工作团队、部门，以及整个组织时，可能会需要一次次地运用这四种工具。重复运用的次数，主要取决你的组织文化的规模、复杂度和强度。

1. 第一部分：观察检查表

对每一个观测项目，考量前面所提示的问题，然后在其后的四种类别中找出最符合你们组织情况的类别。

项目一：实体空间（physical space）

想一想你所要评估的这个团体所占用的实体空间。是否与别人共享？和谁共享？人们是否捍卫他们的空间？文化可以从评估人们为自己拓展领域的方式来解读。公司里是否有植物奢侈地生长在开放的空间里的桌子上？门是否紧紧地关着？各部门是否有守卫或凶恶的秘书作为分界线？在你们的建筑物里，安全措施是否显著地展示出来？

空间经常能告诉你一些关于地位、权力和关系的事。想想看谁拥有大部分的空间，以及那空间实际上坐落于何处？想一想你的办公室空间，还有其他地区域像是餐厅、社交俱乐部以及停车场（如果有的话）？谁得到景观较好的房间？

下一步，想想人们如何装饰他们的空间。在一些办公室里，墙壁是光秃秃的；而有些办公室的墙壁有家庭照片、小事贴纸、专业成就的凭证、销售价格，与上司的合照。所有这些东西，都可以告诉你这个人与组织的关系。

大门经常可以透露许多线索。想一想你的大门。是否到处都是企业的标志？是否有宏伟的接待处以及昂贵的画作装饰的墙壁？是否有昂贵的大理石地板？是否有休息区？人们是否忙碌地走动或者停下来聊天？有无展示公司的产品？主管办公室与执行单位或工厂，是否在实体空间上有很大的差异？

最后，想一想空间的功能性。是否所有的东西都运用在与工作相关的活动上？或者有些空间被规划使用于社交活动上，例如咖啡厅或者花园？是否有设计开放式的空间或者弹性使用的办公座位（所谓的热桌子 Hot - Desking）？在哪里？是谁设置这些新的设计？

网络型：办公室的门开着或者没有上锁；人们可以自由进出其他人的房间。办公室可能会用家庭照片、风景明信片、卡通图案或者来自同事的幽默小品/照片装饰。具有可用来进行社交活动的大型空间：例如酒吧、咖啡台、运动设备。“特权”空间（大办公室或者停车位）依级别而分配，但是也分配给一些特定成员。或许有一些企业的标志，但是在负面的网络型组织，这些可能是娱乐活动的来源。在大楼中，不同的区域可能以不同的方式装修，藉以分隔开来。行销部财务人员可能是“闲人勿进”的区域，反之亦然。不同部门的人很可能极受注目——他们习惯先敲门才进入；或者在服装上有所区别。

图利型：空间依照功能性去安排，也就是依照工作流程安排。可能设有开敞式的空间或者弹性使用的桌子，但却是为了以简单、有效率及省钱的方式去达成任务，而不是为了闲聊。如果当事人正巧在忙，没有预约的访客或人员路过，极可能会被嘘走。工作区域极少有多余的空间，虽然门面可能设计得富丽堂皇令人敬畏。办公室的装饰品可能限定于奖状或成就表彰等等。空间的分配是根据其成就，而停车位的分配不牵涉个人喜好；有可能顾客至上。

散裂型：空间的设计旨在让每个人的工作不受到打扰。办公室的门关着，室内设备完善，员工可以有效率的自己自足。大部分的时间里，这些办公室可能都是空空无人的（人们在路上，在家，上班，在会议中，等等），但是很难确定到底有没有人在。有些人几乎一天到晚不见人影（关于这类情况，有个普遍流传的笑话："乔与上帝有何不同？上帝无所不在，乔也无所不在，但就是不在这里！"）在"虚拟/散裂型"的组织里只有很小的合作空间，工作都在家里或车里进行，等等。

共有型：很多空间以正式和非正式的形式为人们共享（前者如正式规划的开放空间，后者如人们经常进入办公室）。有时可能很难确定你身处谁的办公室，办公室或者单位之间很少有藩篱。人们各自拥有的空间不太可能有太大的差异。正式的社交设备之外，还有非正式的延伸区域；食物与饮料普及到"工作"空间。到处都有企业的标志。办公室布置可能即兴地四处延伸，或者是与公司的价值、使命或信条有关的装饰。

项目二：沟通（communication）

现在，让我们将目标转向讨论人们的沟通方式。

人们所偏好用来交换构想及信息的方式，是电子邮件、电话或是传真？人们花多少时间在面对面地交谈上？走进一些企业，你会被嘈杂的谈话声所淹没，而有些企业却是一片死寂，什么声音都听不到。我们知道在一些公司里，除非你要是同时发给至少半打以上的人，否则你不会考虑对同事发出备忘录。另一方面，许多企业会特意节省不必要的公文。

想想在你们的组织里，要找到其他人是否容易？层级或者功能组织会妨碍有效沟通吗？或者它单纯地只与繁忙的计划表有关？人们，包括自己，是否尽可能不让自己空下来？在一些机构里，你也许经历过在听到人声以前，必须先对5个录音机讲话的那种狂怒感觉。

随着组织的全球化，距离深切地影响着人们沟通的方式。

你的组织如何越过地理上和文化上的藩篱，来妥善处理沟通的问题？你的组织将它视为一个挑战吗？

最后，当人们面对面讨论时，是以小组形态，或者主要是一对一的形态？还有，这是正式的会议，或者只是发生在咖啡机旁的闲谈？谁参与了这个会议？是只有内部人员，或者也包括了顾客和供货商？想像一下你们公司沟通网络的运作景象。谁扮演了主要的角色，而谁又不在这幅景象中？

网络型：许多谈判虽然有正式的层级和过程，但是许多沟通是在正式系统之外，以面对面讨论、通电话或者“会前会”的方式进行。书面文件在传阅过程中，可能会有人在上面写字。电子邮件可能用来闲聊。在高度政治性的网络文化中，文件可能惯常地复制一份给关键人物。有效掌握的网络遍及企业内部，有助于内部整合，但是在职务、阶层、分公司或者不同的国家间，经常会出现朋党和派系，这妨碍了沟通。但就另一方面而言，因为有许多谈话的机会，加快了信息交换的可能性并增加了创造性。倾向将注意力投注在是否以“正确”的方法进行沟通，以及风格、态度和表达上，而不重视内容。

图利型：沟通是迅速、直接和聚焦于公事的。常用简明备忘录和资料报告，极少进行“无目的”的谈话。冲突不可能以绅士间的约定去解决，而面对面的对质或诉诸法律（请和我的律师讨论）是比较常用的解决方法。如果话题与解决工作难题有关，越届（例如，超越层级、超越地理位置）的沟通是被期待和接受的。会议都是讲究实际的，也就是规划得很完善，保证会得到具体可行的方案。不鼓励个人问题的表达。

散裂型：会谈简短，局限于在走廊或是在电话上一对一地交谈。一般人抗拒会议（重点是什么？很难安排；很难不让人感到无聊、苛刻或者干脆离席），个人只会与他认为“值得”的人谈话，去解决他们的问题，去沟通，去寻求资源。否则，他们的态度是“如果你不管我，我也不会去管你”。关键人物很难被找到，即使他属于你们这个部门。文件可能可以取代谈话，但是也不能保证一定会被阅读。许多沟通是朝向组织的外部，例如客户和专业的同辈。

共有型：有各种管道的沟通方式，但是以口头的、面对面的方式为主。然而，非口头沟通也很重要：服装、颜色和符号，都有助于个人感到与其他亲人亲近。沟通流畅于层级、部门和国家之间（内部文化涵盖了所有人），但是外部的人感到被排除在外。谈话充满了隐私的公司语言，一再凸显“我们”和“他们”的差别。要不谈话是很困难的，也没有什么个人隐私或专业上的秘密。“太封闭”的行为会受到谴责。

项目三：时间（time）

第三个要观察的重点是人们如何管理自己的时间。

人们花多少的时间在工作上？长时间工作是否为普遍的现象；如果是，谁能自在地第一个离开办公室？在老板离开前下班是否妥当？你的公司对于工时是否很在意？有些公司严格规定所有雇员、甚至高阶管理人员的工作时数，而有些企业却特意废除打卡制度。

你何时警觉到自己正在浪费时间？必须要有人来告诉你吗？在你“发现”自己浪费时间之前，已经过了多长时间？如果你与你的工作团队组员坐下来喝杯饮料，会不会被视为浪费时间？

人们在这家公司通常会待多久？你预期他们能够待多久？在一些组织里，你会将每一个人视为短暂停留的过客；在其他组织里，你却总是能很快地将新近人员视为长期员工。

再想一想，在你的组织里，认识一个人需要花多少时间？人们很快地与别人分享他的个人生活；或者是，过了很多年，你仍然不了解其他同事的家庭状况？当你换到其他地方办公时，你先前的社交网络是否能够帮助你快速地结交朋友？

网络型：人们利用工作时间来从事社交活动，而且他们不会因为这么做而受到处罚。在某种程度上，反过来说也成立——“一直工作，没有玩乐，使得杰克变成了木头人。”此外，社交活动常变成一天工作的延伸。这使得工作时间变长，但是有部分时间可能是花在酒吧、高尔夫课程或其他社交活动上。人们很快地认识其他人，而且有许多人互相认识了很长一段时间。

图利型：长时间工作是常态，虽然工作结束后就离开也是可以被接受的。这点极为明显，因为时间和工作表现都是清晰明确的。私人时间极少，而且可能非常明确（如果你工作时完全摒除私人活动，那么你的私人时间就等于上班之外的时间）。要去了解人们工作角色以外的面貌，需要花很长的时间；无目的闲谈被视为浪费时间。

散裂型：除非必要，否则人们不会到办公室；人不在是常态。成就——而非时间是衡量的标准，而成就也可能要花很久的时间去达成。时间大多花在追求个人专业和优秀技术上；任何会干扰上述目标的事——不管是同事、行政例行工作，甚至客户/顾客都会被视为浪费时间。许多人可能“一起”工作多年，却不太认识对方（在极少数共同面对客户的场合，同一公司的人常有互不认识的情况）。谨慎的时间管理是关键的工作技巧，经常包括复杂的进度控制。

共有型：人们活在生活中；专业生活是那么投入，以至于“习惯性”忽视了时间。工作与非工作生活融合为一体；即使回家，也可能继续工作。亲近的工作关系可能反映在友谊团队、婚姻、婚外情等关系上。工作变成了一种生活方式；从事与专业兴趣不相干的社交活动，被视为是浪费时间（工作即休闲，休闲即工作）。

项目四：认同（identity）

最后，让我们来看看，人们如何表现他们个人的特征。这或许是所有你能感觉到的最困难的部分，你必须要以所有的观察技巧去找到所有细微的差别。人们是否尽可能在穿着打扮和说话方式上，使自己和别人看起来相似？在百事可乐公司甚至有句惯用语："百事亮丽（Pepsi Pretty）"，这句话指出了该公司在个人服装和外表上的共同风格。你是否只能以某种特定的方式才能展现自我？或者公司文化鼓励你展现个人风格？

在企业中，人们是否认同自己的工作团队、单位、事业部门或者整个组织、他们的职务、职工工会，或者可能是他们的顾客？

例如，专业人士通常较认同律师或者会计师之类的身份，其次才认同公司。有时候，你会发现有些团队是藉由对统治文化的反对而紧密结合：这经常表现在与公司持相反意见的工作团队或者单位中。

当人们认同组织时，它认同的东西是什么？是认同同事，还是组织的愿景和价值观，或它的传统？是认同它的策略意图，还是认同自己是最佳行销或销售团体的一份子？人们对组织的认同是建立在击败竞争对手之上吗？同时，这个认同是如何涵盖所有人的？你能够想像没有工作的生活吗？或者，你是现今所谓的"组织人"？

想一想人们离职时会发生什么事。会有一个庆祝会来表示祝贺吗？离开的人还会将自己视为那个大家庭的一分子吗？他们会向下一个工作的同事或者朋友、邻居推销之前的公司的产品吗？已经离职的人们会回来探访，还是消失的无影无踪？是否有一个阵容强大的离职人员俱乐部？

网络型：人们认同彼此、紧密的社交网络增强了个体之间的相似感。低调处理相异点，如果真有表现出来，也只有在衣着以及言谈举止上有微妙的差异。拒绝过渡显示个人差异，有些组织具有悠久的社交传统，这些传统甚至在员工离职后还发生作用（社交俱乐部、退休联谊会、校友会，等等）。个人对公司极为忠诚，虽然在某些情况下公司可能遭到批评，但这通常是种黑色幽默，因为有点像在批评自己。

图利型：人们认同胜利。虽然也有行为规范，但是如果个体的差异对于达成目标有益的话，会被接受和鼓励。人们结合在一起是由于共同的经验、目标和利益，而不是情绪和感觉。基本上，个人对组织的依附是工具性的——如果符合个人利益的话，也可以跳槽到敌方。雇员为了自身前途，无情地利用企业的弱点或者跳槽，觉得都不是一件羞耻的事。

散裂型：人们认同个人主义与自由的价值；认同个人的专业技术；组织的干扰极少。个体之间有明显的个人差异，这些差异不太会阻碍成就（相互依赖的程度很低），并且确立自由的价值。对专业而非对组织忠诚。私人生活经常是个谜，这通常是由于孤独的工作方式所造成的。

共有型：人们认同公司的价值和使命。信条被实践；指示被执行、讨论、应用以及发展。工作变成一种生活方式。商标、象征、口号大量的存在。极度的认同（伴随过的成功纪录）可能导致缺乏观点、无法忍受批评，以及自满。公司吸引员工展现强烈的忠诚度。员工离职后仍继续支持公司。的确，强烈的认同感可能阻碍日后的事业。对工作的认同延伸到私人生活上，例如，衣服上有公司的标志，在家试用公司产品，在周末的时候光临公司的卖场，等等。

2. 第二部分：企业特征问卷调查表

如表 8－8 评估组织的文化，针对下面的陈述，指出你同意或者不同意的程度。

首先，先决定你所要分析的单位是整个公司、一个事业部、一个部门，或是一个小的工作团队。若想辨识你所属的各种文化，你可能需要依据分析的单位一一测试。

表 8－8　　评估组织的文化

陈述	非常不同意	不同意	不置可否	同意	非常同意
1. 我现在所评估的团队（组织、事业部、单位工作团队）非常清楚它的企业目标	1	2	3	4	5
2. 人们打从心底互相喜欢	1	2	3	4	5
3. 人们遵从清楚的工作方针和指示	1	2	3	4	5
4. 人们相处得很好，没有争论	1	2	3	4	5
5. 不好的绩效表现，会迅速、严格地被处理	1	2	3	4	5
6. 人们经常在工作外进行社交	1	2	3	4	5
7. 团队表现出强烈的求胜心	1	2	3	4	5
8. 人们因为喜欢对方而帮助他	1	2	3	4	5
9. 有机会占据竞争优势时，人们果断地行动	1	2	3	4	5
10. 人们交朋友纯粹是为了友谊，而不是为了其他目的	1	2	3	4	5
11. 有共同的策略目标	1	2	3	4	5
12. 人们会向别人吐露私事	1	2	3	4	5
13. 人们建立长期而密切的人际关系——有一天或许会从中获利	1	2	3	4	5
14. 赏罚分明	1	2	3	4	5
15. 人们对其他人的家庭状况很熟悉	1	2	3	4	5
16. 团队要打败的敌人很明确	1	2	3	4	5
17. 人们被鼓励去完成工作，方式不限	1	2	3	4	5
18. 达成目标是唯一重要的事情	1	2	3	4	5
19. 为了完成工作，你可以在系统里运作	1	2	3	4	5
20. 开始实行的项目都被完成	1	2	3	4	5
21. 当人们离开时，同事会保持联络，知道对方过的如何	1	2	3	4	5
22. 工作职责很分明	1	2	3	4	5
23. 人们互相维护	1	2	3	4	5

问卷评分计算结果：

（1）社交性：将以下问题得分相加，即为社交性的分数。

问题 2 + 问题 4 + 问题 6 + 问题 8 + 问题 10 + 问题 12 + 问题 13 + 问题 15 + 问题 17 + 问题 19 + 问题 21 + 问题 23。

（2）团结性：将以下问题得分相加，即为团结性的分数。

问题 1 + 问题 3 + 问题 5 + 问题 7 + 问题 9 + 问题 11 + 问题 14 + 问题 16 + 问题 18 + 问题 20 + 问题 22 + 问题 23。

上面问卷的得分，显示了你所属团队的文化（见图 8－5）。

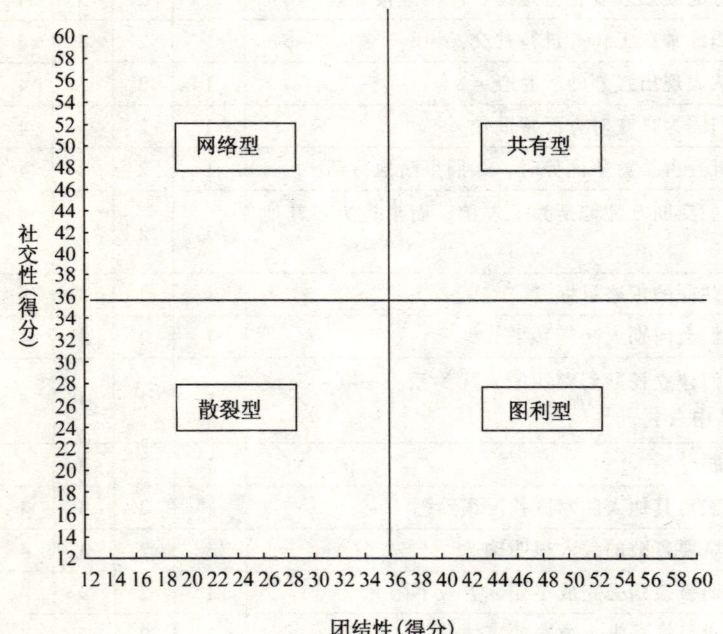

图 8－5　所属团队的文化示例

但是你要记得，当我们介绍双 S 立方体模型时。我们曾经提到，在每一个正面形态的背后都隐藏着黑暗面，我们在图中以阴影表达。这意味着不管是社交性或团结性，都可能有负面的导向。下一部分，我们将帮助你辨认你的组织是倾向哪一边的。然而，在介绍相关的评估方式之前，先作一些简单的区别。

先谈社交。高度友善的互动，是社交性最重要的一个表现。但是在评估组织是正面或负面形态时，所要问的关键问题是：这些友善互动结果是什么？以下是几种可能的结果。

社交性为组织带来正面的利益，例如：人们互相交换构想、共享信息，并在同事有需要时给予协助。

很多友善互动既没有对组织产生利益也没有造成伤害。有许多的谈话而没有行动。在负面的网络型组织中，人们经常抱怨会议冗长而无益，每个人都在寻找他们不能得到的共识，因此会议没有正面的结果。

另一种情况是，高度友善互动对组织产生了负面的效果。八卦消息很多，人们不断结党营私。最遭的情况是，人们其实一点都不喜欢对方，却假装是伙伴。这是负面社交性的极致。

现在让我们来看看团结性。再次重申，团结的行为对组织而言同样有利有弊。

当这些行为有益时，个体的活动帮助组织往目标迈进，并维护共同的利益。对组织的目标与外敌有广泛的共识。

当团结行为只对组织内小部分团体有利益时，人们罔顾整体利益，只追求自己团队的目标。他们坚决要达成目标，即使那会对整个企业造成伤害。举例而言，地区分公司可能牺牲企业的品牌或声誉，以达到目标下限。

最具杀伤力的情况是，团结的行为与态度是装出来的。生活真的像一场战争，所有人都卑鄙、残酷，为近利而互相对抗。

接下来的问题将让你对组织文化展现了许多正面或者负面的特性，建立了一些基本的概念。

3. 第三部分：判断公司的文化形态

根据第二部分所得出的文化形态，回答如表 8-9 的问题，找出组织文化显示的特色是正面还是负面的？针对下面的陈述，指出你同意或者不同意的程度。

表 8-9 组织文化显示的特色问卷

文化形态	非常不同意	不同意	不置可否	同意	非常同意
网络型					
1. 在这里有许多八卦消息	1	2	3	4	5
2. 紧密的关系有助于人们迅速沟通	1	2	3	4	5
3. 发表会都是作秀，没有实质内容	1	2	3	4	5
4. 人们不允许规则限制他们，他们跨越了官僚体系	1	2	3	4	5
5. 友谊经常阻止了人们作出严厉的决定	1	2	3	4	5
6. 友谊意味着即使公司状况差，人们还是会留下来	1	2	3	4	5
图利型					
1. 绩效评估系统使得人们以阴险的手段恶性竞争	1	2	3	4	5
2. 人们最在意的是个人的目标，其次才是整个组织的绩效	1	2	3	4	5
3. 人们花很多的时间调查自己在敌对公司眼中的价值	1	2	3	4	5
4. 成功或者失败的定义明确，是有共识且公开化的	1	2	3	4	5
5. 公司各部门由于太专注于达成自己的目标，而损失了需要合作才能得到的商机	1	2	3	4	5
6. 事情的优先级可以很快地被决定，其他人亦坚决遵从	1	2	3	4	5
散裂型					
1. 个人可以不受干扰，单独去做自己的工作	1	2	3	4	5
2. 人们很少将其他人视为同事	1	2	3	4	5
3. 组织的成功主要是个人成就的总和	1	2	3	4	5
4. 人们回避会使整个组织获益的例行工作和活动	1	2	3	4	5
5. 规则或者会议很少阻碍到工作	1	2	3	4	5
6. 人们试着避开同事	1	2	3	4	5
1. 团队中拥有获得成功所需的资源与信息	1	2	3	4	5
2. 人们向其他人质疑我们要做些什么与如何去做	1	2	3	4	5
3. 组织的领导人几乎是不可替代的	1	2	3	4	5
4. 人们强烈地认同、实践某种价值观	1	2	3	4	5
5. 人们有自信，对未来有信心	1	2	3	4	5
6. 全体成员会讨论及分享构想	1	2	3	4	5

注：在 1、3、5 项目得到高分，表示你的文化是负面型；在 2、4、6 项目得到高分，表示你的文化是正面型。

4. 第四部分：关键事件分析

现在，你应该对自己组织的文化是正面型或者负面型已经有了了解。

在接下来的第四部分的测验里，我们提供给你一种方法去进行评估。我们从事顾问工作时经常发现，关于文化形态的重要线索，可以从对关键事件的反应看出来。你可以从组织处理成功、失败、创新与改变的方式，来了解许多事。而重大或困难的决策，也具有相同的透露真相的效果。因此，选择你所属的文化形态，阅读那部分的情境，并写出你们组织的人对这些情境可能会如何反应。他们的选择可能很极端，令你感到震撼。但是，你只需要选那个与你文化最相似的。

网络型

情境一　有人求助工作上的问题。

正面型　愿意帮忙（期待有一天会得到相同的回报）。

负面型　依照是谁要求而定。

情境二　一个巨星级绩效表现的人获奖。

正面型　接下来的几个星期，人们会想办法进入这个人的人际网络中。

负面型　有人开始谣传这奖项或许不是他应得的，而这谣传将永不止息。

情境三　一位新总裁被网罗进公司。

正面型　许多人迫不及待地想认识他。

负面型　人们采取观望的态度。

情境四　设立一个特别小组去发展企业的信条。

正面型　人们急切地想要加入这个特别小组，希望能挑战与拓展组织的价值观。如果他们自己无法进入，他们会设法让优秀的人员可以加入。

负面型　人们会进行政治运作，让“正确”的人进入这特别小组——这些人将使得公司继续维持现行的作业模式。

情境五　公司必须缩小编制。

正面型　高层主管会与下属谈话，确定组织的方向是正确的。

负面型　关于谁被解雇以及谁将被解雇的谣言开始遍及全组织。

情境六　有人犯了重大的错误。

正面型　管理者会告诉他的同事如何快速而有效地反映，以使所有员工能从中得到教训。

负面型　同事共谋，推卸责任。

情境七　有一个同事有很棒的构想。

正面型　人们透过非正式管道，快速地将构想散播到组织中，而且在下班后聚会讨论。

负面型　人们暗中破坏，因为这构想“非我创造”。

情境八　在工作之外的场合遇到同事。

正面型　人们借着这个机会聊天且深入了解对方。

负面型　人们借着这个机会去探听对方知道的消息，且尽量不泄漏自己所知的消息。

情境九　一位服务很久的员工表现平庸，应被免职。

正面型　资深管理者尽量让解雇动作富有人情味，这位员工会得到很好的新工作介绍服务。

负面型　公司将这位员工调去担任一项较容易的工作。

情境十　一个新的竞争对手进人市场。

正面型　同事合作想出方法，使得跨人市场很困难且代价昂贵。

负面型　人们设法让彼此相信，这个新的竞争者不是认真的，也不具有威胁性。

图利型

情境一　有人求助工作上的问题。

正面型　典型的反应是开始思考这样做对企业有何助益？

负面型　典型的反应是开始思考这样做对我有何助益？

情境二　一个巨星级绩效表现的人获奖。

正面型　每一个人都更认真的工作以友善自己的绩效表现。

负面型　人们设法不择手段地打败那位同事。

情境三　一位新总裁被网罗进公司。

正面型　人们问：他以前的工作表现很成功吗？

负面型　人们问：这人是谁？他对我会产生威胁吗？

情境四　设立一个特别小组去发展企业的信条。

正面型　人们都很支持，因为这个特别小组将会厘清目标与指针。

负面型　大部分的人觉得这个特别小组可能会阻碍他们得到红利奖金。

情境五　公司必须缩小编制。

正面型　人们认为这样的举动能够提高组织的竞争力。

负面型　人们开始竞相争取工作，看看能不能获得提拔。

情境六　有人犯了重大的错误。

正面型　人们尝试找出是谁造成的，然后改正，并且快速地进行下一步。

负面型　人们试着把它弄成像是竞争对手的错误。

情境七　有一个同事有很棒的构想。

正面型　人们立即将它纳入自己的工作中。

负面型　人们剽窃这构想，并对外宣称是自己的构想。

情境八　在工作之外的场合遇到同事。

正面型　人们谈论公事，谈完以后就停止说话，不会讨论其他事。

负面型　彼此针锋相对，比谁做事做得好。

情境九　一位服务很久的员工表现平庸，应被免职。

正面型　很快且有效率地解雇员工，留下来的空缺用来提拔有能力的人。

负面型　在公开场合解雇员工，而且经常是以很羞辱的方式。

情境十　一个新的竞争对手进入市场。

正面型　迅速整合资源去打击竞争者。

负面型　人们忽视这个竞争对手，除非他对个人或小组的表现有所影响。

共有型

情境一　有人求助工作上的问题。

正面型　如果这对公司有帮助的话，人们会愿意帮忙。

负面型　人们毫无保留的伸出援手。

情境二　一个巨星级绩效表现的人获奖。

正面型　安排一个盛大的庆祝会，其他人诚挚地为他感到高兴。

负面型　人们将此视为组织绝对可靠的证明。

情境三　一个新的总裁被网罗进公司。

正面型　人们帮助他去了解和应用关键的组织价值。

负面型　人们暗中将他与前任总裁相比。

情境四　设立一个特别小组去发展企业信条。

正面型　人们感到兴奋，觉得不断发展与重塑核心价值很好。

负面型　人们觉得这是浪费时间，他们觉得现有的信条很好且已经过时间证明。

情境五　公司必须缩小编制。

正面型　管理人员会确保这种痛苦被合理分摊掉。

负面型　人们觉得缩编是不必要的——如果组织坚守它的核心价值观。

情境六　有人犯了重大的错误。

正面型　人们帮助那些需要为错误负责任的人从中汲取教训。

负面型　粉饰太平，就当没有发生过。

情境七　有一个同事有很棒的构想。

正面型　这人获得公开的表彰，如果实验成功，组织会很快地实施。

负面型　人们假设它必然是一个很棒的构想。他们庆祝，将此视为组织刀枪不入的证明。

情境八　在工作之外的场合遇到同事。

正面型　一起滔滔不绝地谈论公事。

负面型　不断谈论公事，将其他人（例如家人）都排除在外。

情境九　一位服务很久的员工表现平庸，应被免职。

正面型　迅速解雇且有人情味，会表扬他们过去的功绩。离职后人们仍然与其保持联络。

负面型　公司会告知他这对组织的好处，然后任其伤心地离去。

情境十　一位新的竞争对手进入市场。

正面型　组织藉由革新、应用本身的生产力和价值，很快作出反应。

负面型　人们认为：没有人能和我们竞争。以此来降低威胁感。

散裂型

情境一　有人求助工作上的问题。

正面型　人们感到惊讶，然后礼貌的回绝。助人对双方都不具价值。

负面型　人们感到惊讶，然后断然回绝。帮助他人是额外的负担。

情境二　一个巨星级绩效表现的人获奖。

正面型　人们认为自己与超级巨星在一起工作，证明自己的精英地位。

负面型　人们将此视为组织轻视他们的证明。

情境三　一个新的总裁被网罗到公司。

正面型　人们自问：他能为我们做什么？

负面型　人们问：我如何让他不要盯上自己？

情境四　设立一个特别小组去发展企业的信条。

正面型　人们认为这是不必要的。个人应该专心去做自己最拿手的事。

负面型　人们忽视或者暗中破坏这项努力。

情境五　公司必须缩小编制。

正面型　有人进行游说，以确保最优秀的人被留任。

负面型　引发所有员工互相竞争、攻击。

情境六　有人犯了重大的错误。

正面型　人们认为犯错的人不该再享有特权，也不该再受到最好的对待。

负面型　人们不在乎——“反正与我无关”。

情境七　有一个同事有很棒的构想。

正面型　人们分享荣耀，并且利用这个构想去向公司争取额外的资源。

负面型　人们攻击这个构想。

情境八　在工作之外的场合遇到同事。

正面型　敷衍地打个招呼。

负面型　勉强认出对方，挥手打招呼。

情境九　一位服务很久的员工表现平庸，应被免职。

正面型　人们觉得事不关己，继续专注在自己的工作上。

负面型　人们苦涩地抱怨，但是不会做任何事情。

情节十　一个新的竞争对手进入市场。

正面型　组织尝试将这新对手的有力干部网罗进公司。

负面型　人们质疑：那又如何？

现在，你已经完成了这本书的诊断阶段。深入阅读以下章节，了解每一种文化及此文化对你和你的企业蕴含的意义，以及如何在必要时有效地进行改革。

第五节　仁达方略企业文化综合诊断评估系统

北京仁达方略管理咨询有限公司是国内第一家也是目前唯一一家真正通过全方位的定量方法来研究企业文化的咨询机构。

2001 年，仁达方略公司邀请多位权威专家，根据霍夫斯塔德的企业文化分析方法和维度划分，开发出了中国第一套系统性的企业文化诊断与评估的方法和工具——“企业文化诊断与评估系统”（Corporate - Culture Measurement and Assessment System，CMAS），它包含12个维度（Dimensionality）和33个要素（Factor），形成了完整的评价矩阵。

仁达方略公司开发的CMAS企业文化诊断与评估系统包括问卷调查（含问卷和量表）、深度访谈、历史资料回顾以及公司文件研究、产业发展研究与行业研究、现场调查等，通过对关键文化特性的分解，把文化特性与企业经营管理的核心要素、企业管理行为及员工的行为联系起来，从多方面各个角度诠释企业文化的特征与影响，为人们从量和质的角度全方位考察企业文化与企业经营管理之间的关系，提供了直观的测量模型和工具。这套系统现已得到专家组的认定，并已经申请了知识产权保护。

该套企业文化诊断与评估系统的设计综合了社会学、人类学、管理学、组织行为学、组织心理学、现代西方经济学的思想和研究方法，依据管理学的基本要素以及仁达方略企业文化的咨询总模型，借鉴国外企业文化测量的成功经验，在专家组的共同研究与讨论下，通过对涉及企业管理、企业与企业人的行为的有关维度与要素的演绎与归纳，并结合数理统计的方法与计算机技术的应用，归纳总结出了具有高度概括性和全面性的企业文化分析图式。

问卷调查中的多数问题测量的是人们对在其工作单位中实践活动的感受。这些问题的代表形式是：“我所在的公司……”如：××公司的会议时间总是准时的。回答者的评分：1.完全不同意；2.基本不同意；3.不好说；4.基本同意；5.完全同意。共有121道这样的问题，全部是以在开放式的深度访谈中所收集到的资料作基础设置的。在寻找维度和要素的研究阶段，R&D研究人员使用了现代统计学方法对来自电力、航空、石油、金融、电子等行业的1000多个样本对访问数据进行了相关分析、聚类分析以及因子分析。分析产生了33个因子，对33个因子进一步分类，得到12个维度。

(1)“工作环境”维度由“工作氛围”和“同事关系”两个要素组成，主要考察公司环境的和谐程度以及员工对同事关系的认可程度。

(2)“组织制度”维度由“部门职责”、“制度完备状况”和“制度执行”三个要素组成，主要考察员工对部门职责的了解情况、公司制度的完备状况以及公司制度顺利贯彻执行的情况。

(3)“管理方式”维度由“结果导向/过程导向”、“人员导向/任务导向”、“团队建设”、“用人体制”四个要素组成，主要考察公司领导的结果过程导向性和人员任务导向性、员工间的团队协作以及公司的员工发展机制。

(4)“内部沟通”维度由“沟通保障”和“沟通现状”两个要素组成，主要考察公司是否鼓励员工进行沟通以及公司沟通现状（包括上行、下行和横向沟通）。

(5)“员工激励”维度由“激励形式”、“绩效反馈”和“绩效考核”三个要素组成，主要考察公司采取的员工激励方式、绩效反馈是否及时以及员工绩效考核的效果。

(6)“领导和决策”维度由“领导行为”、“决策民主化”和“授权”三个要素组成，主要考察公司领导目标是否明确，能否领导变革、公司决策是否民主化以及公司领导能否授权。

其他维度不做详细阐述。

如图8-6所示，仁达方略“企业文化诊断评估系统”(CMAS)可以广泛运用于各种企业、团队以及个人，通过对在国内多家机构的应用来看，该企业文化诊断与评估系统调查问卷具有良好的信度和效度，问卷的信度系数（Alpha）在0.72～0.93之间，能够全面反映被测试机构的文化现状，从而为企业文化的提升和完善提供量化的依据。

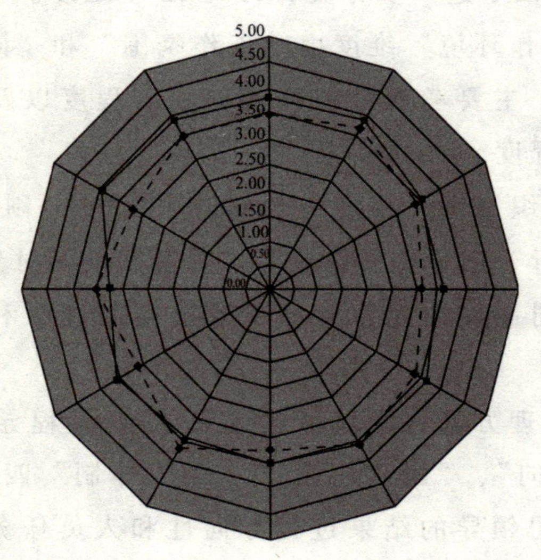

图8-6　企业文化诊断评估系统

目前，“企业文化诊断与评估系统”（CMAS）已经在华电国际、滕州热电、长城资产、中电科技、中国航天、蒙牛乳业、中国五矿、中国石油大庆炼化公司、张家口卷烟厂、成都卷烟厂等多家大型企业得到了很好的应用。

对于一般性的企业来说，运用该模型可以达到以下目的：

（1）熟悉并了解企业当前的组织氛围、员工态度与企业文化现状，对目前企业文化优势和不足做出基本评价。

（2）与行业平均企业文化水平或者其他经营业绩好的企业文化进行比较分析，根据企业所期望的业绩确定文化变革的目标。

（3）明确企业文化变革的短期、中期和长期目标和任务。

（4）提高领导者个人对企业文化的认识，进一步引导他们积极发挥企业文化的作用。

（5）提供个人和企业双方都可以使用的企业文化诊断评估报告，形成共同认可的企业文化建设思路，建设科学的、合理的企业文化体系。

仁达方略企业文化综合诊断评估问卷问题举例

本部分问卷旨在了解您对××公司的一些看法，请不要遗漏。每道题有A、B、C、D、E五个选项，各选项的含义为：A.完全不同意，B.基本不同意，C.有点同意，D.基本同意，E.完全同意。请根据您对各问题的真实看法选择您的答案。

1.在××公司里，总是弥漫着乐观和成功的气氛。

2.××公司领导能够不断改进工作方法。

3.××公司领导只注重工作的最终结果。

4.我的上司分派工作时能够参考下属的建议。

5.××公司对员工的奖励以物质奖励为主。

6.××公司有完备的操作规程和管理标准。

7.我对周围的同事感到非常的满意。

8.××公司有着明确的企业宗旨和企业精神。

9.××公司给我提供了良好的发展空间和机会。

10.在每天的工作时间中，我的心情是非常愉快的。

11.我清楚了解××公司的使命和最终发展目标。

12.××公司的领导对未来充满信心。

13.××公司员工普遍认为长远的成功比短期的业绩更重要。

14.××公司对团队工作成果的奖励只是按照个人的贡献。

15.在××公司里，人们优先考虑顾客的利益。

16.我的上司能够经常帮助我改进工作中的缺点。

17. 在我遇到困难时，同事们能够提供帮助。

18. 员工的提升是依靠个人的工作绩效或能力。

19. 我的上司能够对我的工作进行有效的帮助和指导。

20. ××公司总是能够激励我所取得的每一项成绩。

除了量表之外，还有一些开放式的问题，如：我认为××公司目前存在的主要问题有（限选三项）：________

A. 声誉不佳　B. 管理不善　C. 制度不健全　D. 分配机制缺乏激励

E. 工作效率低　F. 对人尊重关心不够　G. 缺乏公平竞争机制

H. 决策不力　I. 观念落后　J. 战略不清　K. 政策多变

表8-10、图8-7是CMAS系统对企业文化基本维度的数据分析示例，其中各个维度都能在管理的各个职能和要素中找到对应的解决方案，因此对企业文化评估的结果将能够指导企业文化的变革和创新。

表8-10　企业文化基本维度的数据分析

维度	得分	百分比误差
员工工作动机	3.97	0.66%
理念与价值观	3.92	0.65%
组织制度	3.71	0.69%
文化建设	3.66	0.83%
员工激励	3.49	0.84%
工作环境	3.49	0.63%
内部沟通	3.36	0.79%

从员工最关心的因素可以看出企业员工处于哪个意识层次上面，企业如何满足员工的需求，以及对现有组织结构、人力资源政策等方面应进行什么样的调整。

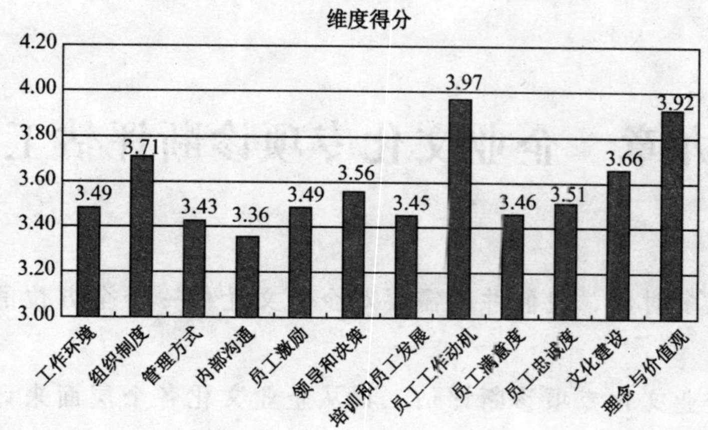

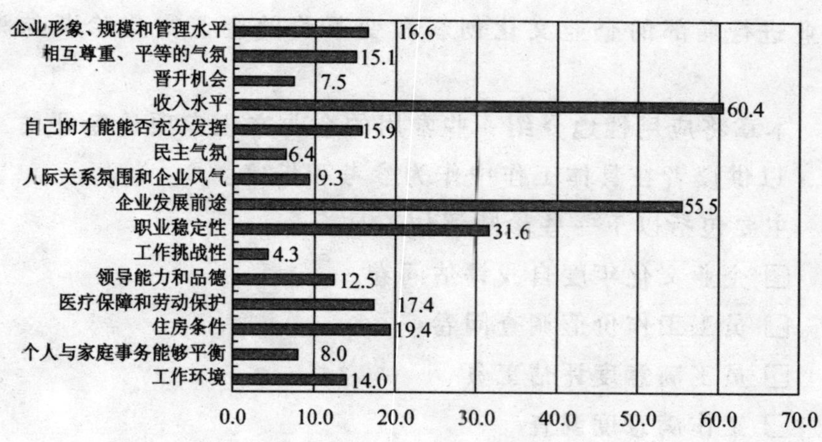

图 8－7　企业文化基本维度得分

第九章　企业文化专项诊断评估工具

很多时候，我们并不需要对企业文化做一个全方位的诊断评估。

企业文化专项诊断评估工具从企业文化各个层面来评估公司的组织现状，这些工具可以用于诊断企业文化在个人、团队和企业多个层次、不同角度表现以及现象存在的根源。适用于企业进行局部的企业文化创新和变革前的企业文化诊断与评估。

本章将应用性地介绍一些常用的企业文化专项诊断评估工具，以供读者在具体工作中作为参考和借鉴。

主要包括以下一些诊断评估工具：

□ 企业文化年度自我评估问卷

□ 员工工作价值调查问卷

□ 员工满意度评估工具

□ 工作满意度调查

□ 工作描述指数评估

□ 收入满意度调查

□ 团队价值观评估工具

□ 组织氛围调查问卷

□ 激励型组织调查表

第一节 企业文化年度自我评估问卷

每年至少进行一次关于企业文化的调查来了解员工对公司的满意程度是一个很好的方式。定期地进行企业文化调查，能够帮助公司尽早认识到存在的问题，并在这些问题对公司产生负面影响之前将其解决。同时，调查结果也可以指明公司的优势、培训需求以及存在的挑战，也可以作为对各部门企业文化管理工作的年度考核指标。

很多常规的企业文化调查工具都冗长、复杂、成本较高且不易进行评分。这份由 12 个问题组成的调查问卷易于理解，而且只需花费 30～45 分钟的时间就可以完成。这份问卷既适合口头调查，也可以转化为书面调查，这样，公司员工就能够以不记名方式完成调查内容。

每个问题的设计都基于快速、准确地反映公司的企业文化。这些问题是基于健全的、成功的团队的特征得出的，因此得分越高，答案越一致，说明员工对公司越满意。

✧ 企业文化年度自我评估问卷

调查者姓名：________ 答卷人姓名：________

工龄：________ 所在部门/职位：________

表 9－1 企业文化年度自我评估问卷的等级

等级	1	2	3	4	5
	从不	偶尔	有时	经常	总是

如表 9－1 所示，回答下列问题。

（1）我清楚地知道自己在公司中所扮演的角色或所从事的

工作，我也很清楚我期望的是什么。______分

（2）我拥有充分的信息来正确地完成工作。______分

这些信息来自于部门领导或公司领导？____________

这些信息来自于其他员工？______________________

（3）我了解公司的发展目标。______分

使命是什么？____________________________

价值观是什么？__________________________

（4）公司领导关注并满足员工的需求。______分

你所在部门的领导是这样的吗？________________

（5）公司中不同部门之间会进行众多的团队协作。____分

（6）公司中的工作条件能够促进工作效率的提升。____分

（7）在提升的机会面前，公司员工一律平等。________分

你是否受到公平对待？________________________

（8）在工作过程中，我会充分运用自己的积极能动性来取得成绩。______分

（9）我的想法和建议受到重视和鼓励。______分

（10）我所做出的成绩得到了别人的称赞和重视。____分

（11）在那些需要改进的领域，别人给我提供积极的反馈和指导。______分

（12）公司员工的士气和效率不高。______分

什么事情会对公司的士气和效率产生极大影响？________

评分表分别记录每个员工对每个问题的得分。比如第一个问题，公司中5名员工的得分分别是3、4、3、5、2，那么这个问题的平均分就是3.4。据此可计算出每个问题的平均分。

这12个问题的平均分，能够帮助了解公司员工的满意度，也可以用来评估企业文化、公司员工队伍的士气和信心。

某一个问题的平均分是3.6分或者更低，表明这方面需要改进；平均分为3.7～4.1分，表明员工的满意程度良好；平

均分为4.2分或者更高，表明员工对公司非常满意。

以第一次调查结果作为分数基准，通过历次调查关注每一次改进，并做出对部门企业文化管理的评估和考核。

✧ 每个问题要评估的内容

(1) 我清楚地知道自己在公司中所扮演的角色或所从事的工作，我也很清楚我期望的是什么。

这个问题评估员工对自身所起作用的理解程度。

(2) 我拥有充分的信息来正确地完成工作。这些信息来自于部门领导或公司领导？这些信息来自于其他员工？

这个问题评估公司内部的信息沟通情况，并确定公司员工获取信息的能力大小，进一步还可以了解公司的一些信息是否不为人知或者传递受阻。

(3) 我了解公司的发展目标。使命是什么？价值观是什么？

这个问题评估公司员工是否明白公司存在的原因，以及他们对公司价值观的认识，为完成使命的努力程度。例如，员工是认为“我们这么做仅仅是为了快速致富”，还是看好一个更大的发展前景？

(4) 公司领导关注并满足员工的需求。你所在部门的领导是这样的吗？

这个问题评估员工在何种程度上认为公司领导和整个公司能够了解并满足他们的需求。同时能够了解到员工对各种制度的看法，比如，弹性工作制以及其他一些制度和福利。

(5) 公司中不同部门之间会进行众多的团队协作。

这个问题评估不同部门、不同团队之间进行团队协作的数量与质量，也能够说明不同部门之间的沟通状况。

(6) 公司的工作条件能够促进工作效率的提升。

这个问题能够说明哪些工作条件促进了工作效率的提升，哪些妨碍了效率的提升。有时候，一项小投资，比如，给办公室买一个冰箱或者换掉一台坏的复印机，都可能对员工的工作效率产生巨大的影响。

(7) 在提升的机会面前，公司员工一律平等。你是否受到公平对待?

这个问题衡量提升机会和程序的公平程度。同时也能够确定员工是否明白，提升机会到底是基于个人业绩，还是基于其他因素，例如，个人能力的多样性。

(8) 在工作过程中，我会充分运用自己的积极能动性来取得成绩。

这个问题考察公司员工的赋能情况。同时也可以考察公司领导是如何看待授权的，在管理上面面俱到，还是让个人和团队进行自我管理。

(9) 我的想法和建议受到重视和鼓励。

这个问题可以用来确定公司员工的创新想法和贡献，是否能够受到公司和公司领导的重视和尊重；同时也可以用来评估各种解决方案的结果。

(10) 我所做出的成绩得到了别人的称赞和重视。

这个问题让我们明白，公司员工是否觉得他们得到了充分的称赞、承认和奖赏，以及这些承认和奖赏对他们的影响。

(11) 在哪些需要改进的领域，别人给我提供积极的反馈和指导。

这个问题可以用来确定部门领导在提供积极的反馈和指导方面是否具备高超的技能。

(12) 什么事情会对员工的士气和效率产生极大影响?

第二节　员工工作价值调查问卷

员工工作价值调查（Work Value Survey）问卷由施瓦茨（Schwartz，1994）编制的，评价了56种工作行为及模式的重要性。价值观的题目可以分为10大类：

□ 实力，涉及的价值观有：社会地位、权威、对人或资源的控制。

□ 成就，涉及的价值观有：通过已证实的能力获得个人成功。

□ 享乐，涉及的价值观有：愉快及感官上的自我满足。

□ 刺激，涉及的价值观有：兴奋、新奇和挑战。

□ 自我导向，涉及的价值观有：思想、行动和探索方面表现出的独立性。

□ 普遍性，涉及的价值观有：理解、容忍、保护人们和自然的利益。

□ 慈悲，涉及的价值观有：努力维持家庭的幸福及与朋友和亲密的同伴关系。

□ 传统，涉及的价值观有：对传统文化和宗教信仰的尊重。

□ 一致性，涉及的价值观有：抑制那些可能对别人造成伤害和破坏制度的行为和冲动。

□ 安全，涉及的价值观有：安全、和谐及社会稳定。

采用李克特9点量表。-1=与我的价值观相悖，0=不重要，3=重要，6=非常重要，7=最重要。请根据以上标准对下列各要素进行评分。

实力：社会势力；权威；财富；保持我的公众形象；社会赞誉。

成就：成功的；有能力的；有进取心的；有影响力的；有智慧的；自我尊重的。

享乐：快乐；享受生活。

刺激：大胆的；多变的生活；令人兴奋的生活。

自我导向：创造力；好奇的；自由；选择自己的目标；独立。

普遍性：保护环境；美丽的世界；与自然的统一；开阔的心胸；社会公平；英明；平等；和平的世界；内在和谐。

慈善：乐于助人的；诚实的；宽容的；忠诚的；负责任的；真正的友谊；注重精神的生活；成熟的爱；生命的意义。

传统：虔诚的；相信命运；谦逊的；节制的；尊重传统；超然态度。

一致性：礼貌；孝敬父母和长辈；服从的；自律。

安全：干净；国家安全；社会规则；家庭安全；礼尚往来；健康；归属感。

（资料来源：Schwartz，S. H.（1994），Are there universal aspects in the structure and contents of human values? Journal Social Issues，50，19 - 45. Items were taken from Table3，p33 Blackwell Science. Reprinted with permission.）

第三节　员工满意度评估问卷

员工满意度是企业文化诊断评估中涉及的极为重要的一个方面，在企业文化综合诊断评估工具中也包含了这一个维度。但有时，为了了解员工工作态度，反省企业管理状况，及时改进管理，增强企业凝聚力，企业必须进行员工满意度评价——调查员工满意度状况、分析其原因、改善员工满意度状况，进行员工满意度管理。

进行员工满意度评价必须精心组织、科学实施，为了保证评价的质量和效果，提高企业员工满意度水平和工作积极性及工作效率，应建立员工满意度评价模型，对员工满意度评价工作进行规范和指导。考虑到员工满意度评价工作的意义、步骤及相关影响因素，拟建立员工满意度评价模型如图 9-1 所示。

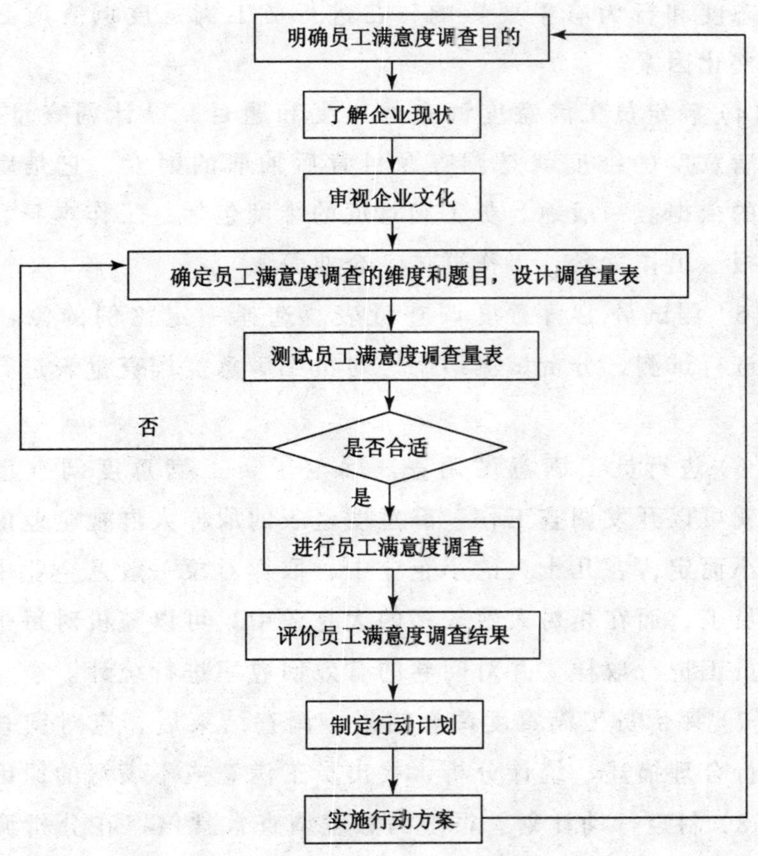

图 9-1 员工满意度评价模型

(1) 明确调查目的。企业进行员工满意度调查往往是为了对企业管理或员工态度进行诊断，或是其他特殊目的。明确调查目的有助于调查工作有的放矢。

(2) 了解企业现状。每个企业发展的情况不同，有的处于创业期，有的已经到了成熟期。员工满意度调查要和企业的实际情况紧密联系，体现出企业的文化特点。这样，在编制员工满意度量表时，才能做到有的放矢。可以采取焦点组访谈或是文案调查的方式来了解企业现状。

(3) 审视企业文化。企业文化是一个企业的灵魂，它对员工的态度和行为有重要影响，在进行员工满意度调查时必须考虑文化因素。

(4) 确定员工满意度调查的维度和题目，设计调查量表。员工满意度的维度就是调查题目背后抽取的因素，它是题目编制的依据。一般地，员工满意度的维度包括：工作本身、工作回报、工作背景、工作群体、企业等。

(5) 测试员工满意度调查量表。选择一定比例的测试群体，进行试测，分析试测结果，对员工满意度调查量表进行调整。

(6) 进行员工满意度调查。确定了员工满意度调查量表后，就可以开发调查工作。满意度量表的取样人群视企业的规模大小而定，在几十人的小企业中，取样对象一般是企业中的所有员工，而在相对人数较多的大企业中，可以随机对每个部门的员工进行取样，并对问卷的有效回收率进行统计。

(7) 评价员工满意度调查结果。调查结束后，应对调查结果进行合理描述、统计分析，找出员工满意或不满意的原因。

(8) 制定行动计划。很多满意度调查常常停留在分析调查结果上，而并没有拿出实实在在的解决方案。这不仅使满意度调查流于形式，而且调查的效果也大大削弱，甚至会适得其反，给员工留下不好的印象。所以，制定解决问题的行动计划是不可缺少的一步，必须针对员工满意状况制定行动计划。

(9) 实施行动方案。行动计划制定后，应加以实施，改善员工满意状况和企业的管理。

目前，国外开发的一些员工满意度调查量表及国内常用的一些量表一般都包括以下几个部分：

(1) 对工作本身的满意程度。其中包括：① 工作合适度：工作适合自己、符合自己期望、扬长避短、有兴趣、提供学习的机会、成功机遇、可实现的目标、合适的工作量、可解决的困难等。② 责权匹配度：合适、明确和匹配的责任、权利。③ 工作挑战性：适度挑战。④ 工作胜任度：拥有工作要求的技能、素质、能力等，拥有足够自信。

(2) 对工作回报的满意程度。其中包括：① 工作认可度：适度表扬与批评，对所做工作的称赞等。② 事业成就感：工作能激发成就感，满足自己成就需要。③ 薪酬公平感：与自己付出相比、或与企业内外部相关人员相比，薪酬数量或制定报酬的根据具有公平性。④ 晋升机会：充分、公正的晋升机会。

(3) 对工作背景的满意程度。其中包括：① 工作空间质量：对工作间的温度、通风等物理条件，以及企业所处地区环境的满意程度。② 工作时间制度：合适的工作小时、上下班时间、休息时间、合理的加班制度等。③ 工作配备齐全度：工作必需的工具、条件、设备以及其他资源是否配备齐全、够用。④ 福利待遇满意度：对福利退休金、医疗和保险计划、每年的假期、休假的满意程度。

(4) 对工作群体的满意程度。其中包括：① 合作和谐度：上级的信任、支持、关心、指导，同事之间合适的心理距离，相互了解和理解，友好的界面，开诚布公，以及下属领会意图、完成任务情况。② 信息开放度：信息渠道畅通，信息的传播准确高效等。

(5) 对企业的满意程度。其中包括：① 企业了解度：对企业的历史、企业文化、战略、政策、制度的理解和认同程度。② 组织参与感：意见和建议得到重视，参与决策等。③ 企业认同度：对企业文化、政策、制度等的认同程度。

✧ 问题描述

下面这套员工满意度问卷从员工对工作本身、工作回报、工作环境、工作群体和公司的满意度5个方面进行调查。采用员工满意度测量二级系统的方法，将5大类调查角度分解成19项影响因素，并以对个别因素的良好愿望为基准，计算员工所选结果的均值，把所得均值作为员工满意度系数。

采用李克特5点计分法。1=非常不满意，2=不满意，3=没意见，4=满意，5=很满意。请根据此计分法，给下列问题打分。

1. 我不打算轻易离开公司。

2. 公司目前提供给我的工作符合自己的期望。

3. 在工作过程中我经常感到很紧迫。

4. 我认为我的能力得到了充分的发挥。

5. 我很喜欢目前公司提供给我的工作。

6. 公司提供给我很多的学习机会。

7. 我接受的培训正是我所需要的。

8. 我清楚的了解我工作的职责和任务。

9. 若有一些重大的事情会影响到我的工作，经常会有人征求我的意见。

10. 有些属于我的职权范围内的工作我却无法负责。

11. 必要时，我可以根据自己的实际情况，灵活地调整个人工作日程。

12. 我有权制定必要的方案，以便工作的开展。

13. 目前的工作对我来说很有挑战性。

14. 目前的工作压力我是可以承受的。

15. 工作的压力主要是来自任务量太大、难度太高。

16. 工作的压力主要是来自个人兴趣与任务不同。

17. 我认为自己拥有足够的能力和技巧完成工作任务。

18. 我认为自己拥有足够的自信完成工作任务。

19. 在公司内，我感觉还有更适合我的工作。

20. 我很愿意接受比目前难度更大的工作。

21. 距上一次我受到表扬已经过了很久了。

22. 过去半年里，有人在讨论我的进步。

23. 当我工作做出成绩时，上司通常会给我给予表扬。

24. 在工作中，我的意见经常得到上司的重视。

25. 我能够从自己的工作中体验到一种成就感。

26. 我对目前所做的工作感到很满意。

27. 我能够在公司的产品和服务中看到自己的工作成果。

28. 公司的考核制度能够充分体现我的绩效和表现。

29. 与公司其他员工相比，我对自己的收入感到很满意。

30. 与外单位的同行相比，我对自己的收入感到很满意。

31. 与外单位的朋友相比，我对自己的收入感到很满意。

32. 与自己的付出相比，我对自己的收入感到很满意。

33. 我的绩效能对我的收入产生重大的影响。

34. 公司的绩效好坏会对我的收入产生重大的影响。

35. 我了解公司如何确定员工薪酬调整的幅度。

36. 我知道公司有一套完善的薪酬管理体系。

37. 公司有明确的员工晋升流程。

38. 我非常清楚我在公司能够获得的职业发展机会和方向。

39. 在公司得到晋升的员工都是应该得到晋升的。

40. 公司职业发展的机遇总是先给最适合的人。

41. 公司职业发展的机遇总是先给和领导关系最好的人。

42. 公司空缺岗位的填补往往忽略了内部员工。

43. 公司提供了非常好的办公条件。

44. 公司的办公地点在我们当地属于比较好的地段。

45. 公司有严格的作息制度。

46. 公司对上下班有明确的规定。

47. 公司给我提供了必备的办公设备。

48. 公司提供给我的福利是其他公司不容易做到的。

49. 我对公司处理雇员福利的方式感到很满意。

50. 我对自己在公司内的人际关系感到很满意。

51. 我经常能感受到上级和同事对我工作的关心。

52. 我的上级支持我平衡个人工作与生活方面的需求。

53. 我和同事间的矛盾和误会比较多。

54. 公司通过一个有效的程序帮助我了解自己的发展需求。

55. 据我了解，公司正持续改善健康、安全环境问题。

56. 业余时间，我经常和同事一起外出。

57. 通常情况下，我的同事都表现出积极的工作态度。

58. 为实现同一目标，我的同事能紧密合作。

59. 我很清楚我的工作是如何同本组织中的其他同事的工作发生联系的。

60. 我的工作能够和同组织内其他员工保持协调一致。

61. 我的同事能够尊重我的想法和感受。

62. 公司部门和岗位之间分工非常明确，职责清楚。

63. 我工作所需的资料通常能够准备妥当供我使用。

64. 工作中，我知道在何处能够获得需要的信息。

65. 我的工作由于获取不到必要的资料而经常被耽误。

66. 为获取必要信息资料，我不得不找多个主管领导审批。

67. 总的来说，我对公司非常满意。

68. 公司是同行业中的佼佼者，我为自己能够在此工作感到自豪。

69. 公司的文化和目标给我提供了非常明确的发展方向。

70. 美的公司是同行业中发展最快速的公司。

71. 我对公司内部各项管理制度非常了解。

72. 公司各项管理制度能够得到严格的执行。

73. 各项制度在执行中保持了公平性。

74. 公司制定的各项管理制度中不合理的地方很少。

75. 高层管理人员在制定决策的过程中高度重视员工的意见和建议。

76. 高层管理人员遵照公司使命和价值观来制定决策。

77. 我的部门经理向我们采用开放而诚恳的沟通方式。

78. 必要时，我可以同部门主管直接进行沟通。

79. 在我的部门，上级制定决策时非常重视员工的意见和建议。

80. 我的上司在工作中会不断采纳我的意见和建议。

81. 高层管理人员值得员工信任。

82. 高层管理人员关心员工的想法。

83. 高层管理人员向我们采用开放而诚恳的沟通方式。

84. 我的上司不断地提醒我目标的进展情况。

85. 我的上司向我提供重要的改进意见，以帮助我提高绩效。

86. 我的上司非常理解我的工作，所以才能公平地评估我的工作业绩。

87. 我的上司能够适当地表彰我的努力和成果。

88. 我的上司营造一种积极的团队氛围。

89. 当我遇到问题或有困难时，我的上司可以帮助我解决。

90. 我从不相信上司的承诺。

91. 我的上司公平对待所有员工。

92. 我的上司针对我个人的职业发展提供重要的指导。

93. 我的上司一直注重持续不断地学习和发展。

第四节　工作满意度调查

✧ 简介

本量表是由斯佩克特（Spector，1985）编制的。它通过36道题描述了工作的九个方面（每个方面4道题）。这九个方面包括报酬、晋升、管理者、利益、偶然奖励、操作程序、同事、工作本身和交际。它原本被用于评估人际服务、非赢利组织以及社会机构中的工作满意度。

✧ 信度

布劳（Blau，1999）证明a系数为0.89。

☆ 效度

纵向研究中，工作满意度与对工作效能的期望、前一年的工作贡献、裁员幅度、工作转换和今年的工作贡献成正相关（Blau，1999）。斯佩克特（Spector，1997）发现九个方面之间均互为正相关。

以下请采用李克特6点量表作答。其中1＝非常不同意，2＝一般不同意，3＝有点不同意，4＝有点同意，5＝一般同意，6＝非常同意。R表示反向问题。

报酬满意度：

(1) 我觉得自己做的工作可以得到一个公平的回报。

(2) 薪水增加的太少了（R）。

(3) 我一想起来组织付我的薪水就觉得他们对我不够重视（R）。

(4) 我对自己涨薪水的机会感到满意。

晋升满意度：

(1) 我工作晋升的机会太少了（R）。

(2) 凡是那些在工作中表现出色的人都获得了公平的晋升机会。

(3) 在这工作的人可以和在别的地方一样发展迅速。

(4) 我对我的晋升机会感到满意。

管理者满意度：

(1) 我的上级很能胜任他（她）的职务。

(2) 我的上级对我不公平（R）。

(3) 我的上级对下属的想法一点兴趣也没有（R）。

(4) 我喜欢我的上级。

利益满意度：

(1) 我对我得到的利益并不满意（R）。

(2) 我们在这个组织中得到的利益和在其他组织中能够得到的利益一样多。

(3) 利益分配是公平的（R）。

(4) 我们没有得到本应该得到的利益（R）。

奖励满意度：

(1) 当我在工作中表现出色时，我会得到我本应得到的奖励。

(2) 我感觉我做的工作没有得到赏识（R）。

(3) 在这工作的人很少会得到奖励（R）。

(4) 我认为自己的努力没有得到应有的回报（R）。

操作程序满意度：

(1) 我们的很多制度和程序都阻碍了工作的顺利完成（R）。

(2) 我的工作很少被制度和程序所打断。

(3) 我有太多的工作要做（R）。

(4) 我有太多的文书工作要处理（R）。

同事满意度：

(1) 我喜欢和我共事的人。

(2) 我发觉我必须更努力地工作，因为与我共事的人能力不行（R）。

(3) 我喜欢和同事相处。

(4) 工作中经常会发生口角（R）。

工作本身满意度：

(1) 我有时觉得我的工作一点意义都没有（R）。

(2) 我喜欢自己工作中所干的事。

(3) 我有一种对自己从事工作的自豪感。

(4) 我的工作能使人感到愉快。

交际满意度：

(1) 这个组织的人际交往看上去很不错。

(2) 我对这个组织的目标还很不明确（R）。

(3) 我经常感到不知道组织里会发生什么事情（R）。

(4) 工作任务经常得不到全面的解释（R）。

注：标有 R 的题目进行反向计分。

（资料来源：Spector，P（1997）. Job satisfaction. Thousand Oaks，CA：Sage. Copytight 1997 by Sage Publications，Inc. Items were taken from the appendix，pp75 ~ 76.

Reprinted by permission of Sage Publications，Inc.）

第五节　工作描述指数评估

简介

工作描述指数量表（Job Descriptive Index，JDI）最初是由史（Smith，Kendall & Hulin，1969）编制的。它通过 72 道题评估了工作满意度的五个方面，分别为：对工作自身的满意度、报酬、晋升、上级和同事。对这方面的满意度评价可以合并为一个对工作满意度的综合测量。JDI 后经罗兹瑙斯基（Roznowski，1989）修订，它的信度系数略高于原测量的信度系数（Roznowski，1989）。格雷格森（Gregson，1990）通过因素分析选出每个维度（工作、报酬、晋升、上级和同事）上得分最高的 6 道题形成了一个 30 道题的 JDJ 的压缩版本。

◇ 信度

对工作自身满意度的@系数从0.75~0.94。报酬满意度的系数从0.78~0.91。上级满意度的系数从0.87~0.92。晋升满意度的系数从0.82~0.87。同事满意度的系数从0.87~0.92（Buckley，1992；Callen，1993；Cropanzano，1993；Gregson，1990；Judge，1993；Judge&Hulin，1993；Kushnir&Melamed，1991；Lefkowitz，1994；Mossholder；Bedeian，Niebuhr&Wesolowsi，1994Smart，1998；Taber&Aillger，1995；Waberg，1995）。

◇ 效度

对工作自身的满意度、上级满意度、晋升满意度、同事满意度之间互为正相关（Smart，1998）。对工作自身的满意度与上下级交往情况成正相关，与工作失控感、员工焦虑、员工情绪激怒成负相关（Callen，1993；Kushnir&Melamed，1991）。克罗潘赞诺（Cropanzano，1993）发现工作满意度综合测量与对组织的情感依赖成正相关，与离职意图成负相关。

罗兹瑙斯基（Roznowski，1989）通过因素分析发现JDI的题目分属于五个独立的因素。贾奇（Judge，1993）则发现存在一个衡量整体满意度的二次因素。格雷格森（Gregson，1990）通过因素分析发现30道题的JDI压缩版中交往满意度与工作满意度的综合测量中，特征（实际工作满意度）变量方差大约占全部方差的43%。

JDI中对各方面满意度的测量中，特征变量方差占上级满意度变量方差的41%，占工作自身满意度变量方差的34%，占同事满意度变量方差的38%，占报酬满意度变量方差的

56%，占晋升满意度变量方差的 61%。相关的研究（如明尼苏达满意度问卷）显示，特征变量方差大约占对工作满意度测量总方差的 46%。JDI 已登记了版权，使用者必须与 Bowling Green State 大学的帕特里夏·史密斯（Patricia Smith）教授联系。

以下为修订后的 JDI 题目：如果题目描述的特征符合工作中的实际情况，则选“是”，若不符合则选“否”，若无法确定则选“?”。

现在的工作：令人着迷的；常规的；令人满意的；令人厌倦的；创新的；受人尊敬的；令人愉快的；有用的；烦人的；有挑战性的；令人感到沮丧的；简单的；有成就感的；是快乐的源泉；单调乏味的；有趣的；可怕的；重要的。

现在的报酬：足够支付日常费用；我几乎不靠工资来生活；非常不好；不稳定的，总在变动；比我应该得到的要少；工资太少，不够用；工资很高；工资分配不公平；能够满足我的需要。

晋升的机会：有晋升的好机遇；晋升的机会有点受限制；凭能力晋升；没有发展前景的工作；有晋升的好机会；很少机会得到晋升；定期得到晋升；人们能够得到平等的晋升机会；晋升很容易。

现在的上级：很难取悦他（她）；不礼貌；会对出色的表现予以奖励；老练的；跟得上潮流的；急脾气的；能够指出我的工作定位；易怒的；顽固的；精通业务的；坏的；聪慧的；总是在需要的时候及时出现；懒惰的；干扰我的工作；发出使人混淆的指令；善于指导下属工作；不可信任。

现在的同事：令人鼓舞的；乏味的；迟缓；志向远大；愚蠢的；有责任心；聪明的；容易树敌；话太多；精明的；懒惰的；令人不快的；主动的；兴趣狭窄；忠诚的；易于共事的；碍我事的；浪费时间的。

（资料来源：Roznowski，M（1989）. An examination of the measurement properties of the Job Descriptive Index with experimental items. Journal of Applied Psychology，74 805 – 814. Items were taken from Tables 1，2，3，4，and 5，pp807 ~ 810. Copyright（c）1989 by the American Psychological Association. Reprinted with permission.）

第六节　薪酬满意度调查问卷

调查问卷说明

（1）本调查问卷共有50个问题，问题采用单项选择的方式，简明扼要并易于回答。

（2）你可以匿名填写此份调查表。

（3）本调查问卷的保密级为A级，任何信息都将严格受到保密，所以你可以放心做答。

（4）当有超过50%的题目不做回答时，本问卷将做无效处理。

（5）请你按实际情况作答，否则将影响调查结果。

你的姓名：____（可以不填）　所在部门：____（可以不填）

你的职位：____　入厂年限：____　年　龄：____

性　别：____　学历程度：____　所学专业：____

1. 你对自己努力付出与工资回报二者公平性的感受是（　）。

（1）完全公平　（2）基本公平　（3）不确定

（4）不公平　（5）非常不公平

如果选择（4）或（5），请写明简要理由或感受：__。

2. 以自己的资历，你对自己的工资收入（ ）。

（1）非常满意 （2）较满意 （3）不确定

（4）不满意 （5）非常不满意

如果选择（4）或（5），请写明简要理由或感受：__。

3. 领到工资时，你的感受是（ ）。

（1）非常愉快 （2）比较开心 （3）不确定

（4）有些失落 （5）心情非常糟糕

如果选择（4）或（5），请写明简要理由或感受：__。

4. 你的努力工作在工资中有明显的回报吗？（ ）。

（1）一定有 （2）可能有 （3）不确定

（4）没有 （5）完全没有

如果选择（4）或（5），请写明简要理由或感受：__。

5. 和其他同职位的人相比，自己的工资（ ）。

（1）非常高 （2）较高 （3）不确定

（4）较低 （5）非常低

如果选择（4）或（5），请写明简要理由或感受：__。

6. 你觉得目前的工资就是你个人价值的体现吗？（ ）。

（1）肯定是 （2）应该是 （3）不确定

（4）不是 （5）绝对不是

如果选择（4）或（5），请写明简要理由或感受：__。

7. 你对目前公司薪酬制度科学性的评价是（ ）。

（1）非常科学合理 （2）较科学合理 （3）不确定

（4）不够科学合理 （5）非常不科学不合理

如果选择（4）或（5），请写明简要理由或感受：__。

8. 你对目前公司薪酬制度对人才吸引性的评价是（ ）。

（1）非常吸引 （2）较吸引 （3）不确定

（4）不够吸引 （5）几乎没有任何吸引力

如果选择（4）或（5），请写明简要理由或感受：__。

9. 你对目前公司薪酬制度对员工激励性的评价是(　　)。

(1) 非常强的激励　(2) 较强的激励　(3) 不确定

(4) 激励性不够　(5) 非常差

如果选择（4）或（5），请写明简要理由或感受：__。

10. 你对目前公司薪酬制度公正性和公平性的评价是(　　)。

(1) 非常公正和公平　(2) 较公正和公平

(3) 不确定　(4) 不够公正公平

(5) 完全不够公正和公平

如果选择（4）或（5），请写明简要理由或感受：__。

11. 你对目前公司薪酬制度合法性的评价是(　　)。

(1) 绝对符合法律法规

(2) 基本符合法律法规

(3) 不确定

(4) 有些地方不符合法律法规

(5) 完全不符合法律法规

如果选择（4）或（5），请写明简要理由或感受：__。

12. 你对目前公司薪酬制度先进性的评价是(　　)。

(1) 非常先进和有远见性

(2) 有一定的先进性和远见性

(3) 不确定

(4) 有些落后于现实

(5) 非常过时

如果选择（4）或（5），请写明简要理由或感受：__。

13. 你认为目前公司的薪酬制度直接代表着谁的利益(　　)。

(1) 绝对是广大员工的利益

（2）部分员工的利益

（3）不确定

（4）少数人的利益

（5）个别人的利益

如果选择（4）或（5），请写明简要理由或感受：__。

14. 你认为你的薪酬与你的职位（　　）。

（1）非常相称　（2）基本相称　（3）不确定

（4）不相称　（5）非常不相称

如果选择（4）或（5），请写明简要理由或感受：__。

15. 你觉得目前公司薪酬的计算方式（　　）。

（1）非常简洁且易于明白

（2）比较简洁　（3）不确定

（4）有些繁复　（5）非常晦涩难懂

如果选择（4）或（5），请写明简要理由或感受：__。

16. 你觉得目前公司薪酬的支付方式（　　）。

（1）非常先进　（2）较先进　（3）不确定

（4）落后　（5）非常落后

如果选择（4）或（5），请写明简要理由或感受：__。

17. 你觉得目前公司薪酬的保密性（　　）。

（1）有非常强的保密性　（2）比较强的保密性

（3）不确定　（4）不够保密

（5）非常公开化

如果选择（4）或（5），请写明简要理由或感受：__。

18. 过去一年，你对获得的涨幅工资（　　）。

（1）非常合理且令人满意

（2）较合理较满意

（3）不确定

（4）不合理也不太满意

(5) 非常之不合理令人很不满意

如果选择 (4) 或 (5), 请写明简要理由或感受: _。

19. 你觉得目前企业的发展与员工工资增长的关系是( )。

(1) 利润增长时员工一定会得到工资增长

(2) 利润增长时员工可能会得到工资增长

(3) 不确定

(4) 利润增长时员工不会得到工资增长

(5) 利润增长时员工绝对得不到工资增长

如果选择 (4) 或 (5), 请写明简要理由或感受: _。

20. 你认为公司薪酬制度所倡导的分配机制是( )。

(1) 绝对向勤奋及优秀的员工倾斜

(2) 按劳分配

(3) 不确定

(4) 吃大锅饭搞平均主义

(5) 多"捞"多得, 少"捞"少得

如果选择 (4) 或 (5), 请写明简要理由或感受: _。

21. 你对公司经济性福利的看法是( )。

(1) 多种经济性福利且额度合适

(2) 多种经济性但额度过低

(3) 不确定

(4) 基本上没什么经济性福利

(5) 完全没什么经济性福利

如果选择 (4) 或 (5), 请写明简要理由或感受: _。

22. 你对过去一年公司在非经济性福利的建设方面的看法是( )。

(1) 卓有成效 (2) 基本可以 (3) 不确定

(4) 较差 (5) 非常差

如果选择（4）或（5），请写明简要理由或感受：＿。

23. 公司在传统节假日和纪念日有特别的费用发放吗？（　）。

（1）绝对有　（2）大多时候都有　（3）不确定

（4）基本上没有　（5）完全没有

如果选择（4）或（5），请写明简要理由或感受：＿。

24. 你对公司公共福利政策及建设的看法是(　)。

（1）做得非常好，极大地激励和鼓舞着员工

（2）有一些福利项目，但还不够完善和合理

（3）不确定

（4）做得较差，不太令人满意

（5）完全没有什么公共福利

如果选择（4）或（5），请写明简要理由或感受：＿。

25. 有员工对薪酬方面的事情提出不同意见和建议时，公司的态度是(　)。

（1）非常欢迎，积极采纳和接受意见

（2）基本上会有一些正面的改善，但比较被动

（3）不确定

（4）听听而已，没什么改变

（5）非常敏感，尽量压制

如果选择（4）或（5），请写明简要理由或感受：＿。

26. 在过去半年中，你觉得公司在薪酬付出与利润积累方面(　　)。

（1）控制得非常好，找到了二者的平衡点

（2）控制得较好

（3）不确定

（4）较差，二者有些失衡

（5）明显失衡

如果选择（4）或（5），请写明简要理由或感受：__。

27. 在过去一年中，绩效工资的发放(　　)。

（1）有科学合理的正式考核制度和考核表格作为依据

（2）有一些简单的考核制度和表格

（3）不确定

（4）没什么制度和依据，凭感觉考核

（5）完全失控

如果选择（4）或（5），请写明简要理由或感受：__。

28. 上一年度，公司对薪酬总额的预算(　　)。

（1）非常精准　（2）较准确　（3）不确定

（4）不太准确　（5）完全不准确

如果选择（4）或（5），请写明简要理由或感受：__。

29. 上一年度，公司对薪酬总额的控制(　　)。

（1）控制得非常好　（2）比较好　（3）不确定

（4）不太好　（5）非常糟糕

如果选择（4）或（5），请写明简要理由或感受：__。

30. 上一年度，公司对薪酬制度方面的意见征询工作(　　)。

（1）开展得非常好　（2）比较好　（3）不确定

（4）不太好　（5）非常差

如果选择（4）或（5），请写明简要理由或感受：__。

31. 你觉得公司大部分员工的辞职(　　)。

（1）因为薪酬的不合理而直接导致

（2）得薪酬有一定的关系

（3）不确定

（4）和薪酬没有什么关系

（5）绝对与薪酬问题无关

如果选择（4）或（5），请写明简要理由或感受：__。

32. 你觉得公司的分配机制（ ）。

（1）从根本上来说是绝对公平公正和公开的

（2）基本上还算公平公正和公开

（3）不确定

（4）在公平公正和公开性方面做得较差

（5）在公平公正和公开性方面做得非常差

如果选择（4）或（5），请写明简要理由或感受：__。

33. 你觉得公司一线生产员工对他们的薪酬（ ）。

（1）感到很满意　（2）基本满意　（3）不确定

（4）不太满意　（5）非常不满意

如果选择（4）或（5），请写明简要理由或感受：__。

34. 你觉得公司一般管理人员对他们的薪酬（ ）。

（1）感到很满意　（2）基本满意　（3）不确定

（4）不太满意　（5）非常不满意

如果选择（4）或（5），请写明简要理由或感受：__。

35. 你觉得公司技术人员对他们的薪酬（ ）。

（1）感到很满意　（2）基本满意　（3）不确定

（4）不太满意　（5）非常不满意

如果选择（4）或（5），请写明简要理由或感受：__。

36. 你觉得公司高级管理人员对他们的薪酬（ ）。

（1）感到很满意　（2）基本满意　（3）不确定

（4）不太满意　（5）非常不满意

如果选择（4）或（5），请写明简要理由或感受：__。

37. 你认为公司员工的工资层级差别（ ）。

（1）有一定的层级差别，但非常合理

（2）有一定的层级差别，比较合理

（3）不确定

（4）层级差别过大（小），不太合理

(5) 层级差别非常过大(小),非常不合理

如果选择(4)或(5),请写明简要理由或感受:_。

38. 与当地的一般消费水平相比,员工的基本工资( )。

(1) 设置得非常合理　(2) 设置基本合理

(3) 不确定　(4) 较低,不太合理

(5) 太低,非常不合理

如果选择(4)或(5),请写明简要理由或感受:_。

39. 按规定时间,公司薪酬支付的准确性和及时性( )。

(1) 非常准确和及时　(2) 基本准确和及时

(3) 不确定　(4) 不够准确和及时

(5) 经常拖欠

如果选择(4)或(5),请写明简要理由或感受:_。

40. 加班工资的计算方法和法律法规相比( )。

(1) 绝对符合法律法规

(2) 基本符合法律法规

(3) 不确定

(4) 有些地方不符合法律法规

(5) 完全不符合法律法规

如果选择(4)或(5),请写明简要理由或感受:_。

41. 员工基本工资、津贴和福利的确定过程( )。

(1) 绝对遵照明确的规章制度执行

(2) 基本遵照规章制度执行

(3) 不确定

(4) 基本上没有规矩

(5) 非常之混乱

如果选择(4)或(5),请写明简要理由或感受:_。

42. 公司薪酬方面的管理制度( )。

(1) 非常完善　(2) 大多数需要的制度都有

（3）不确定　　（4）规章制度较少

（5）没有建立任何薪酬方面的管理制度

如果选择（4）或（5），请写明简要理由或感受：__。

43. 公司对假期的设置是(　　)。

（1）有多种假期，可灵活休假

（2）多种有薪假期，但休假方式比较呆板

（3）不确定

（4）只有少数的有薪假期

（5）完全没有任何有薪假期

如果选择（4）或（5），请写明简要理由或感受：__。

44. 目前公司全部岗位的岗位工资(　　)。

（1）是通过科学合理的工作分析后制定的

（2）通过粗略的调查分析后制定的

（3）不确定

（4）管理者凭经验制定的

（5）完全没有任何依据

如果选择（4）或（5），请写明简要理由或感受：__。

45. 有一定的理由向公司申请加薪，公司的态度是(　　)。

（1）肯定是核实情况后决定是否加薪

（2）以各种理由敷衍过去

（3）不确定

（4）看自己反反复复努力申请的程度

（5）绝对不会加薪

如果选择（4）或（5），请写明简要理由或感受：__。

46. 以下关于薪酬与工作的关系，哪个最接近你的观点？(　　)。

（1）通过工作，我自己感到生活充实并获得合理的薪酬回报

(2) 我工作的基本目的就是为了挣一份工资

(3) 干什么工作都是次要的，只要有钱赚

(4) 给我多少钱，我就干多少活

(5) 没有钱什么也别谈

如果选择(4)或(5)，请写明简要理由或感受：__。

47. 以下关于薪酬与生活的关系，哪个最接近你的实际情况？(　)。

(1) 因为薪酬很高，自己的生活过得非常富裕

(2) 目前的薪酬除维持基本生活外，有一定的节余

(3) 我不太确定二者之间有什么关系

(4) 目前的薪酬只能维持最基本的生活开支

(5) 因为目前的薪酬太低，自己过得非常之贫苦

如果选择(4)或(5)，请写明简要理由或感受：__。

48. 在过去一年中，你获得培训福利的机会(　)。

(1) 非常多　(2) 较多　(3) 不确定

(4) 较少　(5) 完全没有

如果选择(4)或(5)，请写明简要理由或感受：__。

49. 公司薪酬管理制度的执行(　)。

(1) 非常严格　(2) 比较严格　(3) 不确定

(4) 执行得比较差

(5) 管理制度形同虚设，完全没有人去遵守

如果选择(4)或(5)，请写明简要理由或感受：__。

50. 公司在国家强制性保险保险福利、最低工资方面方面的做法(　)。

(1) 高于国家法律法规的要求执行，并向员工增加了其他福利

(2) 按照国家法律法规要求的最低限度执行

(3) 不确定

(4) 部分按照国家法律法规的要求在执行，部分则没有

(5) 完全没有按照法律法规的要求执行

如果选择（4）或（5），请写明简要理由或感受：__。

非常谢谢你完成了这份调查问卷！不知你是否有一些我们未在调查问卷中列出的观点需要表达？如果有，请把它们写出来。你希望的想法、观点或想令人关注的问题是什么？

第七节　团队价值观评估工具

在团队成员共同合作实施一个短期或长期的项目之前，首先要弄清楚大家是否都遵从相同的价值观。本评估问卷能帮助团队成员确认，大家是否已经准备充分。另外，本评估问卷还可以帮助找出合作过程中需要进行微调的某些方面。

说明：表中9－2中15个问题是关于团队和团队协作的价值观问题。按照你所在团队的实际情况，在适当的数字上划圈。

表9－2　团队和团队协作的价值观问题

题目	回答		
1. 工作重心	很模糊，不明确	1 2 3 4 5 6 7	很清楚
2. 工作的各种必备资源	不充足	1 2 3 4 5 6 7	很充足
3. 管理层对我们完成目标的能力的信任	丝毫没有表示	1 2 3 4 5 6 7	明白表示出来
4. 团队成员之间的交流	相互隐藏各自的想法	1 2 3 4 5 6 7	开放、共享
5. 与管理层的沟通	不沟通，沟通的不彻底	1 2 3 4 5 6 7	得到支持，彻底的沟通

续表

题目	回答		
6. 对工作成果的期望值	不实际	1 2 3 4 5 6 7	基于我们能力的大小
7. 工作量	过多	1 2 3 4 5 6 7	适度
8. 权威	没有充分的权力，导致工作效率低下	1 2 3 4 5 6 7	充分授权
9. 团队成员	缺乏专业知识和上进心	1 2 3 4 5 6 7	有知识、负责任
10. 使命	从来没有	1 2 3 4 5 6 7	指导着我们的工作
11. 团队领导能力	薄弱，领导不规范	1 2 3 4 5 6 7	促进了团队的发展
12. 开会	浪费时间	1 2 3 4 5 6 7	很有效
13. 激励	没有书面规定，随意性大	1 2 3 4 5 6 7	激励着我们
14. 对我们成绩的认可	管理层根本不关心	1 2 3 4 5 6 7	对我们的成绩大家赞赏
15. 团队精神	分裂的，敌对的	1 2 3 4 5 6 7	紧密的，亲密无间的

注：1～7表示回答的渐进过程。

这15个问题的总分是：______。

评分说明：把团队成员的总分相加，除以团队成员数，得到团队每一个问题的平均分（见表9－3）。

表9－3　　评分表

题号	团队的平均分	我的分数
1. 工作重心		
2. 资源		
3. 信任度		
4. 团队成员之间的沟通		
5. 与管理层的沟通		
6. 期望值		

续表

题号	团队的平均分	我的分数
7. 工作量		
8. 权威		
9. 团队成员		
10. 使命		
11. 团队领导能力		
12. 开会		
13. 激励		
14. 认可度		
15. 团队精神		

关于评分结果的解释

如果所有问题的平均分低于 75 分，说明这个团队并不具备（或尚未具备）整体凝聚力。解决这个问题的一个方法是，找出哪些价值观是具有决定作用的，看看团队成员都是如何给这些价值观打分的，考虑如何才能使这些价值观得到贯彻并在成员之间共享。

如果每道题的平均分只有 4 分或低于 4 分，就应该引起注意了。在团队的发展过程中，如果不早点解决这些问题，那么它们将会严重影响团队的发展。你可能需要请求外部援助，直到问题最终解决。

第八节 组织气氛调查问卷

目的

组织气氛问卷是用来使人们了解组织气氛或工作环境以及组织气氛是如何产生又是怎样对人们的工作产生影响的。

答卷说明

本问卷共有90道题，第1~47题是针对你的部门的组织气氛的。这个部门是由你的上司与你同向该上司汇报工作的同僚组成。第48~90题是针对整个公司的组织气氛的，包括任何影响你与你有工作交流的人员和部门的公司政策、程序。

“你的上司”包括下列四种情况：直线汇报关系；非直接汇报关系，在这种情况下，你可能被要求向非你的直线领导汇报，但可能是组织结构中虚线或矩阵关系的一些人汇报，在考虑产生组织气氛时可认为是你的领导；正规团队领导；事实领导。

答卷指南

（1）每一题由一对相反的陈述句组成，两个陈述句须阅读。

（2）在答题卡上对应每一题有两行答案选项：上面一行是你对目前状况的打分；下面一行是你认为理想的状况，在这种理想状况下，可以优化你个人或你在部门中的表现。

（3）如图9－2所示选择A最近似左端的情况，选择F最近似右端的情况。答案的位置越靠近陈述，则说明该陈述越能描述你部门的情况。

（4）对每一题均需对你部门目前状况及理想状况分别进行判断，将最能准确描述你部门目前状况和理想状况的答案涂黑。

	A	B	C	D	E	F
目前状况	●	○	○	○	○	○
理想状况	○	○	○	○	●	○

图9－2

上面一行说明左边的陈述完全与目前的情况完全相符；

下面一行表明“理想的情况”与右边的陈述很接近但不完全相符。

注意：

1. 使用黑色笔；
2. 每个问题的两个状况各涂黑一个椭圆圈；
3. 若涂错了，请打“×”。

第一部分 对部门

1. 左：在我的部门中工作不是很有组织　　右：在我的部门中工作是很有组织的
2. 左：部门的领导很重视改进业绩　　右：部门中的领导不大重视改进业绩
3. 左：部门中工作气氛友好　　右：部门中没有友好的工作气氛

4. 左：在部门中，领导会认为事事均要检查，即使员工认为他们的方法是正确的　　右：在部门中，领导不认为事事均要检查，因为他知道员工采用的是正确方法

5. 左：在部门中，领导制定的政策、程序、标准不会阻碍我的工作　　右：在部门中，领导制定的政策、程序、标准使我的工作很困难

6. 左：在部门中，领导按工作业绩认可并奖励成员　　右：在部门中，领导不会按业绩奖励认可成员

7. 左：部门成员很清楚部门的使命和目标　　右：部门成员不清楚部门的使命和目标

8. 左：部门成员不愿在工作上花额外时间　　右：部门成员愿意花额外的时间去工作

9. 左：部门成员不愿分享资源　　右：部门成员愿意分享资源

10. 左：部门中好的工作表现会得到认可　　右：部门中好的工作表现得不到认可

11. 左：在紧急情况下，部门成员乐意承担其他人的任务　　右：在紧急情况下，部门成员不愿意分担其他人的责任

12. 左：部门中经常因缺乏组织和计划影响产出　　右：部门中很少因缺乏组织计划影响产出

13. 左：部门成员很少花精力改善业绩　　右：部门成员花很多精力改善业绩

14. 左：在部门中新概念、新思想很难被接受　　右：在部门中新概念、新思想会被部门成员考虑并给出意见

15. 左：部门成员互相信赖　　右：部门成员没有这种信赖

16. 左：在部门中鼓励冒已经分析过的风险　　右：在部门中不鼓励去冒已经分析过的风险

17. 左：部门成员常常打破常规达成部门目标　右：部门成员很少有人打破常规使部门工作成功

18. 左：部门成员不会为自己是部门的一员感到骄傲　右：部门成员会为自己是部门的一员而感到骄傲

19. 左：部门成员明白部门目标与公司目标的关系　右：部门成员不明白部门目标与公司目标的关系

20. 左：部门的策略、程序清楚、明晰　右：部门的策略、程序不清楚、明晰

21. 左：在部门中最好的表现会给予晋升和经济上的奖励　右：物质奖励不一定会落在表现最好的人身上

22. 左：部门成员不互相尊重　右：部门成员会互相尊重

23. 左：部门成员为工作愿意作出牺牲　右：部门成员不愿意作出牺牲使工作得以完成

24. 左：部门成员被告之该怎样做工作　右：部门成员被鼓励按适合自己的方法工作

25. 左：部门成员不了解组织的目标是什么　右：部门成员了解组织的目标

26. 左：部门成员乐于提供帮助，使工作得以完成　右：部门成员很少乐于提供帮助

27. 左：部门中的领导不会设定高的业绩标准　右：部门中的领导会设定高的业绩标准

28. 左：领导苛求部门成员　右：领导不苛求部门成员

29. 左：部门成员合作像一个团队　右：部门成员很少合作工作

30. 左：部门成员清楚对他们的期望　右：部门成员不清楚对他们的期望

31. 左：在部门中要成功最好的方法是循规蹈矩　右：在部门中要成功，最好的方法是冒经过分析的风险

32. 左：领导设定很多不必要的程序　　右：领导尽量减少不必要的程序
33. 左：成员之间很关爱、友善　　右：成员之间不友善，很冷漠
34. 左：部门成员若表现好会得到称赞　　右：部门成员即使表现好，也很少得到称赞
35. 左：部门成员不了解他的工作与部门目标的关系　　右：部门成员了解工作与部门目标的联系
36. 左：部门不接受平庸的业绩　　右：部门可以接受平庸的业绩
37. 左：我很清楚主管、同僚对我的期望　　右：我不清楚主管、同僚的期望
38. 左：部门成员经常称赞自己的部门　　右：部门成员很少讲部门好话
39. 左：部门成员对发生可能影响他们的变化蒙在鼓里　　右：若有影响到部门成员的变化，他们会及时知道
40. 左：主管、同僚设定的目标很有挑战性　　右：主管、同僚设定的目标不具有挑战性
41. 左：部门成员不知道组织目标　　右：部门成员知道组织目标
42. 左：部门成员可以尝试新概念、新方法　　右：部门成员不可以尝试新概念、新方法
43. 左：部门成员得到的批评和威胁比鼓励和支持多　　右：部门成员得到鼓励和支持比批评和威胁多
44. 左：部门成员合作很好　　右：部门成员合作不好
45. 左：部门鼓励成员主动解决问题　　右：部门不鼓励成员主动解决问题
46. 左：部门鼓励成员做工作以达到公司目标　　右：不会鼓励做工作以达到公司目标
47. 左：部门中有许多忠心耿耿的人员　　右：部门中没有很多忠诚的人员

第二部分 对整个公司

48. 左：公司会花很多精力改善业绩　　右：公司不会花精力改善业绩

49. 左：公司会根据业绩奖励和认可员工　　右：公司不会根据业绩奖励和认可员工

50. 左：公司中有友好的气氛　　右：公司中没有友好的气氛

51. 左：公司制定的策略、程序不会阻碍工作　　右：公司制定的策略、程序会阻碍工作

52. 左：公司中员工事事被要求让主管、同僚检查，即使他的方法是正确的　　右：公司中员工不会事事被要求让主管、同僚检查，如果他的方法是正确的

53. 左：公司中的员工不愿意花额外的时间工作　　右：公司的员工愿意花额外的时间工作

54. 左：公司的绩效会因缺乏组织、计划而受影响　　右：公司的绩效很少因缺少组织、计划而受影响

55. 左：在公司中新想法和创新意识很难被考虑　　右：在公司中新想法和创新意识很易被考虑

56. 左：公司有明确的使命和目标　　右：公司没有明确的使命和目标

57. 左：在公司中员工愿意分享资源　　右：在公司中员工不愿意分享资源

58. 左：在公司中员工做得好会得到认可　　右：在公司中员工做得好也不会得到认可

59. 左：在紧急情况下，公司员工愿意承担别人的任务　　右：即使在紧急情况下，公司员工也不愿意承担别人的任务

60. 左：公司中的员工不会花很多精力去改进绩效　　右：公司中的员工会花很多精力去改进绩效
61. 左：员工因他属于公司而感到骄傲　　右：员工不会因为他属于公司而感到骄傲
62. 左：公司中员工互相信赖　　右：公司中员工不是互相信赖
63. 左：公司鼓励冒经过分析的风险　　右：公司不鼓励冒经过分析的风险
64. 左：晋升体系不会有助于表现好的人升迁　　右：晋升体系会有助于表现好的人升迁
65. 左：我不清楚公司的政策、程序　　右：我很清楚公司的政策、程序
66. 左：公司设定很多不必要的程序　　右：公司会尽量减少不必要的程序
67. 左：公司中员工不互相尊重　　右：公司中员工互相尊重
68. 左：公司中的员工会常常用非常规的方法使工作成功　　右：公司中的员工很少使用非常规的方法使工作成功
69. 左：公司中的员工不讲公司的好话　　右：公司中的员工会讲公司的好话
70. 左：员工不清楚公司的目标　　右：员工都清楚公司目标
71. 左：在公司中员工得到的鼓励、支持少于批评和威胁　　右：在公司中员工得到的批评和威胁少于鼓励、支持
72. 左：我清楚公司中的权力层级　　右：我不清楚公司中的权力层级
73. 左：公司不会设置很高的绩效标准　　右：公司设置很高的绩效标准
74. 左：公司内的人都能互相合作　　右：公司内的人不能互相合作

75. 左：公司内的不同部门之间互相配合很好　　右：公司内的不同部门之间配合很差

76. 左：在公司中允许人们去实践新思想并尝试新事物　　右：在公司中不允许人们去实践新思想并尝试新事物

77. 左：公司不会接受普通的、一般的表现　　右：公司会接受普通的、一般的表现

78. 左：在公司里人们被鼓励按适合自己的方法做事　　右：在公司里人们被告知必须怎样去做他们的事

79. 左：在公司里大家互相友好相处　　右：在公司里大家都彼此冷漠

80. 左：员工都愿意为工作做出牺牲　　右：员工都不愿意为工作作出牺牲

81. 左：公司没有清晰的方向　　右：公司有一个清晰的方向

82. 左：工资和奖金一般都与工作绩效有关　　右：工资和奖金一般都与工作绩效没有太多关系而与另外的事情有关

83. 左：没有太多的人忠于公司　　右：有许多的人忠于公司

84. 左：公司设立的目标是非常具有挑战性的　　右：公司设立的目标没有很强的挑战性

85. 左：在公司里的成功之道是循规蹈矩地完成任务　　右：在公司里的成功之道是去冒已经分析过的风险

86. 左：我很清楚公司使命　　右：我不清楚公司的使命

87. 左：公司里的员工都会知道影响到他们的最新变化　　右：公司里的员工都对可能影响到他们的最新变化蒙在鼓里

88. 左：公司里没有流言蜚语或小道消息　　右：公司里有许多流言蜚语或小道消息

89. 左：公司对员工要求苛刻　　右：公司对员工要求不苛刻

90. 左：人们不知道公司的目标　　右：人们知道公司的目标

第九节　激励型组织调查表

在每项问题的右边填写阿拉伯数字1~5，衡量一下你所在的组织与这些问题的符合程度。打分标准如下：1=完全不符；2=有一点相符；3=某种程度上相符；4=大部分相符；5=完全相符。

1. 组织内的员工积极活跃，工作主动热情。
2. 员工工作非常主动。
3. 员工的工作态度乐观上进。
4. 员工的工作没有浪费。
5. 组织活动以客户为中心展开。
6. 组织内的不安全因素能被迅速发现并排除。
7. 让员工感觉自己像是组织的业务合作伙伴。
8. 员工有很强的荣誉感。
9. 员工能够自觉节约组织的资源。
10. 员工对组织的使命和价值观了解得很清楚。
11. 员工被邀请参与组织的战略规划。
12. 组织鼓励员工在工作中自主做出重大选择和决定。
13. 员工能够参与制定重大的生产决策。
14. 组织授权员工改进工作方式。
15. 组织鼓励员工与客户及供应商密切合作。
16. 组织鼓励员工积极参与解决问题，不因犯错而受罚。
17. 组织上下齐心协力，使员工在工作中能够发挥能力。
18. 组织激励员工努力实现更高的目标。
19. 妨碍工作效率的问题能够被迅速发现并解决。

20. 个人决定受到尊重。

21. 组织内几乎没有不必要的政策和规定。

22. 有效的交流是组织的一大优势。

23. 组织内部信息传播高度畅通。

24. 组织做任何重大决策时，管理层均向员工解释原因。

25. 管理层和员工之间经常进行交流。

26. 高层管理人员定期到员工工作现场访问。

27. 一切消息向员工公开。

28. 各种会议组织得当，效率高。

29. 公司的宣传材料信息丰富，有助于宣传公司的形象。

30. 管理层对员工的要求和关注点高度负责。

31. 员工对管理层的信任度很高。

32. 劳资纠纷能够得到迅速而有效的解决。

33. 管理层勇于对失误承担个人责任。

34. 组织鼓励员工担当领导职责。

35. 员工获得极大鼓励和高度认可。

36. 表现优秀的员工能够得到奖励。

37. 个人成果和团队成绩都能够得到恰当的奖励。

38. 奖罚分明。

39. 组织鼓励和奖励创造性的工作。

40. 员工对自己的薪酬感到公平。

41. 员工愿意承担物质奖励的部分成本。

42. 员工感觉自己的建议能够得到管理层的重视。

43. 员工的建议能够得到迅速而积极的答复。

44. 组织所有成员都致力于不断地提高进步。

45. 部门之间的沟通没有障碍。

46. 员工和管理层相互高度信任。

47. 组织提倡高度的团队协作精神。

48. 部门之间及时沟通，高度合作。

49. 组织管理层视问题为改进工作的机会，而不是取得成功的障碍。

50. 组织大力提倡学习。

51. 组织鼓励员工互相学习。

52. 培训后不断有后续学习。

53. 员工参与制定培训决策。

54. 在决定工作要求、考评标准时，组织征求员工的意见。

55. 员工认为绩效评估是提高业绩的积极手段。

56. 进行自我评估和同事之间相互评估。

57. 员工认为组织制定的纪律体现出公平合理。

58. 员工在工作上精益求精。

59. 缺勤旷工的现象非常少。

60. 在组织内工作员工感觉干劲十足。

总分（将所有的得分相加）：______，百分比分数（总分除以300得出）：______。

激励型组织调查结果解释：

（1）90%~100%：你所在的组织具备高度的激励机制。

（2）80%~89%：你所在的组织正在不断提高激励水平。

（3）70%~79%：你所在的组织具备激励型组织的一些基本特点。

（4）60%~69%：你所在的组织激励程度略高于平均水平。

（5）50%~59%：你所在的组织激励程度处于平均水平。

（6）低于50%：你所在的组织激励程度低于平均水平。

第十节　基本组织类型评估

基本组织类型是一种实际易用的比喻说法，它们有助于经理人识别和研究市场、企业及两者之间的相互作用。它们是一套客观的描述体系，用来协助管理层对当前的问题和需要变革的问题达成共识。因此，它们在制定战略和实施决策方面是非常有用的。

基本组织类型评估方法将帮助你对你的企业进行一次整体分析。反过来，这将使你对当前的企业情况，以及对战略决策的关键信息有一个更清晰的认识。基本组织类型评估方法还能够被用来作为了解竞争状况的工具，这样你就能更好地抗衡对手。

当企业第一次利用基本组织类型评估方法的企业匹配流程时，对于应该做些什么，每个人都在看相同的内容。这在企业里面是很少见的情况，但对于企业成功来说却是至关重要的。

本节介绍了基本组织类型的评估方法，它是一种广泛使用（且非常实用）的管理工具，主要用来确定你的企业最适合哪种基本市场类型，以及企业目前正在哪种基本市场类型中运作。

在本节中，你将使用基本组织类型评估方法来评估你的企业和它目前在市场中所处的位置。企业的得分将向你提供有关组织优势、劣势以及未来需要做出何种变化的大量信息。

这种评估方法还能十分有效地应用于其他组织（例如，用来分析你的竞争对手，或者用来更加细致地考察意欲并购你所在企业的公司）。

但是，首先让我们来看看你如何才能使用该评估方法作为决策的工具：

☐ 你的企业目前在何种市场中竞争；

☐ 你的企业最适合在何种市场中竞争；

☐ 你的企业文化和其选择进入的市场类型之间的匹配契合度；

☐ 你的企业需要如何变革才能更加成功——或者仅仅生存。

和任何一种评估工具一样，基本组织类型评估方法不应当被单独使用。但是，当它和你自己的经验、其他人的经验和一些常识结合起来的时候，它就是具有很高的价值，成为一种帮助你更好地理解你的企业及其市场的方法，成为一种建立了解、达成共识和实现并购的工具，成为启动重大战略性讨论的手段。

描述词的关键

基本组织类型评估方法种的40个问题是围绕4个市场描述词和4个企业描述词设计的，这在前面的章节中已经出现过了。

4个市场描述词是：资源可得性（例如人力、资金和原材料）；竞争度；相关技术和市场的复杂性（例如，满足顾客需求和利用相关分销渠道的难度有多大）；商业机会的稳定性和可预测性（例如，未来可能的竞争程度或者经济、政治、法规环境的可能变化程度）。

4个企业描述词是：敏悟性，企业对于有关自身、市场、使命和运营良好程度的新信息的敏悟度；互赖性，你的企业管理合作，尤其是管理内部合作的能力，以及与在为客户提供产品或者服务过程中所必需的其他企业的合作情况；市场导向，你的企业结构和企业文化主要围绕为客户服务而建立，还是主要围绕适应自身内部功能而建立；公开系统，管理机制是否对信息、决策和行为有严密的控制，或者是否有一种允许人们充分参与决策和制定策略的文化氛围。

你使用该评估方法回答40个问题之后，就能用这8个描述词来将你自己的企业归类。通过使用由此产生的8个量度，你就能在代表所有潜在市场类型的格状图中描绘出你的企业。

企业无论位于8个量度中的哪一个都没有对错之分。例如，合作性强就未必一定优越于保密性强。在某些市场中，企业的保密性对于成功来说至关重要，而在另一些市场中，它就可能与高生产效率完全相悖。问题并非在于什么样得结构、方式或者过程本身优越，而在于什么对于特定市场环境来说是最适合的。

需要牢记的是，这种评估方法的目的是形成与你的企业实际运作情况相符合的精确描述——而并非形成它可能会是什么样的理想化描述，也不是要形成企业公关人员公开宣传的、裹着糖衣的企业形象的复制品。你的回答越诚实，评估结果就越精确和越有价值。

☆ 你最重要的选择

可能你已经对自己说："等一下！这个人说：我的企业是什么意思？"他指的是我所在的事业部，是我工作的具体部门，亦或是整个公司，还是公司所隶属的、位列财富500强的跨国企业？以上每一个单位的运作方式都非常不同，到底我可以正确地称哪一个我的企业？"

这个问题非常关键——但是并不难以回答。当你在进行基本组织类型评估时，你应该把你的企业看作这样的实体：它的绩效、竞争力或最终目标是你所要改进的，它是你打算做出更大贡献的单位，它是你能够使其真正发生改变的单位。

这样，许多人——尤其是主要领导人——能够以不止一种方式回答这个问题。例如，你是土星公司（Saturn）人力资源部的主管助理，你希望使这个部门更有效地运作，你应仅从人力资源部在土星公司内部功能的角度回答这些问题。但如果你所关注的是土星公司在客车市场上的总体竞争力情况（尽管你可能在人力资源部工作），那么你就应从土星公司整体角度回答这些问题。如果你想要确定通用汽车公司在客车市场上的整体位置——你有理由相信通用汽车公司的高层人员愿意听你的分析这方面的问题（或者即使你不相信，仅仅是好奇而已），那么就从通用汽车公司客车的整体运作角度来回答这些问题。

如果你并非企业一线的一员，起初某些问题可能较难回答，因为你和你的同事可能并非总是从客户和市场的角度考虑问题。但是，你仍可以非常有效地利用基本组织类型评估方法。例如，你可以将公司内部你服务或者提交报告的对象作为你的客户。或者，如果你所在的部门能对全公司起到支持的作用，你就可以将“客户”定义为“所有的公司领导和公司员工”。另一种选择是：你可以将客户定义为那些购买你所在单位的产品和服务的人。需要牢记的是，你对这些问题的回答应建立在你希望理解、变革或者改善相关业务的基础上。

一个将军了解他的士兵和他们的能力，并制定了能够最大限度地利用这些能力的作战方案。但是，在他明确了解部队要作战的环境之前，他不可能指挥军队在战场上打胜仗。了解企业竞争的环境正是运用这种评估方法的目的。

记住，基本组织类型评估方法是一种非常实用的工具，它不是一种学术训练或者理论训练。它的目的不是使企业关键人物发出感慨："啊，太有趣了！"，而是用来帮助经理人了解商战的环境——其目的要么是变换环境，要么是改变战略方案以使之最好地适应环境。

评估

认真考虑每一个问题，不要企图一带而过。只要有可能，尽量在你不会感觉到繁忙、有压力或心不在焉的时候独自完成评估——并且要保证百分之百的精力投入。你可以选择：要么不间断地、一次回答所有的问题；要么先考虑一段时间，接着和其他人商量一下，然后再回来作解答，可能需要这样反复好几次，直到你感觉你已经可以准确回答这些问题为止。

通常情况下，回答这 40 个问题需要花半个小时的时间，但是你要给自己留出 45 分钟。这样的话，如果你愿意，你就能够有时间检查和再次审视你的答案。如果你天生喜欢思考或行事谨慎，那就随心所欲地花上尽可能长的时间以确保理想地完成这个流程。如果你对于某个答案并不确定，那就尽量做出最准确、最合适的猜测。

基本组织类型评估

如表 9－4 至 9－42 为基本组织类型评估示例。

表 9－4　　单位和部门

单位和部门之间的界限					单位和部门之间的合作					
0	1	2	3	4	5	6	7	8	9	10

表 9-5 我们的价格和利润

为满足企业内部需求而制定					由高度竞争的市场决定					
0	1	2	3	4	5	6	7	8	9	10

表 9-6 客户的期望

容易满足					很难满足					
0	1	2	3	4	5	6	7	8	9	10

表 9-7 我们企业的行政组成

相当稳定					非常动荡					
0	1	2	3	4	5	6	7	8	9	10

表 9-8 我们的企业如何帮助员工

员工学会把正在从事的工作做得更好更快					员工学会使自己和企业适应新的客户需求					
0	1	2	3	4	5	6	7	8	9	10

表 9-9 我们的工作目标

由管理层规定和强加					每个人的信念及共享价值观的结果					
0	1	2	3	4	5	6	7	8	9	10

表 9-10 生产和销售企业产品及服务所需的资源

丰富和廉价					稀少和昂贵					
0	1	2	3	4	5	6	7	8	9	10

表 9-11 在我们的企业中“做正确的事”

确保产品或者服务到达客户					满足客户和赢得新的市场					
0	1	2	3	4	5	6	7	8	9	10

表 9-12 满足市场期望，我们需要的技术

简单高效的技术					复杂的高技术					
0	1	2	3	4	5	6	7	8	9	10

表 9-13 在过去的几年里，我们企业的主要目标

致力于保持内部优势					做出明显调整以适应不断变化的客户需求					
0	1	2	3	4	5	6	7	8	9	10

表 9-14 在我们的企业里，员工的工作

工作是单独的和无关联的					工作是相关的和互相信赖的					
0	1	2	3	4	5	6	7	8	9	10

表 9-15 我们的企业需要的员工类型

容易得到的					很难得到的					
0	1	2	3	4	5	6	7	8	9	10

表 9-16 我们的市场特征

少数竞争者					许多竞争者					
0	1	2	3	4	5	6	7	8	9	10

表 9－17　企业中的核心运营活动

受管理层控制					受每个相关人员控制					
0	1	2	3	4	5	6	7	8	9	10

表 9－18　在我们的企业中，我们的“存在理由”

我们产品的生活、销售和服务					发展与市场或客户间的持久关系					
0	1	2	3	4	5	6	7	8	9	10

表 9－19　我们的市场经济环境

相当稳定					不断变化					
0	1	2	3	4	5	6	7	8	9	10

表 9－20　我们的竞争者

单位和部门之间的界限					单位和部门之间的合作					
0	1	2	3	4	5	6	7	8	9	10

表 9－21　我们产品或服务的生命周期

还很长					越来越短					
0	1	2	3	4	5	6	7	8	9	10

表 9－22　我们的利润

已经实现了低成本和非常高的利润					有降低成本的巨大压力并迫切在低利润中生存					
0	1	2	3	4	5	6	7	8	9	10

表 9－23 我们企业里的权力

单位和部门之间的界限					单位和部门之间的合作					
0	1	2	3	4	5	6	7	8	9	10

表 9－24 在我们企业里的市场信息

被管理层获得，目的是进行协调					被所有人获得，目的是满足客户需求					
0	1	2	3	4	5	6	7	8	9	10

表 9－25 我们的产品和服务

可被强加给客户					绝对要满足客户需要					
0	1	2	3	4	5	6	7	8	9	10

表 9－26 在我们企业里的项目

跨部门项目很难取得成功					各部门协作的项目容易取得成功					
0	1	2	3	4	5	6	7	8	9	10

表 9－27 我们的市场需求

简单的和容易确定的					复杂的和不易理解的					
0	1	2	3	4	5	6	7	8	9	10

表 9－28 在我们的企业里，对技术、流程和职能进行优化

单位和部门之间的界限					单位和部门之间的合作					
0	1	2	3	4	5	6	7	8	9	10

表 9－29　我们未来的市场及客户需求

稳定的和可预见的					变化的和难于认知的					
0	1	2	3	4	5	6	7	8	9	10

表 9－30　我们目前的产品和服务

几乎没有来自竞争对手的压力					面临来自竞争对手的强大压力					
0	1	2	3	4	5	6	7	8	9	10

表 9－31　在我们企业里的“完成战略目标”

获得尽可能多的利润					取得尽可能好的市场位置					
0	1	2	3	4	5	6	7	8	9	10

表 9－32　我们做业务所需要的信息

简单易用					复杂难用					
0	1	2	3	4	5	6	7	8	9	10

表 9－33　我们的企业里管理层主要关心的问题

尽可能削减成本					让每个人充分利用可以获得资源					
0	1	2	3	4	5	6	7	8	9	10

表 9－34　我们的经验

客户对于我们的产品和服务的高需求					客户要求是廉价基础上的高质量和优质服务					
0	1	2	3	4	5	6	7	8	9	10

表 9-35 在我们企业里的员工主要将自己看作

将自己看作单独的部分					将自己看作整体的一部分并团结起来服务客户					
0	1	2	3	4	5	6	7	8	9	10

表 9-36 在我们企业里的工作关系

大多建立在规则和权力的基础上					大多建立在尊重和合作的基础上					
0	1	2	3	4	5	6	7	8	9	10

表 9-37 我们未来的竞争

易于识别和预测的					不断变化且不易预测的					
0	1	2	3	4	5	6	7	8	9	10

表 9-38 我们最主要的努力

将企业产出最大化					为客户增加新鲜和有价值的东西					
0	1	2	3	4	5	6	7	8	9	10

表 9-39 在我们企业里的大多数运营决策

仅由管理层作出					由所需的每个人共同作出					
0	1	2	3	4	5	6	7	8	9	10

表 9-40 在我们的企业里鼓励个人

关注他们自己的工作和目标					理解他们的工作对企业的综合影响并承担责任					
0	1	2	3	4	5	6	7	8	9	10

表 9 - 41　　我们的市场

可以承受返工和当前的成本					要求必须持续削减浪费和消费					
0	1	2	3	4	5	6	7	8	9	10

表 9 - 42　　在我们的企业里用来作决策的各种选择

清晰的和易界定					复杂的和容易混淆的					
0	1	2	3	4	5	6	7	8	9	10

当你回答完所有的 40 个问题之后，把你的各个得分放入下面的得分表中，将每个问题的数字答案填入适当的无阴影的方格里（空着同一横行中带阴影的 7 个方格），然后按照该页的指示去做。

基本组织类型评估得分表如表 9 - 43，在你完成基本组织类型评估问卷后，将你的得分填入以下的表格中，对于每个问题，将答案填入对应那一行的无阴影方格里。例如，你的第 1 题的得分填入 H 列。

当你完成所有答案后分别小计两个表格，将两个表格的小计相加得出没列的总计，将没列的总计填入下面恰当的方格中。

市场状况如图 9 - 3 所示。企业位置如图 9 - 4 所示。

当你将各列总计放入上面适当的方格后：

（1）将 A 列总计与 B 列总计相加，然后除以 10（或者在最后一个数字前加小数点）。

（2）将 C 列总计与 D 列总计相加，然后以相同方式运算。

（3）将 E 列总计与 F 列总计作相同的运算。

（4）将 G 列总计与 H 列总计作相同的运算。

表 9－43　　基本组织类型评估得分表

问题	A	B	C	D	E	F	G	H
1								
2								
3								
4								
5								
6								
7								
8								
9								
10								
11								
12								
13								
14								
15								
16								
17								
18								
19								
20								
21								
22								
23								
24								
25								
26								
27								
28								
29								
30								
31								
32								
33								
34								
35								
36								
37								
38								
39								
40								
总计								

A列总计	☐	C列总计	☐
+		+	
B列总计	+ ☐	D列总计	+ ☐
=Y坐标，市场状况	■	=X坐标，市场状况	■

图9-3 市场状况

E列总计	☐	G列总计	☐
+		+	
F列总计	+ ☐	H列总计	+ ☐
=Y坐标，企业位置	■	=X坐标，企业位置	■

图9-4 企业位置

这些将成为你在格状图中描绘出的坐标点，它们可以表明你的企业的市场环境状况，以及目前的企业框架在多大程度上允许你去成功地适应市场环境。

将你的得分放入企业或者市场框架图，现在，你已经在阴影方格中得到了4个数字：描述你的企业必须应对的市场环境的X坐标和Y坐标，描述你的企业和最适合的市场环境的X坐标和Y坐标。

市场状况：

Y坐标：__________ X坐标：__________

企业位置：

Y坐标：__________ X坐标：__________

现在将这些数字画在企业或市场框架图（参见图9-5）。具体方式如下：

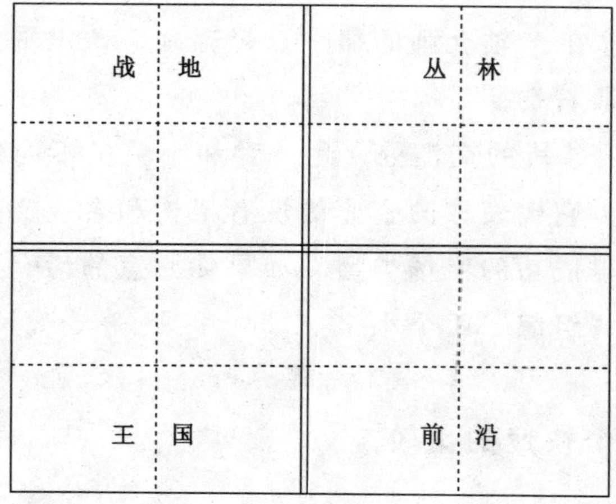

图 9-5　企业或市场框架图

(1) 将企业位置的 Y 坐标值画在 Y 轴（格状图中最左边的竖直线）相应位置，在该点处画上一个小点。

(2) 将企业位置的 X 坐标值画在 X 轴（格状图中最低部的水平线）相应位置，在该点处画上一个小点。

(3) 用一把直尺，直接从你刚才在 X 轴上画的那一点向上轻轻画一条竖线，一直画到格状图的顶端。

(4) 从你在 X 轴上画的那一点轻轻画一条水平线，一直画到格状图的最右端。

(5) 在两条线的交汇处，画上一个彩色小星星，它代表你的企业目前所面对的市场状况。如果你愿意的话，可在星星旁边写上“市场”两个小字。

现在，对于企业的市场位置进行完全相同的坐标操作：

(1) 将市场状况的 Y 坐标值画在 Y 轴（最左边的竖直线）相应位置，在该处画一个小点。

(2) 将市场状况的 X 坐标值画在 X 轴（格状图中最底部的水平线）相应位置，在该处画上一个小点。

(3) 用一把直尺，直接从你刚才在 X 轴上画的那一点向上轻轻画一条竖直线，一直画到格状图的顶端。

(4) 从你在 Y 轴上画的那一点轻轻画一条水平线，一直画到格状图的最右端。

(5) 在两条线的交汇处，用一种和小星星不同的颜色画上一个小圆圈，它代表你的企业的现有架构和企业文化，以及它最适合于获得成功的市场类型。如果你愿意的话，还可以在圆圈旁边写上“组织”两个小字。

一个快速的比较

现在只是通过浏览格状图，你就能够立即做出两个非常重要的判断。

首先，你能知道你的企业目前最适合哪一种市场类型以及出于实际的目的，你的企业目前正在哪一种市场类型中运作(在多数情况下，这也是你的企业应该在其中运作的市场环境)。

其次，你能迅速知晓你的企业和其选择的市场之间的匹配程度。你画的星星和圆圈离得越近，你的企业及其所抢占市场之间就匹配得越好。

如果你再仔细看看格状图，你将发现它被两种方式分割：一种是分成了 4 个大方块——没一个代表一种不同的市场类型，另一种是分成了 16 个小方块。

如果你画的圆圈和星号处于相同的市场类型中，并且还处于相同的小方块中，祝贺你！你的企业已经处于通向成功的位置上，可能只是需要对其进行微调，那么你的企业成功的可能性就最大。

如果你画的圆圈和星号离得很远，或是处于完全不同的市场类型中，那么你的企业则可能需要做一些认真的工作了。两个标记离得越远，就可能做出最大范围的变革。

但是，所有这些还只是个开始。企业或市场框架图能告诉你更多的东西，以下的内容，将会使你有更多的获益。

第十章　兼并与重组中的企业文化审慎调查

从长远的角度，我可以指出：是不相容的企业文化而不是别的什么东西使得好的企业战略遭到了破坏。但是，如果说我从过去三年多的时间里能学到点什么的话，那么就是改变战略要比改变文化容易得多。

——C·罗伯特·鲍威尔

在美国的经济发展历史中，共发生过五次大的企业兼并的浪潮，在每次兼并浪潮中，都或多或少地由某一特定类型的兼并占主导地位，所有这些兼并运动都发生在经济处于持续高速增长时期，并且与商业环境的特定的发展相吻合。按照 J·Fred Weston 等人在《兼并、重组与公司控制》的研究，这不仅仅是一种巧合。研究表明，兼并代表经济中资源分配与再分配的过程，在这个过程中，由于经济条件的变化和影响工业发展的技术创新，企业将对由此产生的新的投资和盈利机会做出反应，而采用兼并而不是内部积累的方式，可能会加快调整的进程，因而，兼并更有效地利用了资源。

企业并购作为企业资本增长和社会资源有效配置的重要方式，具有使企业资本快速增长、降低进入和退出市场壁垒、提高资源配置效率等优势。然而，从过去企业兼并与收购的历史中，真正实现预期目的的案例却不多。可以说，过去一百年来，兼并与收购的胃口向来很好，并且越来越大，然而大多却消化不良。

1987年的《哈佛商业评论》上，迈克尔·波特在一项对33家大公司的研究中发现，通过并购进入新的工业部门的50%以上的企业、进入全新经营领域的60%的企业和进入完全无关经营领域的74%的企业的并购，最终以失败告终。哈佛大学教授弗雷德里克·谢勒1987年曾对过去百年间公司兼并做过详尽的考察，他得出的最终结论是：将近70%的合并没有收效，只有1/3的合并达到预期的效果。美国麦金西全球研究所在1997年上半年公布的一项研究成果表明，在过去10年内，通过弱肉强食方式接管被收购的企业后，80%具有强势的大公司未能收回自己的投资成本。

2005年初，TCL的跨国并购正面临"离职风波"的严峻考验。4月中旬，TCL集团对外发布了2004年业绩预警报告，集团净利润急剧下降56.9%，2004年第四季度亏损4亿元的"业绩炸弹"直接导致该集团4月14日股价下跌了7.86%。有分析师说，TCL业绩的主要困难来自于TCL—汤姆逊和TCL—阿尔卡特两个合资公司。与此同时，联想收购IBM的全球PC业务后如何消化还在观察家们的议论之中，惠普CEO卡莉·菲奥里纳的解职也与并购康柏后业绩不佳有着重大的关联。

有人说，并购领域存在着一个70/70现象：当今世界上70%的并购后企业未能实现期望的商业价值；70%的失败源于并购后的整合过程中，而并购后最难整合的莫过于企业文化整合。

并购后企业战略框架的制定、业务的整合、并购后整合的管理和对企业内外部的沟通都影响了企业并购的成功与否。而企业文化整合又是在并购后整合过程中最困难的任务，因为文化的整合涉及对人的思想和行为的改变。

文化人类学知识

1. 文化互化（Transculturation）

“文化互化”是指相互的或双边的文化涵化，也指两个当事的文化群体彼此影响的文化涵化状况。这个名词是奥尔提孜（F·Ortiz）于1940年提出来的，他把这一名词当作如上面所提出来的那种意义去使用，但是却又希望以它来取代“文化涵化”。他认为“文化互化”一词更能表达从一种文化转变为另一种文化的过程中的不同情形，因为这不仅包括获得另一种文化（这也就是文化涵化的真正含义），而且其进行也必须包括原先那种文化的丧失或灭绝（这可以解释为“文化萎缩”）。另外它还含有引起创造新的文化现象的观念，这可以称作“文化更新”。马林诺夫斯基（Malinowski）在介绍以上引用的奥尔提孜的书的序言中，对这种意见表示赞成，它所表示的一种转变是：双方都是主动者，每一方都献出了它的一份，而且每一方都变成了一个新的文明实体。然而，如贝尔斯（Beals）所强调的，不管马林诺夫斯基的热情如何，但“我们在他的任何著作中都找不到他对文化接触时相互影响方面所的认真考虑”。

2. 文化抗阻（Cultural Resistence）

文化抗阻指一个民族对于外来的信仰、思想及行为等模式的接受与否。这个概念对于讨论“涵化”及“传播”有重要的意义。

3．文化没落（Kulturegefavle）

文化没落一词指当两种性质不同的文化相遇时，在文化中发生的文化没落现象。文化没落的理论自从被较新的“文化涵化”及“文化接触”的观念取代以来，使不再被人们所乐道了。

4．文化取代（Cultural Substitution）

（1）文化取代指一种文化的部分或者全体，代替另一种文化的过程。

（2）文化的取代是一种文化变迁的过程，在变迁的分析中，兴趣集中在新文化项目发生的方式，而较少注意新旧之间的关系。因此，有关文化变迁的讨论常提及的是发明、传播和涵化，而非文化的取代。这种强调，反映了文化变迁的一项基本原理，即替换、修正和代替，这是生物演化变迁的特点，而人类的文化变迁则是积累的增加。

克娄伯（Kroebe）把取代当成一种不需加以界定的基本概念，而把替换和移至当作同义语适用。他不否认文化取代的发生，因为明显的新文化元素有时会取代较旧的，但他坚称“移至经常会是部分的，教旧的文化元素虽然已在范围上缩小，并且变得非常特殊化，但它们依然是存在的”。

5．文化整合（Cultural Intergration）

（1）“文化整合”可界定为一种文化变为整体的或完全的这样一个过程，或者一种文化为整体的或完全的一种情态。此种情态被认为：① 在各种文化的意义中的一种逻辑的、情绪的或者美感的协调；② 文化规范与行为的适合；③ 不同成分的风俗及制度彼此之间在功能上的相互依赖。此一术语和“社会整合”一词，即使在意义上并非完全相同，至少也是部分重复的。

(2) 在使用这一术语的每一实例中，都承认带有“整体”或整体大于个部分之和的意味。在人类学中，“文化整合”一词至少在其基本关系的范围内具有三种个别的意义。

① 它是用来指“协调倾向”的。有关的协调，“如果一种文化的元素为了自身的完全显露，需要把其他元素也显露出来时，则文化组织在这方面的整合就会出现”。任何一种“功能论”，在本质上都是强调文化或社会行为的各种不同部分之间的相互关系的研究，与各种历史方法对比看，功能论是缘于文化整合的基本前提，而历史的方法则“倾向于把单体的文化看作不相关特质之集合，其来源和历史是各不相同的。”

② 与其他诸家之说并不冲突，但意义有所不同的，就是所谓的文化整合。文化之整合既是“形成模式”。这在若干文化中的表现乃是一个主要原则或是“文化模式”。“一种文化之中常有许多具有特征的目的，那些目的并非其他类型的社会所必有。为了遵循这些目的，每一民族都致力于加强它的经验，且在这一需求的压迫下，使庞杂的行为采取一种比较上协调的形式”。“缺乏整合是某些文化的特征，犹如另一些文化有极端整合的特征一样”。

③ 对许多作者而言，文化的整合就是一种过程，在此过程中文化体系固然与时俱变，但它也维持着一种文化。通常有三种反映方式：创新的选择；一种文化项目的形式、功能、意义或用途的修正，使之能充分适应该文化；文化体系本身在某一特点上对新用途的适应。

(3) 文化人类学和社会学都有作为标准的假说，即文化整合之完全与否有区别，所以就方法学的重要性来说上述两门学科需要一种尺度，用来衡量不同文化之整合程度。

6. 文化漂移（Cultural Drift）

文化漂移是指一个文化体系内部变迁的一种过程，而此文化体系是由文化中的小型变迁的无意识选择所构成的。这种小型变迁具有积累性，并倾向某一特殊的方向。文化通过把若干限制加在进一步改变的可能性上，为估计特殊文化变动的意义提供了一种基础，也为化解文化的抗力及对内外革新的容忍性提供根据。

这一术语虽然很重要，但并未被人类学家普遍使用。这个术语首先是在语言文字方面，之后推广到文化的其他领域。

对文化体系的主要属性有各种不同的看法。绝大多数系统而又确切的陈述都是着重某一属性，因此形成了许多相互补充却并不矛盾的要点。

通常着重点放在文化体系中具有“界限保持”上，其界限保持的能力，就是保持该体系与周围环境有别。

和界限保持密切相关的是“体系自主”这一个概念。体系自主指文化体系自给自足，它与其他体系之间无需互相补充、互相交换，没有从属或其他不可缺少的联系。

文化体系的观念中偶尔也有指挥或计划的概念。比如，认为一种文化是一个源于历史、为生存而设计的明示的及暗示的体系，它是一个特定的团体所具有的。

[案例]合并引发企业文化冲突 AOL 时代华纳要分家

20 世纪末 21 世纪初，各国纷纷掀起企业兼并的浪潮。通过兼并，企业可以扩大经营、降低成本、占领市场，从而实现最大利润。2000 年 1 月，美国在线与时代华纳宣布合并组建世界最大的跨媒体集团，有人说，美国在线为时代华纳安上了腾飞的翅膀，时代华纳则成为了美国在线飞跃的发动机。美林首席投资分析师将美国在线时代华纳股票列为2001年最具增长潜力的股票，目标价位定在每股80美元。然而美国在线时代华纳的股价现在只有每股15美元左右，其债券的信用评级也被下调为垃圾级。如果不是美国经济衰退、网络泡沫破灭，美国在线时代华纳也许不会这么快陷入危机。但是必须承认，两家企业的文化冲突也是一个不容忽视的因素。

1. 合并之后的文化冲突

从表面看，美国在线与时代华纳作为媒体界的两大巨头，合并在一起必能互利互惠，成为不可一世的重量级巨头。然而，两家企业的经营方式与组织文化存在较大的差异，再加上集团管理层缺乏跨行业管理及整合的经验，双方一直存在着隔阂与冲突。

新集团成立之初，美国在线的股东持有新集团55%的股权，其管理人员在新集团中占据了主要的领导位置，就好像美国在线吞并了时代华纳。时代华纳的员工痛恨美国在线的同事，美国在线的人开始时还能反唇相讥，但随着美国在线的亏损越来越大，他们也越来越抬不起头来。此外，美国在线时代华纳的管理层一直不稳定，特别是2002年7月，前首席运营官、美国在线实际上成为了集团下属的媒体传播分部下的一家子公司。在这种情况下，皮特曼的许多老部下纷纷离任，美国在线的许多中高层管理人员也因为觉得没有前途而辞职。

在集团中，内部的重重矛盾令企业的经营之路越走越艰难。美国在线时代华纳本来把跨媒体广告业务当作“摇钱树”，但其实他们最大的广告客户就是自己，美国在线只是充当了时代华纳各种产品的在线市场推广机器。而对外部客户，各个媒体各自的广告部门却根本不能从大局出发而合作，只知道为了本部门的利益而争斗。结果效率低下，广告效果也不好，客户在合同到期时自然不愿续约，或者只和各部门单独签订合同，或者大幅度缩减合同金额。

2. 美国在线走向亏损

美国在线的网络服务与内容服务未能有机结合，赢利模式单一。网络公司需要通过开发多样化的业务，收取多种服务费用。然而，美国在线的收入来源仍以网络接入为主。虽然旗下有网景、MP3音乐播放软件、即时信息系统等知名的软件公司，但是这些软件大都是免费发放的。合并后的美国在线并没有相应调整经策略，也忽略了普通用户的需求和利益，在用户总量大体不变的情况下，被微软等竞争对手通过降价和增加新内容等手段夺走了不少用户，订户数量的市场占有率下降到了31.4%。

统计数字显示，美国在线收入锐减的同时，时代华纳的业绩却不断改善。这表明，网络服务正日渐隐于幕后，而内容服务则突出于前台成为主角。但是受到网络带宽、传输等技术方面的限制，美国在线即使有了象时代华纳这样强大的内容资源，也难以将其转化为高额的收入。

3. 分家危机

集团部分管理者和投资者对美国在线疲软的业务很有意见，认为他们拖累了整体业绩，所以提出要将美国在线分割出去。据报道，集团董事长凯斯已多次表示要以某种模式将美国在线踢出去。就连美国在线部分原有和现任管理人士私下也希望同时代华纳分道扬镳，觉得既然时代华纳嫌弃美国在线，美国在线就没有必要在与时代华纳为伍。此外，华尔街有关人士认为，分家将有助于提升美国在线、时代华纳的股价。

美国在线与时代华纳，一个是在线媒体的代表，一个是传统媒体的老将，在合并之初给广大股民带来了无限的希望。然而事与愿违，合并之后的媒体巨人并没有取得令人满意的业绩，如今已成为骑虎难下之势。究其原因，根本的在于原来两家企业的文化冲突。那么，为什么企业合并过程中必须要考虑两种组织文化的相互适应问题？企业文化冲突会给企业带来哪些影响？如何进行组织文化的整合？如何在并购前进行有效的文化调查？这些就是本章讨论的重点。

第一节　兼并与重组中的文化冲击与整合原则

美国学者弗兰西斯说："你能用钱买到一个人的时间，你能用钱买到劳动，但你不能用钱买到热情，你不能用钱买到主动，你不能用钱买到一个人对事业的追求。而这一切，都可以通过企业文化而争取到。"

人的最大特点就是认同与抗阻。认同，与管理者合作，企业就能成功，就能取得好的效益；如果不是认同，而是进行反抗，或者说是抗阻，企业就难以成功，也难以取得好的效益。利益与目标会使人认同，但人的自尊又会使人产生抗阻。

从管理实践的角度来说，管理的范围包括事（affair）与人（people）两个因子。事（affair）的因子主要是指企业的发展战略、业务流程、组织结构等，而人（people）的因子即人（people）和人（people）之间的关系，它的范畴则主要是企业文化层面上的东西，但企业文化并不完全就是人（people）和人（people）之间的关系，它还包括了人对事的态度、做事的方式等。把管理和文化有机地结合起来要处理的就是人（people）与（affair）之间的关系，如管理和文化动因模型图 10－1 所示。

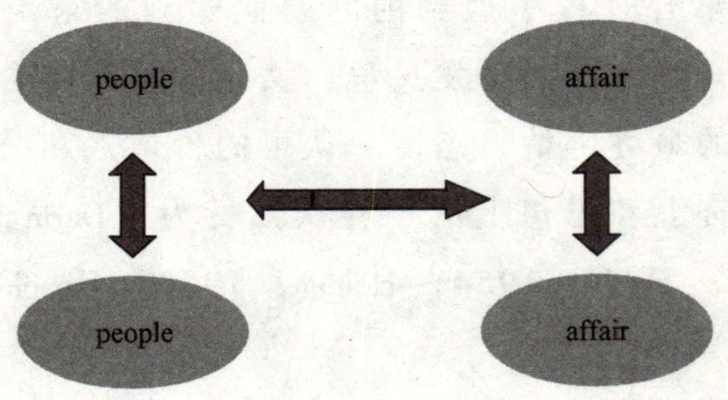

图 10－1　管理与文化动因模型

（资料来源：《价值观的起飞与落地》，王吉鹏著，电子工业出版社，2004 年 6 月）

从理论上讲，通过兼并与收购后的重组和整合，把组织系统、运行程序和操作步骤等有机的结合起来，有助于集中资源、产生协同效应、提高效率和节约成本。但是，金融家们和并购热情高涨的经理们却容易忘掉一点：企业目标的实现，是由人来完成的。如何协调“人与事”之间的关系，如何发挥来自具有不同文化背景的员工的积极性和团队精神，是摆在并购整合中的一个难题。

前面提到了文化整合，但其实“整合”这个词用得并不十分确切，更确切的词应该是“融合”。从字眼本身来说，人们更容易接受“融合”，而不是“整合”。从管理的角度，“融合”比“整合”更具有艺术性。

“融合”一词经常被用来定义因为经理们在处理各种不同的企业和社会问题时具有不同的哲学、思想和工作方法而能把一个企业捆在一起使其变得更有内聚性的神奇的研钵。那样非常好。然而，作为统一体的一员，他们要切实地为达到统一体的主要目的而作为一个整体行动。完美的和谐存在于那些企业与其每一个利益相关者的主要目的一致或至少是相容的地方。（摘自：《兼并与收购：交易管理》，［美］约瑟夫·克拉林格著，中国人民大学出版社，2002 年 4 月。）

文化是一个群体在一段时间过程为解决他们在外部环境中生存和内部整合过程中遇到的问题而学到的东西。这种学习是行为、认知和情感的并发过程。文化的最深层含义是对于组织在决定性的最终感情、态度、认可的价值观和公开的行为在感知上、语言上和思想上的一种认知行为（Durin，1981；Festinger，1957；Hebb，1954；Heider，1958；Hirschhorn，1987；Lewin，1952）。

组织文化可以定义为：在组织学习应付外部适应和内部整合问题的过程中被给定的群体所发明、发现和发展的组织基础信念的一种模式，它运作良好，被认为是有效的并且和因此被作为处理这些问题的感知、思考和感觉的正确方式传授给新的成员。因此，一种文化的力量和内部一致性是群体稳定性、群体存续的时间、组织学习实践的强度、学习发生的机制（例如，正面强化或者避免犯错）以及群体奠基者和领导者所持信念的清晰程度和力度等因素的函数。一旦群体拥有共同的信念，这种感知、思考、感觉和行为的无意识的模式就会有意义、稳定性和安全感。企业文化深深根植于组织的历史之中，并且会受到企业员工的信赖，因而它很难被改变。企业文化作为企业行为的指导力量，可以从日常事件和员工行为中明显看出，新成员将被鼓励去信奉它。当进行公司并购整合时，两种不同的文化突然发生碰撞，就容易引起矛盾。

克雷夫廷（Krefting）和弗罗斯特（1985年）说：“我们相信，通过管理文化来改变一个组织的努力会产生积极的而不是强加的结果，这样的努力产生的结果同样是有决定性的。由于文化管理的某些后果是无法预料的，因此组织文化的管理过程含有风险。在单一的组织环境中出现多重次文化时，面临的挑战会变得更大。因此，对文化的管理应作仔细考虑，实施应谨慎。”

并非所有兼并都需要进行文化融合。有两种形式的收购：战略型和财务型。只有战略型收购才会把目标公司的文化融合到一个现存的实体中。在企业文化融合的管理中，成功的企业一般都坚持求大同、存小异的原则，在使命、愿景与价值观方面建立彼此之间的相互信任，特别是合并公司的领导要通过实际行动来取得公司核心团队的信任（见图 10－2）。这需要领导者在主观上重视企业文化因素，并想办法了解各自原有团队的企业文化，并在组织结构、制度和流程方面进行适度的变革，下面是企业文化融合管理中的一些基本的原则：

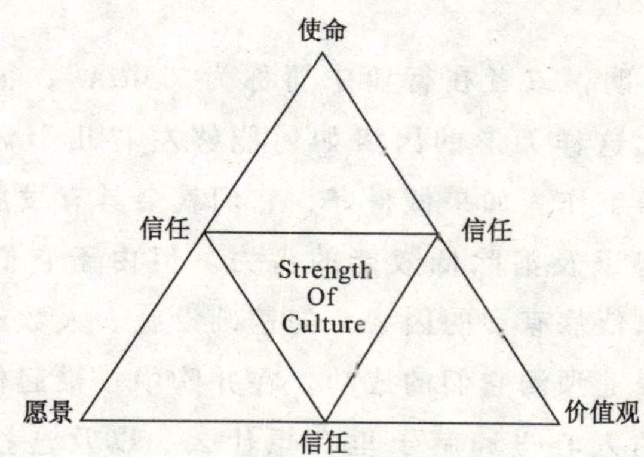

图 10－2 建立在核心层面的相互信任是“文化融合”的基础（李明，2005）

（1）强加一种不需要的文化并不是一个解决的办法。要建立一套和谐的企业文化更加困难，但是，从长远来看，它会取得更佳的效果。

（2）在合并初期就制定文化融和的策略。决定是否想维持原有的任何一方的文化，还是更愿意建立一种融合的文化。

（3）诊断、评估、分析并描述现有的文化。比较双方文化的异同点，这样，就可以区分出沟通中发生的文化障碍、文化差异及其他问题。

（4）判断新的文化在合并中所扮演的角色。确定为何需要一种特定的文化，以及从这种文化上将得到什么。

(5) 在双方之间建立"桥梁"。为了增进相互之间的了解，互相协作是最佳的方式。

(6) 为新的文化建立一套基本的体制，包括：奖励、认可和考核体系。

(7) 要有耐心。人们需要时间来接受新的企业文化这个事实。

第二节　企业文化尽职调查

兼并与收购，或者在行业中简称为"M&A"，很好的体现了像企业文化这样无形的因素如何能够左右几十亿美元以上及成千上万份工作。如果做得好，它们就会具有发展市场、巩固互补的优势以及消除低效能的潜力。但由于它们与人类有关，不可能只依靠有形的因素，如基础设施、人数或市场份额从资产负债表上预测它们的成功。在并购中，最起作用的是留在新公司中的人心里和脑子里在想什么，以及这些原本都独具特色的实体在前进的过程中选择建立一种什么样的文化。

并购与被并购公司的文化冲突并不是在并购之后才产生的，而是从收购意向传达到被收购公司时，就已经产生了，并且伴随着整个兼并交易过程和交易完成的整合时期。因此，有效的文化整合必须来自于对整个并购活动始末（并购前、并购中、并购后）并购方与被并购方文化的诊断、评估、分析和描述基础之上。

长期以来，在尽职调查中，对被收购企业的法律、财务以及公司运作方面的问题受到极大的关注。而今，随着大部分并购活动并没有带来并购的预期效果，预想价值并没有得到实现。参与并购的经理人员逐步认识到了如何处理好并购中人的问题，如果管理好并购后的企业文化，才是使企业并购带来最大价值的核心因素。

因此，在尽职调查中，调查人员不能忽视对被收购方企业文化的调查和评估。

那么，我们在文化调查中评估什么呢？

我们首先要确定是哪些文化因素影响着并购活动，包括积极、健康的因素和消极的因素。而所有这些文化因素的主体是企业和企业人，因此我们要从企业和企业人的思想和行为中寻找突破，其中包括价值观、对企业文化的理解和认知、行为方式、管理制度、制度的执行、组织结构、组织流程等等，都可能对并购的成败、并购后文化的整合和集团公司的健康发展造成影响。企业并购中需要关注的事件如图10－3所示。

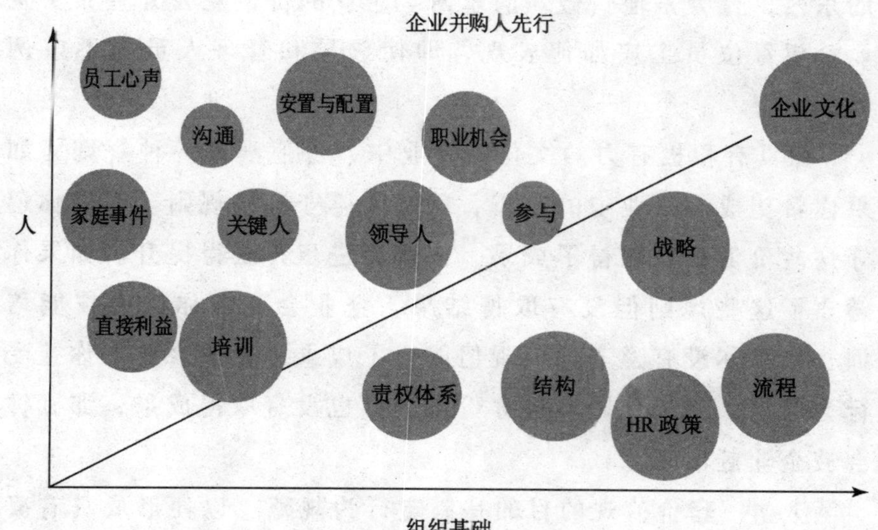

图10－3　企业并购中需要关注的事件

（资料来源：仁达方略数据库，2004）

在许多合并的过程中，往往不经过任何的评估，到底哪种企业文化更适合新成立的组织，较强势的投资方就把自己的文化强加到弱势的一方。这种方法在某些情况下，可能会导致快捷、成功的合并和整合。

但是，在另外一些情况下，这种方法会损坏期望从合并中获得的多数价值。特别是当合作双方差异很大时，就需要经过细致的评估，到底哪种企业文化更适合双方。计划进行这类合作时，必须对以下几个关键的文化方面的问题进行评估。

价值观

价值观是生存的戒律，是人们在内心深处持有的信念，这种信念告诉人们，一种生存状态或一种结果绝对好于另外一种。价值观是通过行为表现出来的。我们说“言出必行”，就是指一个人的价值观和他的行为是一致的。价值观是他“说”的东西，行为是他“做”的东西。企业的价值观公开宣布了企业希望每位员工应如何表现，即使领导和管理人员也不应例外。

在具有积极有力的文化的企业中，价值观是一种规则，如果你希望成为企业中的一员，就必须遵守这些规则。如果你遵守这些价值观并取得了成果，你就会进步并获得提升。如果你遵守了这些规则但没有取得结果，企业会要求你接受技能培训。如果你没有遵守价值观但取得了成果，企业会要求你接受行为培训。如果你既不遵守价值观，也没有取得成果，那么你会被企业赶出来。

建立一套价值观的目的是制定行为规范，以便形成具有凝聚力的企业文化并为愿景和使命提供支持。价值观为企业制定了一个框架，在这个框架里，企业里的每个成员都可以负责任的自由工作。当每个人都完全拥护企业的价值观时，每个人都可以相互信赖。

企业兼并与收购中面临的最核心、最根本的企业文化因素是价值观上的冲突，当合并两家公司的价值观相差悬殊并根深蒂固时，将对新公司企业文化的整合带来巨大的难度。因此，在并购之前对两家公司价值观的兼容性和可整合性必须做全面深入的调查和分析。美国美世（Merser）管理咨询公司对300多宗大型并购案进行的调查发现，在并购后的三年内，57%的并购企业在股东回报方面落后于同行业其他企业。从长期来看，并购失败的比例则更高。并购失败的主要原因是缺乏一体化战略，而且企业并为完全认识到把两种不同的文化整合到一起的难度。把那些表面的成文的制度进行合并，如合并会计、工资发放和财务汇报等制度，是比较困难的事情，但与文化整合问题相比，这些还只是小问题。

研究发现，文化重组直接决定企业重组能否成功。主要表现在以下三种情形：首先，具有相近价值观以及处于相近意识层次的企业进行合并时，成功的可能性最大。其次，那些具有高层次文化的企业兼并低层次文化的企业时，成功的可能性也比较大。在这种情况下，转向更高层次的文化对于大多数员工而言很有吸引力，但在低层次意识上进行经营管理的管理人员却可能因此不知所措，并且很难就员工参与问题进行妥协。通过接受指导、培训和参加个人成长研讨会，部分管理人员可以转向高层次文化，而其他人员则无法实现变革，最终不得不离开企业。第三，最不成功的兼并案例，是那些处于较低意识层次的企业兼并处于较高意识层次的企业。

管理风格

每个公司都有不同的特征，就和人一样。高低权力距离中的领导风格见表10-1。一家成功的公司可能会具有与另一家成功的公司完全不同的价值观，而当两家公司被放到一起并有所接触时，具有功能障碍的文化就会伤害优秀的文化。因此，企业联营时需要评估的最重要的文化因素之一就是各自公司的领导风格的兼容性。一个公司的管理风格会对日常经营活动的每个方面产生连锁反应。从聘用什么人开始直至各种政策和程序的制定与执行。

表 10－1　　高低权力距离中的领导风格

权力距离指数高的企业	权力距离指数低的企业
经理人员独断专行，家长式作风	经理人员在与下属商议后作决定
严密的监督管理受到下属积极的评价	遭到下属的消极评价
更多地认为人们不喜欢工作	倾向于人们会热爱工作
经理人员对指挥式和劝导式作风的上司较满意	经理人员对参与式领导风格比较满意
下属对经理决策风格的喜好走两个极端；要么独断专行，要么少数服从多数	协商式、平等交换式的风格
员工害怕与其上级意见不一致	员工们不太害怕与上级意见相左
员工们之间不大愿意完全信赖	员工们显示出较多的合作意愿
经理人员被认为很少替别人考虑	经理人员被认为能够替别人着想
对员工参与管理在思想上给予支持	对员工参与管理抱有复杂的态度
经理人员中对领导和员工主动性的能力给予积极的支持	经理人员中对于领导和员工主动性的能力抱有复杂的态度
员工不经非正式磋商也可能正式参与	员工不经正式参政式磋商
无论员工受教育程度高低，他们都对于权力表现出相似的价值观念	受教育程度高的员工与受教育程度低的员工相比权力主义价值观念少得多

因此，当两家公司合并时，必须事先考虑好新领导文化将对具体运作部门产生影响。有时候人们也渴望改变领导的风格：注入正确的新领导风格可以使优秀的公司更优秀，或者为原来只提供单调的产品和服务的公司带来永久的文化。但是必须在事前明确目标，而且最终的管理文化都必须适合双方的情况，利于长久的成功。

◇ 沟通的风格

人们最敏感的文化变化之一就是信息的流通。在两家公司刚开始合并时的敏感阶段，良好的沟通尤其至关重要。是否能够坦率地提供信息、共享长期发展计划，这是在更换新领导之时及以后，将会是出现混乱还是得到接受的决定因素。

从近期看，也许需要理解和驾驭的最重要的文化因素就是合并本身所附带的结果。与一个新公司联营，对被并购的公司来说，充满了美好的渴望与不确定，即使是在最好的情况下也一样。在不确定的情况下，人们总是做出最坏的假设，尤其是在公司兼并使他们的生计处于危险中时。接管的公司则会面临巨大的风险，一方面他们会失去被收购公司的最优秀的人才，尤其是那些有到别处去选择的人，另一方面又要保留一个公司的更具边际性的人员。即使是收益中性、计划要保留所有员工的岗位的友好合并也会面临着改变最终人才组合的风险。

从长远看，新的文化向前发展时，最重要的一点是与各层次的人员沟通的程度如何。因此，企业的合并代表着更好地共享信息的新机遇，反过来，也有助于员工把新的所有权看作是更好的文化。

◇ 利益相关者

社会价值观的变迁使得利益相关者这一概念对于现代企业集团变得越来越重要，企业对包括股东、员工、顾客、供应商与销售商、社会团体、政治家以及一些特殊的利益集团负有多重责任，这使得集团公司的管理任务变成一种非常困难的平衡活动。股东的利益必须和员工的利益达成平衡，集团的利益必须和顾客的满意之间达成一致，集团发展战略必须迎合地区发展战略，同时要对环境保护负有责任，如此等等。其中，任何一方对自身利益的过分要求，都可能会对集团产生重大的消极影响。无论如何，集团公司必须在平衡这些利益相关者的基础上，在资产重组和业务整合的同时，进行企业文化的整合，营造一种氛围、一种状态、一种能够充分提高效率的企业文化。

那么，重组后的企业集团如何管理多重利益相关者进行企业文化的整合呢？

第一步，承认利益相关者的权利与利益。集团企业应该承认利益相关者的角色、权利、利益及其对集团的潜在贡献。通过承认和塑造集团公司不同利益相关者的利益，通过把这些利益连接在一起的动议，改变态度、理解和一般参与，完全有可能在利益相关者中营造一种新的关系。以员工利益为例，员工在工作中的表现取决于三大因素：利益、信念和心理状态。我们要充分肯定员工在集团发展中所扮演的重要角色，给员工以价值认同（提供物质奖励和精神鼓励以及晋升的机会等）从而促进员工精诚合作，完善自我、发挥主动、为客户提供良好服务，实现企业价值观与员工自觉行动的统一。承认股东的利益，要求管理人员采取谨慎的投资策略，以公司利润最大化为经营目标，而不是盲目的扩张；在公司净收入减少时，管理人员不应该继续领取高额工资。

第二步，让利益相关者参与到集团发展中来。在承认利益相关者的权利与利益的基础上，应该让各种利益相关者积极地参与到集团发展中来，重要的利益相关者的参与对集团公司的发展是非常重要的。在消费品的研制过程中，如果把消费者请过来参与到产品的设计与测试中来，一方面体现了公司对消费者利益的重视，另一方面也使得产品开发更能贴近市场，从而有助于实现最终产品的销售。宝洁公司、可口可乐公司等所进行的广泛消费者参与的产品调研与试用测试，极大地推动了产品创新和品牌建设。集团下属公司在独立经营自身业务的同时，应该有机会参与到集团总部的战略规划与文化建设中来。对个人利益的尊重与对共同利益的认同、广泛的信息沟通与团队合作将有助于整个集团的健康发展。

第三步，利益相关者价值观融合是关键。在集团公司形式下，往往会有很多不同的企业被放置在一把单一的控制伞之下。在一个单一化的企业里，管理不同利益相关者已经是很困难了，而在一个集团公司中，复杂因素又会进一步增加，集团下属的每一个企业都有一堆它自己的利益相关者，都有它自己独特的企业文化，而且经常都有它自己鲜明的管理风格。有效的授权可以使下属企业自行解决子公司利益相关者的管理问题，但是，在集团利益寻求一致的时候，将不同的子公司整合在一起需要进行一大堆的融合——不同利益相关者价值观的融合——让每个人都了解他为什么在这个集团里，他能否认同这个集团的理念和价值观，以及他能否积极的配合、参与促进集团健康发展的活动。在这当中，我们必须注意文化融合的技巧，尤其是当它与利益相关者管理有关的时候，因为我们最终要融合的正是不同的利益相关者。

在兼并与收购的尽职调查中，要对企业的各个利益相关者的价值观及其利益驱动进行调查和评估，了解他们对合并的态度以及对合并后新公司的运营和发展的看法显得非常重要。

第三节　文化审慎法

文化审慎法包括五个步骤：收购前筛选；宣布收购后的综

合性文化测评；认知冲突、风险、机会和成本；设计并实施合并后的行动计划；合并后对发现事实的监控和证实。

收购前筛选

在这个阶段，你的视线中已经有了一两个目标，财务分析小组在埋头苦干，律师在整理文件，你也作完了自我评价。但是，你还没有准备好要跟目标企业接触。因此，针对每个目标，你指定一个文化审慎小组，其明确的任务就是确定冲突、风险、机会和成本。每个小组将承担一项细致的数据收集任务，包括收集任务，包括收集可以提供目标组织文化信息的公开文件。这项工作的时间不能超过三周。小组成员将收集目标企业文化物件、价值观和假定方面的信息。他们将寻找诸如此类问题的答案：事情是怎么做成的？决定是如何做出的？什么样的人员和行为可以得到奖励？每一个潜在的信息来源都要加以进一步挖掘，这其中包括年度报告、商业媒介的文章、猎头公司、商学院教授、以前为目标企业工作过的员工。这个阶段的工作过程就好比购房的经历：未来的购房的人驾车兜风，光顾当地的商店，跟居民聊天，以便对周围环境形成感性认识。

最后，高层经理会把文化调查小组收集的综合信息和律师及财务分析家的结论放在一起，进行整体的权衡，决定是否要接触目标企业。

宣布收购后的综合性文化测评

如果文化审慎结果显示，收购方和目标企业差距很大，甚至全然相异，这并不一定说明就应该放弃交易。但是，这意味着合并双方必须仔细调整两家企业间合并后的关系。更明智的决定可能是让他们完全独立，而不是企图完全融合两种冲突的文化。

综合性文化测评在宣布进行合并或者收购的计划后，双方可以一起指定两个小组，每个小组都由来自双方的人员组成。一个小组负责核查收购方，另一个小组负责核查目标企业。小组中应该有将来要为交易成功负责的人员，以及对交易保持怀疑态度的人员。第一步中收集的信息将提供一套工作假设，在第二步中加以检验实施。小组领导应该给每个小组找出4～6名公认的聪明睿智、条理清晰、深思熟虑的高素质人员。小组成员的年龄和性别应该有所不同，而且他们应该拥有在企业分部职能部门任职的丰富经验。

在进行测评时，小组成员应该密切注意到，现实的合并双方很少有势均力敌的情况，因此目标企业或劣势企业的员工可能对较为强大的企业的动机产生怀疑和恐惧。他们提供的信息也可能会反映这种现实。他们还应该注意到，企业往往有多种文化。事实上，在一家全球性企业中，还存在国别文化差异。在这种情况下，它们应该关注受合并直接影响最大的单位中的主导文化。在这一方面，小组所有的成员将接受文化审慎的基本概念、数据收集和阐释以及有效访谈、技术等各方面的培训。第一步中所要做的简略文化调查将必须加以扩展，包括跟两家企业思想领袖和中高层经理的会谈。

确定冲突、风险、机会和成本

根据上一步所收集的综合信息，小组成员现在必须要努力发现它们所代表的潜在冲突和风险，特别是那些最有可能削弱企业合并价值的冲突。有一些冲突很可能带来即刻的威胁，而另一些则会在以后慢慢的显现出来。

例如，如果薪资和奖励计划造成的巨大差异不能够得到迅速有效的协调，合并后的企业将很有可能面临着有价值经理和员工的叛离。在戴姆勒·奔驰（Daimler - Benz）与克莱斯勒（Chrysler）合并的早期，这个问题尤其妨碍了企业整合的努力。合并/收购决策的最终问题是：实现交易的期望价值将需要花费多长时间。因此，文化差异最终会归结到时间和金钱上，文化差异越大，两家企业实施整合所需的时间越长，最终实现的价值就相应地会越小。在这些假设的基础上就可能估计文化差异的成本。实际上，这是文化审慎发挥作用的时刻，文化差异的风险和成本是否太高，以至于交易不可完成？

设计并实施合并后的行动计划

如果决定继续进行交易，小组成员就必须跟其他同事一起制定行动计划，并组建合并整合小组。他们的结论可用来构建联合企业间的关系。高层经理会在如下几种可能性中做出选择：完全整合两种文化以创造新文化；让目标企业作为收购者的下属文化而存在；消灭目标企业的文化；让两者保留完全独立的文化。这个阶段的目标是确定缩小两家企业差距所花的时间、金钱和管理层注意力的成本是否合理，或者其他方案（如企业分立经营）是否更有意义。

合并后对所发现事实的监控和证实

在传统的合并和收购审慎中，发现欺诈或者潜在法律责任的专家，或揭示会计异常的财务分析家，只需写出发现的结果，就可以万事大吉了。与之相比，文化审慎小组成员则需要在这个阶段成立整个企业的组织见证人。因此，小组成员继续排解企业文化问题，监控整个过程的有效进行，就显得至关重要。这将有助于建立一种文化信息仓库，以据此进一步优化并检验文化审慎的方法论，以便在日后的交易中加以运用。

附录一：关于企业并购策略与文化整合的讨论

主持人：对外经贸大学教授、原惠普（中国）首席执行官 高建华

嘉　宾：严友松　科龙集团董事、副总裁

徐　源　小天鹅集团副总裁

严晓群　南京斯威特集团董事长

王明夫　和君创业咨询公司董事长

王　巍　万盟投资管理公司董事长

引　言

这是一场进程完全出乎我们意料的论坛。我们没有想到几位或中或洋、或产或研等不同背景与经验的并购专家，不仅在具体运作方式上各有千秋，而且在诸如“文化整合是不是并购要害”等基本并购理念上也存在巨大差异！而“各执一词”不恰好是处于转折与多变中的中国现状在并购领域的必然反映吗？

为了读者便于理解，我们在编辑时冒昧地将嘉宾们的发言按辩论思路强行冠以了正反方的帽子，仅供参考。至于孰是孰非，恐怕眼下只能见仁见智吧。

并购中，存在文化整合吗

高建华（正方）：企业的兼并整合实际上是三个阶段，第一个阶段是决策，就是我想兼并谁，兼并的目的是什么，它能对我这个企业起到什么样的作用？第二个阶段是把两个企业合并起来，这个合并的过程，中间可能要得到政府、投资者、

股东、员工等各个利益方的认同。第三个阶段，就是今天我们讨论的话题，整合兼并完了，双方签字了，但是如何把两家公司真正地合在一起？前两个阶段是在高层做工作，第三个阶段就变得非常具体。我们也知道，整合最困难的是文化整合，那么各位嘉宾理解的文化整合都涉及哪些内容？

严友松（正方）：大家知道，格林科尔并购了科龙，然后又并购了美菱、吉诺尔。科龙的冰箱跟海尔的不相上下，占市场很大的规模，从技术研发实力到生产系统的控制，应该都是不错的。美菱稍微弱一点。三个不同企业的整合，文化的冲突也就有不同的重点。民营企业的文化是少花钱，多办事。顾雏军有一个很好的背景，他是硕士，在国外做过访问学者，他在企业做过，在资本市场也做过，他有一个全球一体化的眼光。他的梦想是想把中国家电业做一个大的整合，让世界家电进入一个中国制造的时代，他一定是要做强做大的。在这种情况下，兼并国有企业像美菱，实际上企业文化上有很多的冲突。比如：国有企业里有很多围着不同领导转的小圈子，不是追求企业利益最大化，而是追求局部利益、小集团利益最大化，整体是没法协调的。那么像科龙这样快速扩张的企业，如果价值观不同，一定不行。所以，兼并中必须要整合，肯定要做文化整合。

徐源（正方）：我是来自国有企业的，我给国内几个国有企业做过兼并，也在长春的中外合作的企业做过，我受公司委托参与了全部过程的工作。我的体会是：什么是文化？它是看不见、摸不着的，但却是完全可以领悟的。第一个就是管理风格，第二个是思维方式，第三个是价值观。

王巍（反方）：我个人感觉并购跟谈恋爱差不多，一回事。谈恋爱有很多经济计算，人力、双方的家里条件、个人的气质、文化教养。一旦处理不好，就会感情不和。并购呢，经济计算到最后，可能定价不合理，可能是人事安排没搞好，或者技术走错方向，但是你把这些总结下来，都属于企业文化磨合不好。如何处理文化整合？这就像谈如何使两个人结婚之后保持感情一样，有很多变化。我个人感觉在讨论企业整合的问题时，不要太多把它归结为文化，还要做更具体的分析。

王明夫（反方）：我自己一直做兼并，我个人的感觉是文化整合的说法是错误的。我们有产业整合、价值链整合、资源整合，但是文化本身是不能整合的，它只能融合。并购过程中，根本不存在企业文化整合的问题，存在的是文化应该怎样重新塑造和变革，它是一个改良和再生的概念。并购重组里面，企业文化是很关键的，关系到成功失败，但它不是整合，而是文化的变革、转型。

并购整合的核心是文化吗

王巍（反方）：我觉得一谈文化就比较痛苦，并购就是商业行为，文化是后面的事情。我觉得我们台上的企业家都是做好人，不管做了什么事情，都想在道德上说得通，文化上如何如何。在我们整个从事并购中，人人都想做好人，不想做坏人。其实在商业里不存在道德，并购是在破坏状态，就是要改变，改变就要得罪很多人。包括科龙，一开始就被媒体判断为坏人。但企业家首先应把并购回归到商业行为，回归到资本形态。

王明夫（反方）：我是从事金融的，中国并购市场真正活跃的是金融性并购，多是指收购和控股。在这种情况下你会发现文化的冲突不是很严重。你总不能用金融公司文化去同化产业文化吧，你是善于做资本运作的企业，你把做种子行业的公司给收了，你去改变农民文化？那肯定是不行的。中国十来年，在并购领域最活跃和大手笔的是什么人呢？不是做实业家的人，而是做金融的资本家。他们面对并购里的文化问题有点儿不大一样。刚才王巍讲得很对，应回归商业本质。

我想补充的是，我感觉企业之间因为并购文化冲突所导致的管理局面的复杂程度，并不高于没有文化冲突的企业的管理复杂程度。两个企业走到一块儿就会因为文化冲突造成门派，那么是不是单一企业就没有门派？复杂程度其实是一样的。所以在这个意义上讲，所谓文化冲突造成的影响估计有点儿过高了。无论什么企业都一样复杂。例如一个很小的企业，内部的人际关系也很复杂，你搞大一个企业，也就那么复杂。所以对于文化冲突问题，尤其一个企业家，做老板的人，不要太纠缠于员工的心态冲突上了，跳出那些麻烦的事，回到商业本质上去。否则那没完没了，天天都会有矛盾。

高建华（正方）：一个企业里面有很多冲突，但是在一个企业里，大家也就接受了。而外来一个企业，心理上就不那么容易接受了。

并购中，人员必须大清洗吗

高建华：下面有观众提了这样一个问题，如何看待“多换思想，少换人”和“不换思想，就换人”这两个观点？

徐源（反方）：“多换思想，少换人”是比较切合国有企业的一个办法。这里，首先我们都要有一个施政纲领，我们来做什么？能做什么？不能做什么？先提出来，而不是上来就换一个头儿，换员工。第二，要规范别人，首先规范自己。我到那里去，首先我要接受那里的领导，让那里的员工说我称不称职，否则我在那儿没法开展工作。第三，我想公布一些制度，但不是贸然公布，得进行沟通，沟通里面既是融合，也是一种谦让和调和，因为绝对不存在50%、对50%没弄好的话，你的右脚还没有进去，你的左脚就被人拖走了，砍断腿的事不是没有。

王巍（正方）：徐总说得很对，但是和并购没有关系，这在任何企业都是一样的。大家都在寻找并购的规则，我认为并购作为一种破坏性的变化，不存在规则，也不可能有什么灵丹妙药。一定要案例分析，而且每个案例只能自己体会。并购的成败很多只有当事者才清楚，旁人并不清楚。中国目前并购的时间还太短，真正的中国并购市场还没有展开，或者刚刚开始。过去并不是并购，只是用这个词汇而已。

严晓群（反方）：2000年开始时，我们在上海并购了两家上市公司，其中一家的管理团队我们基本上没有动，财务也没有派。我们当时为什么没有派人去大换血？我们考虑它是国有企业，你首先不要打破他本身的权力利益体系，这个很牢固，改变需要时间。但是人员不变，并不代表其他不变。

我们在并购中有三个要变：第一是管理体制要变，第二是激励机制要变，第三企业文化要变。总之，企业运作的方法要变。在新情况下，你到底能不能干？是原来国有体制制约了你，没有把你的潜质发挥出来？还是你本身就不能干活儿？这需要新的企业检测一下。经过两个月的时间，效果和效益都很好。

徐源（反方）：我感到具体情况一定要具体处理。有些问题不动是无法向前走的，要动，又涉及很多人的利益，这种情况下我们要抓准契机。因为我们要相信，这个企业大部分员工是对我们抱有希望的，我们要发动群众做工作。比如说我在长春，我把所有的洗衣机配件成本全部公布于众，让大家看看我们的采购成本怎么样？群众心里都有一杆秤。还有，我搞了一次管理人员的相互评估，打分，不记名。当时的评估，有一个人只得了两票，于是他就说是搞突然袭击。我说好，你可以拉选票，咱们另找时机另投票，我再召开公司全体人员大会。结果他还是两票。可见，不是劳动创造人，而是环境改变人。所以说，作为收购方，不要以一种侵略者的身份进入，不要以为我就是胜利者，而一定要有学习的过程、相互交流的过程。这里，培养的是亲和力，有亲和力才有明天。兼并以后，我感觉刚去时人家都怕你，第二步是敢靠近你。做好了工作，大家就会拧在一起。

王明夫（正方）：我的经验是人的稳定是非常重要的，但作为收购方，你会无形中感到对方对你的排斥。有时候一个企业，它的人才走了，对我们讲不一定是坏事，也可能是好事。因为人才不是一个单个体，他有多大能力，一定是放在一个环境、一个厂、一个结构里才能起作用。所以兼并时，你首先要考虑未来要建立的企业结构是一种什么结构，什么样的结构下这个人能成为英雄而不是狗熊要根据这个标准去考虑他，不能单独看这个人本身的个人资历、经验、他的人缘关系。所以多么好的人才他走了，有可能对你还是个好事。第二，你要考虑做人的同化工作。这个过程中，你要找到企业里的灵魂人物。谁在公司里面是灵魂人物，你先跟谁谈，用他传导你的文化，这个很重要。这样的人有两个标准：一个是他现有的影响力，第二个他跟不跟你跑。他不是跟你一条心，一定要铲除他，但一定要讲究策略。

徐源（反方）：你刚才说的铲掉，我觉得这不是问题。到那个企业去，你要融入那个企业，你不可能把原来的做法搬到那儿去。我举个例子，我到长春，我觉得激励机制要做调整，是不是就能够改变它的激励机制呢？我说我们先搞一个项目，设计大概多少钱？参加这个项目的人多少？准备搞完了后期整个来看它的价值。本来这算是一个改革，但是几乎所有的技术人员都抵制，我说：这个方案是给你们加工资，你们不要？他们说：这个事不是这么做的，等等。我最后倒过来设计：谁参加我这个项目，我先减工资。他要是主动提出减工资，就是先承担风险。谁来？这样一弄挺好，“南郭先生”不来了，来的全是真干活儿的。所以说，我们还不是铲除，我们是要适应环境，然后我们来共同探讨适应这个环境的具体做法。

严友松（正方）：我们是这么看待这个问题的。在并购的前期，特别像科龙这样本身是一个国内有影响力的企业，其企业文化应该是需要保留的东西。也就是说，优势的东西应该保留，除非你并购的企业本身就很糟糕。如果它有一定规模，有优秀的品牌，本身也有优秀的人才，我们就尽量保留下来，让这些因素发挥作用。什么需要变呢？刚才严总讲的有些关键东西要变，这就是要按新的原则来做事情，你必须跟着新的走，用一句老话：不换脑袋就换人。并购整合本身，是要给企业提供一个新的明确方向，大家就朝着这个方向走。

作为并购方，如果你想把企业做好，一定要抓住进企业的时间，把不适应的处理掉。如果你在那儿呆了一年之后，事情处理起来仍很麻烦，你自己就都被同化了。你进入的时候一定要强势进入。产权改革是支撑，不能够控股的话，你就不要进去，否则做什么事情都肯定不行。同时，规则一定要强硬：这个月的销售增长30%，你能不能做？你能做就做，不能做就下去！如果有问题，我就告诉你：你在这个位置上不能给企业创造价值，你没有存在的价值。再者，一定要执行，要按照新的目标制定措施并完成。所有人都有机会，我们不歧视任何人，但是事情本身不能打折扣。科龙基本是这样的原则。

高建华（正方）：惠普做的很多事跟你们也是很相似的。我们人力政策一发布，惠普的所有人只有一条路，要么跟着往前走，要么出去。这在政策层面很严格，不管什么人，你是总裁，要接受就留下来，不接受就走。其后我们有3～6个月过渡期，给你一个岗位和机会，看你表现如何，3～6个月你没有表现，只好换人。

“计划”整合在中国可行吗

高建华（正方）：我想再问大家一个问题：在你们兼并整合的时候，你们是否有一个很明确的实现计划？例如分几步走，大概有一个什么过程或阶段？因为惠普合并的时候有三套人马，第一套人马进入一个“隔离室”，就是干净的房间，进入这里的人知道一切信息但不能向外界透露，因为这时合并双方要把他的产品、客户等等，一切的一切都分享。第二个叫兼并整合办公室，任务就像警察一样，监督所有的实施单位，按照“隔离室”定出的计划，不打折扣地监督执行。第三个是执行部门。这三套人马的关系是：设计计划的在隔离室里，他们当中没有人知道是谁去实施，就是该怎么设计他就怎么设计；而监督者还不是实施者，我跟任何一个实施者都没有什么关系，要保持中立。惠普就是用这样的方式，一年中完成了1000多件事情。具体到每一周要完成什么事情，合作之前的两个月全部都写清楚了，一年前都写好了。我们在座的几位嘉宾，在准备工作上你们都是怎么做的？或者有什么特色，可以给大家分享吗？

徐源（反方）：计划是中外企业最大的差别。我想没有一个企业没有计划，但是很多企业的计划变成了滑稽，是没有科学性，拍脑袋想的。第二个就是执行。我是2000年1月1日到长春，但是3月1日铺天盖地的事情压得我无法再去考虑什么计划，就是我怎样能够走出困境？所有的产品没有一台是合格的，这是我在做计划时料想不到的。所以我在紧急情况下，不得不采取停产整顿。到当年年底我在长春开了一个新闻发布会，向整个厂做了一个汇报。我说我做了三件事：第一是我的产量这一年比去年我没来时降低了；第二个我一年的亏损比去年增加了5倍；第三是员工的工资比去年同期减少了50%。就讲了三句话，因为我讲这三句话，第一是事实，第二我想你长春请我来，你能容忍我吗？我给你讲的计划与现在有天壤之别。讲完之后，市场部经理站起来，讲我来解释这三句话：第一，去年的生产是不合格的，滥竽充数，今年要整顿，所以不可能有量的提速；第二，去年本来亏的没报，今年全浮出来了；第三，员工的薪酬结构不合理，以往按照中外合资企业享受待遇，所以工资比较高，但并不符合实际。这就是我的计划遇到的情况，当你的计划不能实现时必须紧急沟通，如果不能沟通，我们会被人家驱逐。我们当时完全是共同参与的。

王明夫（反方）：我觉得并购过程的管理问题，这方面西方已经非常职业化了。中国做并购的，无论投资人，还是主持并购的企业家本身、工作小组，很多人连基本意识都没有，这是一个很大的不同。我们看到，有的中国民营企业家做得很大了，他们主要靠并购起家，已经学得非常职业了，但是相关计划是没有的。中国的情况是，你搞得很漂亮，你去做的时候，说出来职业水准很高，实际上都是花样文章，实际并购中不是太有用的东西，而且情况在变，这是一个问题，就是计划可能停留在花样文章上，起不到效果。第二个，很多并购项目是来不及你去仔细调查的，你需要闪电的速度，要不然这个东西就不是你的了，不管你有多大麻烦，必须以闪电速度拿下再说，有问题再处理，没时间讨论来讨论去。商业里这种情况是很常见的。另外，金融性并购这个圈子里很能干的人，很多时候是要抢资源的，有很多价位区间你是知道的，这时你不需要计划，你需要活动，通过活动你能签下来适当的价格，这可能都是与西方不一样的。我估计5年左右的周期可能会出现一群很职业的并购专家，出现职业性很强的并购。真正大手笔的商业家他不走那套程序，这是我的一个感觉。

高建华（正方）：这是两个问题。决策的肯定是大企业家。像惠普这样的兼并，它的决策者和实施者是不同的人，经理人去实施，决策是另外一方，肯定是高手在做。但是这里我想请大家谈一下，为什么国外的企业它并购的时候，1000多件事在8个月时间里能计划处理，能够在一年当中没有一点偏差地去执行？而中国就会出现王总说的计划变成一个花样文章而不去执行，这个背后的原因是什么？

徐源（反方）：我跟美国宝洁、德国西门子有多年的合作。美国宝洁跟我讲，它的成功经验有一条非常重要：调查。这就是他的经验。比如说：2004年的计划在2003年的5月份就做完了，2005年7月份来追溯回顾计划，跨度是两年，两年呐！第二个，考核就是兑现。我感觉这两家公司这几年的兑现率为100%，很伟大。伟大在什么地方？两年后去回顾两年前的计划，竟然能有如此高的兑现率。所以我想什么是计划？这才叫计划！哪一个不在变？时间在变，世界在变，产品在变，人在变，这些公司在两年历程中是怎样用变去做到不变的？我想这可能对我们现在的中国企业来讲，是一个大问题，在并购当中也是考验，我们并购方有没有这个水平是很重要的。被并购方的员工对你有一种希望，有一种寄托。你的计划不能实现，我看最后你也很窝囊！

严晓群（反方）：康柏和惠普合并，是一个模式，但惠普如果跟联想合并，跟康柏和惠普的企业规模是不一样的，这时我们有没有这个必要，或说有没有这个可能性来花这么多的管理成本做这件事？在中国的并购，对企业来说，除了经济上面要考虑之外，在其他方方面面，可能还要花比较大的力气。

金融并购比产业并购更高明吗

高建华：台下代表有一个问题：金融性并购有投机性，体现了金融性并购的本质，只注重企业的短期利益，不重视企业的发展。各位怎么看？

严晓群（反方）：我觉得中国很多企业并购的时候，不完全是单方面考虑这个，它可能考虑到很多方面。中国现在处于一个巨大变化的时代，下一步棋怎么走，现在还没有看清楚，但是你等看清楚再来抓机会，机会就没有了。我觉得，先不要管什么动机，本质只有是你要并购这个企业，你就要把这个企业干好。你干好了才有机会，干不好你就退出来，这就是并购方的心态。先不要说他什么动机，因为他自己到底是怎么个想法，可能现在还没有想出来。就我们来说，应该还是产业动机的并购。

王明夫（正方）：目前中国商界比较有出息的有两部分人：一部分人是做产业强势的；另外一部分人是做资本强势的。这两部分人，都有心态上的问题。做产业起来的企业家，对做资本运作的，多半有一种心理上的排斥，认为搞资本运作的是搞投机，搞泡沫，对社会没有什么贡献；而做资本的企业家，他什么心态？他对做产业的，不管你企业做多大，他都认为你老土，思维层次很低，不知道真正的商业最高境界在哪儿！结果，社会心态上倾向于实业家那边，资本运作起家的企业家，实际上这些人很优秀，但他收购的时候，喜欢解释清楚自己的身份：我不是搞资本运作的，我要做产业。

其实，经济里面最大的机会在哪里？根本不是销售一个产品获得的利润，最大的机会是用资本运作去改变中国的资本结构。可我们现在的社会心态，包括政府心态，就认为你搞运作你就是搞投机。投机在中国是贬义词，在外国其实是一个中性词。这里就有一个心态问题，而且这个心态根深蒂固。我经常跟做实业的朋友讲：你千万别小看做金融的那帮人，以为他们只会做投机。我个人感觉，如果你对资本运作很优秀的企业家持有偏见的话，你肯定是犯错误了！任何企业家做到一定程度，最终他一定走向资源配置，资源配置就是资本运作的概念，他一定是这样的！一个成功的人，已经不考虑年产销了，董事长不考虑这个问题，他考虑的是在总体范围内我资源怎么配置？对金融投资家，我觉得有必要跟大家做一些比较深入的沟通。

徐源（反方）：金融跟产业不一样，金融投进去考虑两点：第一个回报，第二是能跑掉，而产业考虑的是供应。

高建华：我个人理解，并购还是一个科学和艺术的比重问题。这个比重会逐渐变化，中国早晚有一天科学的比重会越来越多。到那个时候，跨国公司所采用的并购观念，对大家可能会有越来越多的借鉴意义。

摘自《中外管理》(2003 年 12 月)

附录二：企业文化对企业并购的冲击

The Impact of Corporate Culture on Company Mergers

Who can ever forget the spatial distribution of personalities during lunch in the school cafeteria? The table turf of "preppies", "geeks", "jocks" and so on? Such groups persist because individuals who exhibit similar qualities are continually folded in, or in an effort to be accepted, willingly conform to established conventions. Visible and behavioral cues make it readily apparent who is "in" and "out" of a particular crowd, despite a lack of formal structure. Unknowingly perhaps, these students have created organizational cultures. [大家都会记得在学校自助餐厅吃午饭时学生们所表现出来的性格分类，比如，一些个体因为表现出相似的个性，或者一些人努力希望被大家接受，这样无形中

就建立起一种约束，形成团体。在一定的团体中，尽管没有什么正规的结构，但是大家都可以通过隐含或公开表示的东西，清楚看到谁属于或不属于这个团体。于是不知不觉中，这些学生已经建立了团体文化。]

Companies are similarly driven by their own kind of organizational culture. Known as "corporate culture," it is deliberately expressed through a variety of forms such as architecture, workplace fashion, institutional structures, jargon, and title nomenclature. At Caltech, social scientists conduct behavioral economics experiments to demonstrate the measurable influence of corporate culture in companies, and then use this information to predict corporate compatibility in mergers. [企业也是一样道理。很多企业的行为事实上都受企业文化的驱动。众所周知，企业文化是通过很多的形式，比如体系结构、工作场所的风尚、组织结构、流行的行话和行业术语表现出来的。在加利福尼亚理工学院，社会科学家做了关于行为经济学的实验来表明企业文化在企业中的影响，然后运用实验得到的信息去预测企业并购中存在的兼容性。]

Organizational Culture

According to Colin F. Camerer, the impact of culture in the corporate environment is becoming increasingly important. Effects can be positive, as evidenced in the cases of WalMart, UPS, and Southwest Airlines. Employees of Southwest, for example, actually accept lower wages than their industry counterparts in order to be part of the "fun" working environment created by Southwest's "People Department" motto: Hire for Attitude, Train for Skills. Cultures of obscurity and distrust, however, can have a negative effect on company performance such as recently observed at Enron and WorldCom. Colin F. Camerer. [研究表明，在企业的生存环境

中，文化的影响力日益显著。文化的影响可以是积极的，例如沃尔玛、UPS 以及西南航空公司的企业文化。西南航空公司的人力资源部门有一宗旨是：工作态度、培训和技能，由此营造出一种吸引员工的工作环境。员工们为了拥有“有趣”的工作环境，宁可接受比同行业更低的工资。然而，企业文化的作用也可能是消极的，文化的模糊和失信对于企业行为有很大的负面影响，例如近期 Enron、WorldCom 的表现。]

To an economist like Camerer, it is irresistible to take an approach to corporate culture that anthropologists call “functionalist” Functionalists try to understand a culture and its persistence by isolating elements and examining them from the standpoint of functionality such as how a particular company's culture enhances economic efficiency or worker satisfaction. Its effectiveness can also be measured by observing how it resolves coordination problems by telling workers what they should do when clear rules do not exist specifying employee action in the face of unforeseen circumstances. Yet how is culture measured precisely in the field? [对于像 Camerer 这样的经济学家，不可避免地因对企业文化的态度而被人类学家称为实用主义者。实用主义者试图去理解企业文化，但是他们往往将各个因素孤立开来，并且从实用的观点去检验企业文化的作用。比如考察特定的企业文化如何增强经济效率或工人的满意度。还有就是若没有明确的制度规定，工人在遇到突发事件的时候企业文化可以指导工人如何去做，从而解决合作方面的问题，这也被作为度量企业文化功效的方法。但是，在这个领域中企业文化的功效如何才能被精确地测定呢？]

Experiments in Code

One way to study organizational culture is to create it in the laboratory and explore its properties. Camerer and his researchers have focused on the communication aspect of "codes"——in particular, slang——because they are easy to "grow" in the lab and study. "Stat" and "NPO" are examples of codes used in emergency rooms where it is critical to communicate highly—specialized information with precision and conciseness. Other observable codes are the slang of teenagers, mobsters, and rappers ("whatever", "fuggedaboutit," and "benjamins" = money), government acronyms, academic jargon, and phrases. In their innovative research, experimental subjects are observed as they create specialized homemade languages which are used to rapidly communicate within organizations. For instance, the phrase "does he drink the Kool - Aid?" is used at Microsoft as a measure of corporate loyalty, alluding to the use of Kool - Aid to dispense cyanide in the 1978 Jonestown Massacre. Unlike other aspects of business culture like mission statements and priorities, codes like these are easy to synthesize and measure in the laboratory. [一种研究企业文化的途径是在实验室创立企业文化并探究它的特性。Camerer 和他的研究者们集中精力研究运用代码的沟通方式，尤其是行话来研究，因为在实验室的研究中很容易产生行话。"Stat"和"NPO"就是人们在紧急情况下常说的，在紧急情况下，精确而简要地运用高度专业化的信息沟通是非常重要的。其他明显的代码是十几岁的孩子、歹徒、抢劫者的行话，政府的缩略词、学术行话以及短语。在研究者们的创新性研究中，他们也创造出专门的内部语言，并运用这些内部语言在组织内部很快地沟通，正好也切合了研究的题目。举例来说，"他喝 Kool - Aid 吗？"这句话在微软被作为对企业忠诚度的度量工具，暗示着在 1978 年 Jonestown 的大屠杀中分配氰化物中 Kool - Aid 的作用。不像企业文化中的任务和优先权那样难于在实验室中测算，代码是很容易在实验室里研究度量的。]

In Camerer's tests, the subjects are given a set of identical pictures and are paired up as "manager" and "employee." These pictures are of complex office environments involving people, objects, and activities——each similar in content yet distinct in composition. In each round of the experiment, the manager is given a "correct" sequence of pictures. The manager must communicate this information as quickly as possible to the employee, whose pictures are arranged in a different order, only by describing features of the pictures. While performing the task, the subjects can freely talk back and forth with each other, but are separated by a partition to prevent any other forms of communication. The objective is for subjects to develop a common language to accurately identify pictures in the shortest time possible. [在 Camerer 的测试中，每个给出的题目都配合同一的图片，接受测试者分为经理和员工两类。这些图片是由复杂的办公室环境组成，包括人员、目标、活动——每个图片之间都是内容相似但构成不同。在每一轮的实验中，经理拿到一个正确排序的图片，他必须与员工尽快沟通，告诉他们图片的正确排序，因为员工的图景是按不同的顺序排列的。但经理只能通过表述图片的特点来指导员工。当实施这个任务的时候，相互间可以前前后后讨论题目，但是禁止其他形式的沟通。这个实验的目的是发展一种共同的语言，使得大家在短期内精确地描述图景成为可能。]

This results in a tacit, shared understanding that is similar to corporate culture in a simple form. Like cultural practices, the internal language is an important source of the "firm's" efficiency (the ability to communicate which pictures to select rapidly) and also a source of potential cultural conflict (players using different codes choose more slowly). Like culture, the homemade language arises endogenously through shared experience, so it is likely to be idiosyncratic and differ between firms——even though each firm's language may be equally efficient. "Good" cultural codes pick out the special features of each picture, are brief, and are often memorable. For example, different subjects described the Figure 1 office scene as "cubicles", "headphones", and "telemarketers". In another picture, a businessman is gesturing at a meeting with his hands outstretched. On group called this picture "Macarena" because the outstretched hand gesture resembled one move in the faddish 1990's dance of the same name. [结果是不言而喻的，达成的共识如同简单形式中的企业文化一样。但是，在文化实践中，内部的语言是提高公司效率的重要手段，但同时也是导致文化冲突的根源。对于文化来说，尽管每个公司的内部语言可能都是有效的，但由于内部语言是通过共有的经验内在地产生发展的，所以公司之间内部语言大都不同。好的文化代码选取每个图片中的特性，非常简短，也经常令人印象深刻。举例来说，描述图 1 中的办公场所的有：小卧室、耳机、电话营销商。在另一张图片中，一个商人在会议中伸出手做了一个手势，其中一组给这个图片取名叫"Macarena"，因为伸出手的手势类似于在 20 世纪 90 年代流行的同样名字的舞蹈动作。]

Modeling Corporate Mergers in the Laboratory

Errors in judgment when merging large corporations can be colossal, as in the recent $ 40 billion loss suffered by culturally - polarized Time - Warner and AOL. Is it really a surprise that market analysts tightly focused on the additive value of the two company's assets failed to predict the problems inherent in marrying a culture of tradition and a vertical chain of command, with a culture of youth, spontaneity, and lateral power distribution? [大型企业在并购时经常出现巨大的错误，例如时代华纳和 AOL 并购中，南辕北辙的文化使得并购损失高达 40 亿美元。令人惊讶的是，市场分析人士只是关注两个企业并购后资产的增加值，而忽视了传统文化和需求垂直链的整合中会发生

的问题。]

One experiment studied how conflicting cultures may cause inefficiencies in corporate mergers. Camerer and Roberto Weber (Carnegie - Mellon) conducted twenty rounds of tests on two pairs of subjects, each subject alternating in his/her role as manager or employee. The left part of Figure 2 shows the amount of time it took pairs of subjects to complete the task. Note that while initially the completion time was high (average time = 249 seconds), the time decreased considerably by round 20 (average time = 48 seconds). Next, the two pairs were merged, forming fixed groups of three: one manager (from the "acquiring firm") and two employees (one from the "acquiring firm" and one from the "acquired firm"). The acquiring manager then participated in the same task as before——now communicating simultaneously with two employees——for 10 rounds. As the right hand side of Figure 2 shows, "merging" two laboratory firms led to persistent decreases in efficiency due to the difficulty of establishing a common language. The average completion time increased from 48 seconds in the last pre - merger round to 130 seconds in the first post - merger round. This is purely because of the differences in "cultures." [其中的一个实验就是研究冲突的文化如何可能导致企业并购中的无效性。Camerer 和 Roberto Weber 选了两个题目进行了 20 轮测试，每个题目都将参与者作为员工和经理人的角色交换。左边的表 2 表明完成测试的时间。实验开始阶段所用的时间比较长，平均用时 249 分，而到第 20 轮，时间显著下降，平均用时 48 分。接下来，两个企业合并，分成了三个团队，一个是经理（来自并购企业），另两个是员工（一个来自并购企业，一个来自被并购企业）。以前参与同样测试的并购企业的经理，现在同时与两个员工沟通 10 轮，如表 2 的右手边显示的，由于建立共同语言的困难，合并两个实验企业导致了效率的持续

下降。平均完成的时间从最后并购前的 48 分钟上升到了并购后第一轮的 130 分钟。这纯粹是由于文化的差异所造成的。]

Real World Implications

The impact of organizational culture on mergers can have profound implications in real world markets. This is why Camerer would like to see a kind of "merger compatibility" test designed which would help firms determine whether or not their corporate cultures are compatible. Enormous losses in key personnel, "down" time, and stock value have recently been seen during the first year of companies formed by culture – blind mergers. Failures like these can be avoided if a simple test were self – administered by companies (not by fee – driven investment bankers) during that window of opportunity before the announcement is made, when direct and objective feedback is welcome. This pattern is also seen in failed marriages that suffer immeasurable emotional losses when compatibility in long – term values and conflict resolution is not confirmed prior to a buoyant engagement. Other interesting issues Camerer would like to address include: Are "strong" cultures always better, or are they slower to adapt to change? Is a charismatic founder necessary, or distracting, to a company's success, and how long does his/her influence persist? [并购中企业文化的冲击对于现实世界中的市场来说具有深远的意义。这就是为什么 Camerer 要从他所设计的测试中寻找并购的兼容性，以帮助企业判断清楚他们的文化是否相容的原因。在并购后文化混合的企业的第一年里，关键员工的大量流失以及股票价格的下跌已经有目共睹。而这种错误是可以通过企业（不是由投资银行驱动的）实行自我管理来有效避免的。这种错误在某些失败的婚姻中也可以看到。由于订婚前并没有考虑到双方的价值观等方面的冲突而导致婚姻失败，从而给双方带来了难以估量的感情创伤。Camerer 在实验中涉及的其他有趣的问题还包括：强

势的文化就一定好吗？强势的文化是不是对于变化的适应更慢？超凡魅力的缔造者对于企业的成功来说是必要的呢，还是无所谓的？他的影响能够持续多久呢？]

Just as the temptation to bring together the brainy “bookworms” and savvy, neatly - groomed “preppies” to run a school newspaper may not lead to the production of good solid journalism; neither will the sum value of merging lucrative companies alone lead to business growth. Human organizations are influenced by human behavior, and cannot be simply and predictably added together. Through experimental work, Caltech researchers have shown how an analysis of corporate cultures —— and the highly relevant, yetoften overlooked qualitative information it brings to the process —— is a critical tool in the evaluation of future mergers. [如同将聪明的“书虫”，有悟性的打扮得干净得体的大学预科生聚集在一起来经营一份学校的报纸可能并不会产生好的新闻事业，合并各有优势的企业也不一定能使业务增长。人的行为影响人类组织，但是这种影响不能做简单的相加。通过实验研究，加利福尼亚理工学院的研究者发现对于企业文化的分析以及相关性高的，但现在仍被忽视的信息是评价并购企业文化的关键工具。]

（资料来源：California Institute of Technology Division of the Humanities and Social Sciences, 1200 E. California Blvd. · Pasadena, California · 91125 · MC 228 - 77）

第十一章　企业文化管理考核

在企业文化建设实践中，很多企业往往是在大张旗鼓的展开企业文化建设之后，却发现员工对企业所形成的企业文化宣言或纲领并不认同，也无法将企业的核心价值观落实到企业和全体员工的具体行动中去。即便言语振奋人心、动人心弦，光靠这种精美的语言不会也不可能使一家公司高瞻远瞩、追求卓越。企业文化建设和宣言撰写仅仅是开始。这些存在于公司创始人和领导层脑海里的使命、愿景和价值观最终必须通过一些媒介进行外化，从而被整个企业的全体人员所接受，并表现为思想和行动。

制定并完善企业文化建设的标准、规范、制度等，做到工作有章可循。要形成一套完整的工作程序，实行闭环管理，做到工作制度化、规范化、程序化，建立起企业文化建设运行机制。努力把实践企业文化与做好管理工作有机结合，使企业文化融合于企业管理的全过程、全方位。

建立企业文化管理制度。在认真总结企业文化建设经验教训的基础上，把企业文化管理作为企业高层次管理领域，建立科学、完整的管理制度，以规范企业文化体系构成，规范企业文化诊断评估、企业文化设计、成果发布、宣传导入、推广应用以及企业文化修订、变革等方面的审批程序、工作流程和管理标准、工作标准，规范企业文化管理职能与分工、责任与考核。

第一节 价值观的考核

要将价值观变成一种自觉行为，融入与员工息息相关的每一个体系，以期成功建立一种强势的企业文化。特别要提到的是，企业的人力资源政策是在内部落实价值观的当然路径，将价值观纳入考核是近几年时髦起来的，效果较好但难度很大。

价值观与绩效考核

绩效考核与价值观之间的关系常常被忽视。大多数公司都有自己独特的价值观来指导自己的战略，从而实现自己的收益、利润以及市场份额等方面的目标。员工并不是简单地对痛苦和快乐、恐惧和饥饿做出反应，当然这感觉很强烈时，也足以促使他们做出反应。但在最重要的时刻，他们多半是凭着他们的基本信念和价值观来行动。公司的各子公司、各职能部门、各工作团队以及单个员工的活动必须与公司的价值观和战略目标保持一致。

将企业的价值观和战略目标纳入绩效考核体系，将有助于使价值观渗透到员工的实际行动和内心思想中去。

价值观绩效考核体系的建立

将价值观纳入绩效考核体系并不是一件容易的事。价值观的绩效考核方法和指标往往适合于不同的国家，它包括被评价的行为、让谁来评价以及如何提供反馈等。价值观的考核不同于工作绩效的考核，我们不能直接照搬西方国家的指标体系。

价值观的考核指标

我们通过对国外绩效考核体系的研究，以及我们多年咨询的经验，总结了一套适合我国企业的价值观考核指标。

我们共整理出10个重要指标：

(1) 愿景目标。明确的愿景目标对企业来说是极有意义的，它们为较高层面的目标和行动计划提供了导向，它们能促使个人进行深层次的思考，提高他们的直觉能力。这样继而又可以增加企业的创造力，而创造力正是企业创新的基础。随着企业的成长，愿景目标作为一体化、定位与创新手段的作用日益重要，它可以使原本孤立的、无关联的甚至相互竞争的业务单位实现一体化。这种愿景目标常常超出企业本身的限制，如花王公司提出的"清洁、健康、美丽"的口号。萨洛蒙公司想要生产出世界上最好的滑雪板的愿望，以及蒙特拉贡公司的集体主义精神都塑造了各自的企业。

员工对企业愿景目标的认同以及行动的一致性，是员工价值观与企业价值观统一性考核的重要指标。

(2) 客户/品质。与外部世界建立知识网络。通过知识网络，公司无需明确询问客户的需求，而是与客户直接建立双向交流，通过不断对话和对客户的了解进行产品开发和改进服务。

萨洛蒙公司聘用法国滑雪冠军卡洛勒·莫勒作为硬壳式雪橇项目顾问。莫勒亲自对这一过程进行了描述：

> 我直接与开发办公室人员一起工作。我已在不同雪面上测试了上百次雪橇，并且一点点逐步提高了雪橇性能。我的技师终年跟随着我。他是我与开发室人员之间的联络人。我说出自己的感觉，他将我的感觉转化为可供研究人员使用的数据。

这种对细节的注重使得用萨洛蒙公司产品的运动员在挪威莉勒哈默冬季奥运会上赢得了37枚金牌。

公司应为员工创造关注客户与品质的氛围，同时对员工的客户关系管理进行测评考核，从而拉近公司与客户之间的距离，改善或提高产品与服务的品质。

(3) 正直。正直是最有力的企业优势。“决不要让金钱妨碍你对公司正直形象的关注。”这是印度最有思想的现代工业家之一普里蒙吉的观点。正直的名声是一个巨大的竞争优势，它可以帮助企业与所有股东建立更加信任的关系，极大的减少了公司治理成本。对于外界而言，正直也是一个巨大的免费广告资源。

公司的每一个员工都应该坚持正直的品质。企业家和管理者要以身作则，同时也要对员工的正直品质进行考核。

(4) 负责。所有成功的经营活动的方向可能不一，有的向东，有的向西，也有的向北，但是都依照某种责任感来进行。对企业负责、对职责负责、对社会负责的社会责任观念有助于巩固企业与社会的关系，也是企业价值观被社会认同的关键因素之一。

(5) 沟通和影响力。人与人之间的了解意味着想要了解他人，这种想要了解他人的能力可以清楚地倾听及体会到他人没有表达出来或是说明不完整的想法、感觉及考量。影响力表现出劝诱、说服、影响或感动他人的意图，以赢得他们对说话者的支持或呈现出对他人产生特定冲击或影响的渴望。

沟通和影响力对价值观在组织中的传播起着至关重要的作用。企业理念要得到员工的认同，必须在企业的各个沟通渠道进行宣传和阐释，企业内刊、板报、宣传栏、各种会议、研讨会、局域网，都应该成为企业文化宣传的工具，要让员工深刻理解公司的文化是什么，怎么做才符合公司的文化。

员工表现出很强的沟通能力以及超凡的影响力会使企业价值观在员工之间得以迅速传播，并易于被其他员工所接受。

（6）资源共享/无障碍。公开利用信息共享机制以及相关的基本能力。成功的公司都十分注重资源共享机制。公司应该为员工创造多种交流渠道（普通的、正式的和非正式的、所有层面上的、跨层面的、现场和非现场的），建立和维护有效的交流网络。为使所有员工获取广泛的信息，公司可以采取以下一系列措施：所有等级层次上人员之间每月一次面对面交流以取得相互协调；管理会议（每季度一次）；工作现场会议；管理通知信函；面向全体员工的公司报；每周有关全部生产人员情况的介绍；各职能部门负责人每周例会；对外开放原则。

除了以上措施，公司还应鼓励不同部门员工之间建立个人的非正式网络。总之所有这些措施不仅能为员工提供良好的信息来源，而且对于公司加强公司价值观的建设也十分重要。

因此，公司在创造资源共享的路径的同时，对员工在资源共享上的表现进行考核有助于价值观的建设。

（7）授权。通过有效的授权，加强企业管理中的民主气氛，建立民主监督和决策制度。实现“以理服人”和“以情感人”相结合的领导方式，提倡实事求是、照章行事的工作作风，尊重员工的地位、价值和尊严，加大对人力资本的投入，高度重视人力资源的开发和利用。提高对员工的“人本管理”，以形成高素质的积极性和决策机制。

现代企业为了提高效率，往往采取扁平式组织结构和团队协作。采用扁平化组织形式加大了授权，加速了高级管理层与一线人员之间的交流，尽可能简化了阻碍企业发展与创新的官僚主义程序。IBM、微软、花王和夏普公司都明确推崇扁平式组织结构。

是否采取了有效的授权，是对企业各层管理人员的绩效考核的重要指标，也直接体现了企业各级管理人员的价值观。

（8）知识/专业/智慧。企业的智慧，是其全部成员知识的结晶。当然全体管理人员包括企业家在内必须不遗余力地致力于此。但他们必须认识到自己仅仅是整体的一部分。大型企业常划分成许多部门。如果企业缺乏综合各部门知识的系统就无法形成价值含量高的知识。每一部门的知识必须是其全部成员的知识总和而非仅只部分领导所具备的知识。

零星分散的知识通常没有什么价值。许多知识如果毫无关联也同样价值不大。知识在观点相互关联的情况下才具有价值。

案例：花王公司——智慧哲学。花王公司始建于1890年，原为一家肥皂公司，“洁净、健康和美丽”是公司的信条之一。肥皂和洗涤剂仍是公司的主要产品，但公司已经开始实行多元化经营，涉及纸类产品、化妆品和软磁盘。花王公司的公司哲学基于三个原则：为客户服务；人人绝对平等；寻求真理和整体智慧。

花王公司认为全体员工的知识总和要比个人天才更重要。公司一直强调知识共享和参与创新对于全体员工而言是有价值的、有意义的和令人愉快的事。每个员工都对知识库做出一定的贡献。员工的知识/专业/智慧以及其知识对企业的贡献与共享是企业员工价值观的重要考核指标。员工的知识/专业/智慧的有效利用是企业发展与创新的源泉。

（9）主动性/速度。进入21世纪的新经济时代是一个竞争激烈、变化迅速的时代，企业发展的战略以及企业文化都要随着企业所处环境的变化而快速做出反应。这就要求企业的每位员工都能够主动出击，迅速调整自己的思想、心态和行为，与公司的价值观保持一致，为公司的持续发展而努力。

（10）全球观。

同样的事物在比利牛斯山脉一侧是真理，到了另一侧，则可能是谬误。

——布莱兹·帕斯卡尔

全球通信水平的提高填补了文化的差异，信息革命拉近了不同国度企业与公众之间的距离，使世界经济越来越融为整体。经济全球化是一把“双刃剑”，它在推动全球生产力大发展，加速世界经济增长，为少数发展中国家追赶发达国家提供了一个难得的历史机遇的同时，也加剧了国际竞争，增加了国际风险，并对国家主权和发展中国家民族工业造成了严重冲击。

美国全球化理论权威、哈佛大学肯尼迪政治学院院长约瑟夫·奈认为，全球化的第一层含义是经济领域，可称为经济全球化，指商品、服务、资金、信息远距离的流动；第二层是环境方面，通过在空中或海洋里远距离的物质传送影响全球环境，包括艾滋病、酸雨等对全世界的影响；第三层是军事全球化，使用武力的危险促使了军事上的联系；第四层是社会与文化的交流，包括宗教的传播和科技知识的推广；第五层体现在其他领域，如政治、法律、娱乐、时尚和语言等方面。

我国成功加入 WTO 也使得我国企业纳入到了世界经济体系中去，面临全球化所带来的冲击，我国企业及其员工必须具有全球化的观念，抓住全球化所带来的机遇和挑战，而员工是否具有全球化的观念将成为对其进行绩效考核的重要方面之一。

◇ 价值观评价方法——图评价尺度法（graphic rating scales）

在表 11－1 中，所列举的每一个指标都要被根据一个五分评价尺度来进行等级评价。针对每一个员工，分别从管理者、同事、下属以及自我评价等中圈出与该员工相符的分数。

表 11－1　　　　图评价尺度法考核表

绩效指标	评价尺度				
	优异	优秀	值得赞扬	合理	较差
愿景目标	5	4	3	2	1
客户/品质	5	4	3	2	1
正直	5	4	3	2	1
负责	5	4	3	2	1
沟通和影响力	5	4	3	2	1
资源共享/无障碍	5	4	3	2	1
授权	5	4	3	2	1
知识/专业/智慧	5	4	3	2	1
主动性/速度	5	4	3	2	1
全球观	5	4	3	2	1

价值观的绩效考核模式

与工作绩效考核相似，有关价值观的绩效考核也基本采用上级考核、同事考核、下级考核、自我考核、客户考核等相结合的考核模式，其中以上级考核与员工自我考核为主。一方面员工对自己在各个方面的认识和表现进行自我陈述和打分，形成员工对自己的客观认识（可能存在夸大或隐藏某些信息）；另一方面，领导就各个方面与员工进行一对一的交流，通过员工在交谈中的话语、表情等反映出来的思想和心态对员工进行价值观各个方面的考核。与此同时，同事、下级与客户也可以参与到考核评价中来。最后通过多方评价的汇总，得出每一员工在价值观各个层面上的得分以及价值观的总体得分。

绩效反馈

将价值观纳入考核体系的目的就是要了解价值观在员工中的具体反映状况，进而将企业价值观与员工的思想与行动紧密结合起来。绩效考核要达到预期的目的，有效的绩效反馈是至关重要的。

首先，应当向员工提供经常性的绩效反馈，从而对员工的心态和行为有及时的把握，一旦员工在价值观绩效中存在缺陷，就立即去纠正他，以免使公司蒙受不必要的损失。其次，应当鼓励下属员工积极参与绩效反馈过程，当员工参与到绩效反馈过程中时，他们通常会对这一过程感到满意。第三，尽量少批评，多赞扬和鼓励，把重点放在解决问题上，制定具体的绩效改善目标。

有效的绩效反馈及明确的绩效改善目标有利于提高员工的满意度、激发员工改善绩效的动力以及实现绩效的真正改善，使价值观真正融入到员工工作、生活的方方面。

第二节　文化定位考核

企业文化建设是一个渐进的、不断深化的过程，要重在建设、着眼长远、统筹兼顾、分步实施。企业文化建设既是长远任务，又必须加快推进；既要防止急功近利、一蹴而就，又要反对只说不做，等待观望。要力戒表面、表层、表演，追求实用、实干、实效。要随着企业的改革和发展，不断深化和延伸，不断总结完善，在发展中创新，在创新中发展。

企业一把手是企业文化建设的第一责任人，负责企业文化建设的规划、设计和组织实施。党政工团要按照在两个文明建设中所担负的责任，遵循以人为本，实现管人、管物、管事一体化的思路，各有侧重，互相配合，形成党政工团齐抓共管、职能部门各负其责的企业文化工作格局。

在年度考核中，引入企业文化定位考核，使各级管理人员和广大员工积极参与企业文化建设，并对企业文化建设和管理工作提出各种宝贵的建议，从而使企业文化定位深入人心，增强企业凝聚力。

以下标准用于考核评估企业各层管理人员及核心员工对企业存在的理由以及正在努力达到的目标的清晰程度，并与团队及员工在实际工作中的表现相对照。

见表 11－2 根据企业的实际情况打分，分值从 1～7 不等（1 分代表最差，7 分代表最优），并在空格里记下分值。除了打分，我们还希望你能否仔细分析原因，尤其是对分数比较低的项。这些隐藏在分数背后的原因，不仅可以解释打分结果，更重要的是，能够帮助你采取相应行动以提高绩效。

表 11－2　　企业文化定位考核

评估标准	得分	评论
愿景 组织对未来 3～20 年后业务发展成什么样、会有什么样的外部影响力（如在全球、细分市场以及所在行业的影响），有着清晰的远景目标		
使命 组织对于自身存在的核心原因的表述		
价值观 组织明确规定了一整套运作规则和成员行为规范。规定一旦发布，就应该成为该组织成员的行动原则		

续表

评估标准	得分	评论
运营理念 组织明确了一些有助于推行组织文化的关键因素,以便更好地实现组织战略;一旦确定了这些关键因素,就可以利用现有条件,激活并强化这些关键因素(例:“我们提倡冒险,因为它能导致创新和思维突破”;“我们利用团队协作来节约时间和降低成本”;“我们鼓励直截了当的交谈以及面对面的交流,以便更快的了解真相并制定相应的对策”)		
组织定位的宣传 组织已将有关自身定位的信息通过市场营销、广告或其他方式向外传播		

第三编　案例

第十二章　中国石油行业企业文化综合研究报告

石油工业是中国国民经济的重要基础产业。新中国成立50年来，我国石油工业取得了巨大进步，为国民经济发展做出了重大贡献。然而，一方面我国石油供需矛盾的不断加剧为我国石油企业带来了无限市场与商机；另一方面随着经济全球化和信息网络化进程的加快，全球统一大市场正在形成，我国石油工业的发展既受益于经济全球化，也越来越受到市场竞争的直接冲击，国内外的竞争将更加激烈。在这种情况下，我国的石油企业的发展日益为国人所重视。它们能否为我国工业与生活提供稳定的能源供应？它们如何与国外著名石油公司展开竞争与合作？这些问题是我国能源战略的核心，也是我国石油企业发展战略的核心，而战略发展需要企业文化的支撑。

北京仁达方略管理咨询公司于2003年8月~11月，历时三个月，通过问卷调查、电话调查、深度访谈以及资料研究等对我国石油行业企业文化进行了全面的调查研究。公司在综合调查的基础上，挖掘目前中国石油企业中的企业文化的主导类型，比较石油企业文化的现状与中国石油企业所期望实现的企业文化状况，发现目前石油企业中居于主导地位的企业文化的优势与劣势，比较石油企业的企业文化特征与石油行业的企业文化状况的差异，比较石油企业的企业文化建设的现状与石油行业长期发展趋势的适应性，为中国石油企业构建战略导向型企业文化理念体系提供了建设性意见。

✧ 中国石油行业企业文化建设的历史发展与现实问题

1. 我国石油行业有着深厚的文化底蕴

我国石油企业历来有着光荣的革命传统，在物质条件极为匮乏的年代，石油人就是仰仗着这种精神，在春风不度的玉门，在亘古荒原的大庆，在死亡之海的塔克拉玛干，一遍又一遍地高唱着“我为祖国献石油”的激昂旋律。

20世纪50年代，中国石油工业的摇篮玉门首先诞生了“玉门精神”。这种精神概述为自力更生、艰苦奋斗的“一厘钱”精神；设备缺乏，自己修造的“穷鼓捣”精神；原材料不足，改制代用的“找米下锅”精神；人员不足，多做贡献的“小厂办大事”精神；修旧利废、挖潜增效的“再生产”精神。50年代中后期，在柴达木盆地展开的青海石油大会战，自然而然形成了“柴达木精神”。其主要内容是顾全大局的爱国精神、艰苦奋斗的创业精神、为油而战的奉献精神。从1960年开始的大庆会战，唤起了无数石油人为油拼搏的爱国主义激情，这种激情凝聚浓缩为“大庆精神”。“大庆精神”成为中国石油工业甚至新中国工业的火把，燃起了新中国工人阶级当家做主、为国争光的心中豪情。“大庆精神”即为国争光、为民族争气的爱国主义精神，独立自主、自力更生的艰苦创业精神，讲究科学、“三老四严”的求实精神，胸怀大局、为国分忧的奉献精神，简称为“爱国、创业、求实、奉献”。

顺着中国石油工业每一个发展阶段形成的精神脉络前行，就会发现无论字眼怎么变化，但脉络里流淌着的爱国、创业、奉献这种“精气神”始终是主旋律。这种“精气神”是中国石油工业发展的精神支柱，是百万石油人战天斗地的精神食粮，是石油工业发生翻天覆地变化的精神力量。

2. 制度与环境变化给中国石油企业文化带来的现实问题

我国石油行业在长期的计划经济体制下（目前原油生产、销售乃至价格仍是指令计划），在大兵团的会战中，在分散流动、野外施工这一艰苦甚至恶劣的生产环境下形成的石油文化，也有其和今天市场经济不相适应的一面。主要表现在：缺乏先进的理念体系，企业文化不明晰；理念与行为脱节，企业文化与日常管理没有结合起来；风险意识差，平均主义的思想根深蒂固；竞争意识差，市场观念不强；效益观念差，粗放经营的陋习依然存在；缺乏创新，观念比较落后；管理水平较低，人员素质不高，对现在管理认识不足。

石油文化中的这种滞后现象及其产生的负效应和其主流一样，表现十分突出。如何扬长避短，是我们在企业文化建设中力求解决的问题。

我国石油行业企业文化的总体特征

我国石油企业在几十年的历史中沉淀了一种具有中国特色的革命精神，所形成的企业文化特征偏向于兵团化、制度化，石油的开发是一个只有团队才能完成的艰巨任务，在这一过程中，石油工人通力合作，积极参与，同事之间保持着密切的友谊，一个大队就是一个大家庭。同时，我国石油企业，特别是油田的开发建设，从一开始就不仅仅是企业行为，而是纳入国家发展战略上来的一项任务，在加强团队建设的基础上，为使企业或团队能够安全、稳定、有效的运转，在油田开发的管理过程中形成了一套强有力的组织制度和组织规则，具有很强的稳定性和固守性。而另外两个方面，由于我国石油业基本属于垄断行业，严重缺乏市场与竞争意识，石油工人只有一个梦想“挖出更多的石油”，技术创新主要是围绕油气田的勘探与开采，对于企业如何在竞争中发展似乎无需考虑。

这样一种企业文化与世界经济的发展潮流是不相适应的，也是与我国能源行业市场化改革的方向不相适应的。我国石油企业所期望的企业文化应着重增强市场竞争力，加强外部合作，关注员工培训与发展，同时也使组织更具灵活性，注重挖掘创新与发展潜力。本次石油改革与石油企业重组的目的是要强化我国石油企业之间的竞争，以促进我国石油的发展，因此我国石油企业文化的建设目标是增强市场与竞争意识，提高客户服务意识与环境保护意识，通过管理制度改革与创新，为员工提供进行技术创新的氛围与动力，从而加快石油产业的发展，为我国能源需求和工业发展保驾护航。

我国石油行业的企业文化建设做得十分出色，形成了具有行业特色和“石油工人一声吼，地球也要抖三抖”的石油人的豪迈性格，“不计时间，不计报酬”的奉献精神，“有排头就站，有红旗就扛，有先进就争，有困难就上”的强烈的荣誉感等等，这些都是中国石油文化的主流和本质，是几十年来千千万万个石油人用血和汗培育的石油精神。但是长期形成的平均主义思想使得我国石油行业缺乏有效的激励机制，仅靠革命与奋斗精神已经不足以激发员工的积极性，员工总体对现有工作的满意度较差，但出于石油行业目前较为优厚的福利待遇，以及相对粘性的劳动力流动机制，使得石油业员工保持一个较高的忠诚度。

石油企业在目标的设定上是十分明确的，表现在石油企业领导一般都能在国家能源战略的基础上设定本企业的近期目标和长远发展目标，并且能够在员工中达成共识，给员工以振奋和激励；不足的地方是，在愿景的贯彻和执行方面，员工虽然表达了自己对愿景的理解，以及为了实现长期愿景目标自己该做什么，但是，在落实上，企业文化推进方面存在一定的技术缺陷，愿景还没有根本上内化到每一位员工，变成员工的自觉行为。

创新、创业、求实概括的总结了我国石油企业价值观的核心。石油，不仅点燃光明，也是我国工业发展的动力。为了不辜负人民的嘱托，为了实现祖国的富强，石油人艰苦奋斗、革命创业、求实创新，数十年的团结奋斗中所沉淀下来的价值观在石油人的心中已形成共识，领导者和管理者对自己所倡导的理念能够身体力行，员工在共有的、一致的价值观指导下参与生产。需要指出的是，我国石油企业有着丰富的文化积淀，还需要进一步挖掘企业文化与价值观中的闪光点，指引新一代石油人推动我国石油产业不断向前发展。

我国石油企业员工普遍认为同事们的处境好坏对自己很重要，大多数员工认为即使在知道会对自己带来不便时，也会愿意向有困难的员工提供帮助。通常情况下，团队的凝聚力与同事关系密切相关，因为同事关系较好的团队成员之间要比关系不好的成员更可能在工作中相互吸引，形成一个凝聚性强的团队，成员之间易于共享态度、观念和价值。

信息沟通与合作是其他相关因素的基础，甚至是决定性因素。没有畅通的信息沟通渠道和有效的沟通方式，不可能形成稳定、持久、完善的合作与工作群体。通过调查我们发现，我国石油企业同其他行业企业类似，缺乏有效的沟通，需要加强部门之间以及上下级之间的交流。石油企业的员工普遍认为其公司的工作环境较好、同事们的工作积极性较高，这得益于同事之间比较融洽的关系，以及相对其他行业较优越的工资与福利待遇。但是团队之间可能存在着为了资源而相互竞争、彼此敌对的现象。

团队精神作为一种能力，作为企业文化的一种表现，在石油企业里有着丰富的表现，可以说我国石油企业员工的团队精神是国内外许多著名企业学习的榜样。团队是复杂的实体，人们以不同的方式为团队的成功做出贡献。在我国石油企业中，为了实现集体的利益，员工一般都会勇于牺牲个人利益。员工普遍肯定团队协作的目的是要完成任务，而不是分出层级。表现不足的地方是，在部门之间、团队与团队之间的组织协调上存在一定的障碍，团队之间的信息共享不具有广泛的流畅性。

我国石油企业不断进行着致力于创新的组织学习，为员工营造创新的氛围，大庆油田的勘探开发史，就是一部理论创新的勘探史。从我们的调查看，各石油公司对岗位的技能培训都比较重视，并给员工的学习创造了比较好的环境。但是，培训的内容单一，偏重于岗位技能的培训，而缺乏对员工综合素质的培训，不利于员工和企业的长远发展。另外，员工的提升在很大程度上不是依靠能力与业绩，而是依靠资历和人际关系，这种现象会影响到员工对工作的预期与主动性，从而不利于员工自主学习。

权责体系是构成企业文化体系的重要要素之一，仁达方略对我国石油企业文化的调查发现我国石油企业在管理上民主气氛不足。这在领导决策、领导行为以及授权等方面均有体现。

在领导决策中，企业的重要决策能够迅速得以执行，但是，决策缺乏民主化，领导决策很少询问员工意见。员工也在一定程度上表示，经常向领导表示不同意见的人有时会妨碍领导有效的展开工作。石油行业是一个特殊的行业，长期形成的兵团化管理思想根深蒂固，管理者一般都具有雷厉风行的特色。但是，下级服从上级的这一套传统军事观念，在新经济下的企业管理行为里需要不断的变革与发展。授权不足，从而使企业缺乏活力，并在面对国内外市场经济下跨国公司与国家授予牌照的新型石油公司的竞争时，缺乏灵活性和动力。授权与不授权、授权范围与程度，是对我国石油企业管理者管理能力的考验，也是在新经济下我国石油企业适应竞争需要的管理方式变革的重要内容之一。

中国三大石油集团公司企业文化的比较与剖析

中国石油天然气集团公司、中国石油化工集团公司与中国海洋石油集团公司基本垄断了我国的石油开采、加工与销售业务。

如图 12－1，石油企业业务构成比例的不同，导致企业战略与利润实现模式的不同，从而在企业管理与企业文化上存在一定的差异。从利润来源看，油气开采的利润率最高，油品加工次之，化工产品和成品油销售的利润率相对较低。中海油的全部业务为海上油气的开采，中石油有 43％的业务为油气开采，49％为炼油与销售；中石化有 11％的业务为油气开采，炼油与销售业务比例高达 76％；中石油与中石化在石油化工上的营业比例分别只有 8％和 13％。这样的业务构成使得三家石油公司具有不同的远景目标与价值观体系。

1. 中国海洋石油集团公司

（1）以小搏大，技术创新、制度创新、企业文化创新具备先天的灵活性与可塑性。

（2）不甘寂寞，海外扩张与内陆扩张并举，向综合性跨国

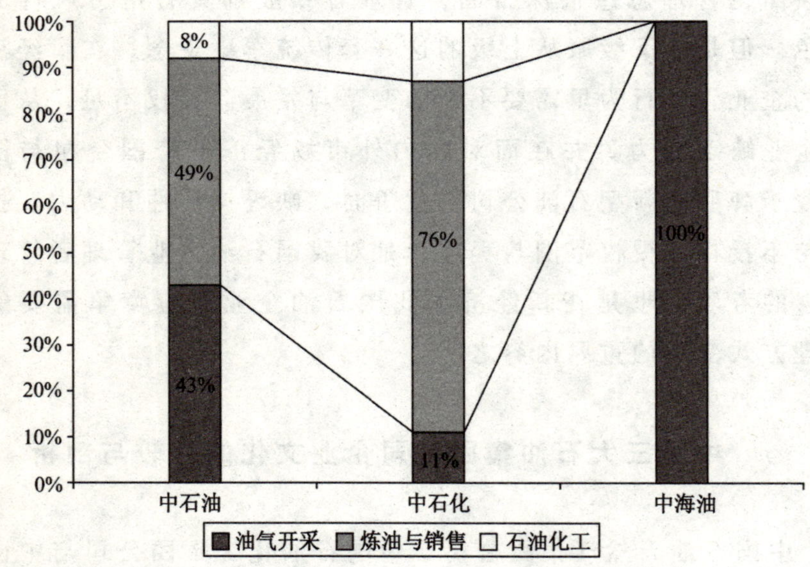

图 12－1　三大石油集团 2002 年营业构成

石油集团公司发展。

（3）战略与文化并举，以文化支撑战略方可实现中海油扩张的梦想。

2．中国石油与天然气集团公司

（1）恐龙级别的国有企业集团，面临战略发展、制度变革与文化变革的多重压力。

（2）传统的石油精神与现代企业制度所要求的企业文化存在巨大差距。

（3）冲破石油迷途，中石油必须变革不适应现代跨国企业集团发展的企业文化。

3．中国石油与化工集团公司

（1）上、中、下游一体化的石化集团，在竞争与合作中艰难发展。

(2) 多元经营结构下的集团战略缺乏强势企业文化的支撑。

(3) 欲成就世界级能源化工一体化公司，需要管理方式与企业文化的重大变革。

我国石油行业企业文化建设的思路和重点

我国经济的高速发展，石油需求的快速增长，给我国石油企业带来了广阔的市场和商机。然而，随着加入 WTO 后我国能源市场对国际石油公司的开放，整个市场将在全球的石油公司之间划分，我国的三大石油集团公司尽管有着作为本土石油公司的地缘与政治优势，但是作为转型期的中国国有企业，与巨型跨国石油公司相比，综合竞争力还有一定的差距。为增强企业的持久竞争力，我国石油企业必须加强战略导向型企业文化的建设、创新以及变革，三大石油集团企业文化比较如图12－2所示。

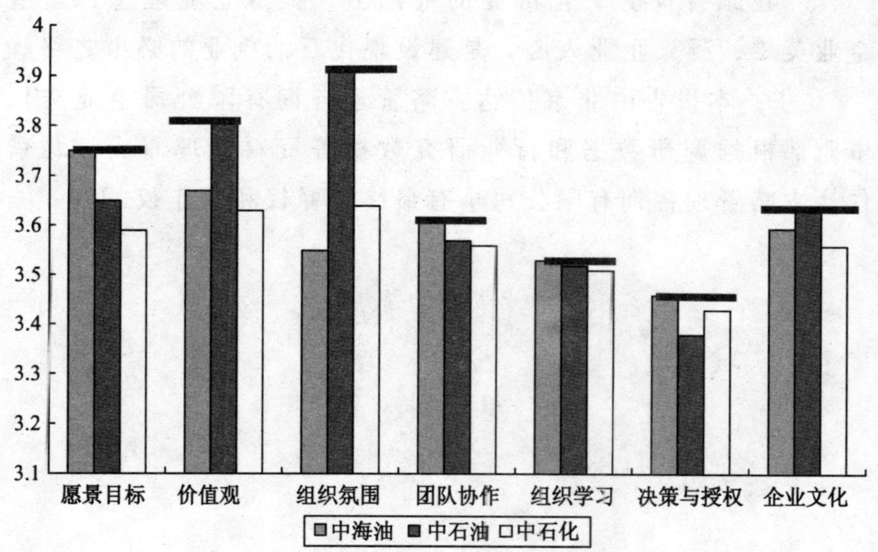

图 12－2　三大石油集团企业文化比较

在对我国石油行业企业文化管理现状的深入剖析基础上，根据仁达方略多年企业文化的研究与咨询实践，我们对石油行业企业文化的建设与管理总结出了如下思路和重点。

创新、创业、求实是我国石油企业文化的主流。为建设好以创新、创业、求实为特点的石油企业文化，我国石油企业在企业文化建设中需要加强以下几点：

1. 通过有效的诊断与评估确定自身企业文化的特点、优势与劣势，有针对性的改造现有的企业文化，使之成为我国石油企业的核心竞争力。

2. “以人为本”是现代企业管理思想的核心，要用战略导向型企业文化理念凝聚人心、鼓舞士气。

3. 塑造基于真、善、美的价值观，坚持诚信，注重业绩，渴望变革。在关注企业发展与员工发展的同时，保护生态环境。

4. 新时期的企业文化建设要深化和转变党政部门的职能，坚持与时俱进，与“三个代表”的要求结合起来。

5. 在原有优秀文化沉淀的基础上，提炼企业理念，塑造企业英雄，凝聚企业人心，是建设现代石油企业的必由之路。

（注：本报告由北京仁达方略管理咨询有限公司企业文化事业部根据调研数据和行业研究数据等资料整理而成，北京仁达方略管理咨询有限公司享有最终解释权和著作权。）

第十三章　中国电力行业企业文化综合研究报告

本次调查旨在从我国电力行业发展的战略层面上审视我国电力行业的企业文化现状。通过定性与定量的综合研究我国电力企业文化的总体状况，比较电力行业企业文化建设的现状与理想预期之间的差距，挖掘电力行业企业文化建设的优势与劣势，从而寻找我国电力行业企业文化建设的出路，促进我国电力企业的生产能力与生产效率的提高，实现经济效益与社会效益双丰收。

见表 13－1，本次调查的实施历时三个月。从 2003 年 8 月中旬到 11 月中旬，向全国 30 多个大中型城市随机抽取的电力企业以直邮和网上调查的方式发放问卷。共计发放问卷 1981 份，共收回 1197 份，回收率为 60.4%；最终确定有效问卷 1003 份，有效率达 83.8%。研究对象包括 11 家新组建的国家电力公司以及各省、网电力公司、电力建设公司、电力设备制造公司、科研机构、设计单位和电力院校等，基本涵盖了我国电力行业中各类型的企事业单位。

表 13－1　　问卷发放与回收情况

发放问卷	1981 份		
回收问卷	1197 份	回收率	60.40%
有效问卷	1003 份	有效率	83.80%

我国电力行业企业文化建设的总体现状

我国电力企业总体上具有非常正式的组织结构和较为严格的管理制度和规则，而在员工的发展与有效沟通、对市场竞争环境与挑战的快速反应、竞争性行动等方面比较薄弱，这与我国电力企业的发展历史以及产业的特点是吻合的：一方面，我国电力企业经过了几轮改革，已经逐渐打破垄断，引入了市场竞争机制，但我国电力企业大多仍是国有企业或国有控股企业，在没有建立现代法人治理结构的情况下，企业在管理上仍带有很强的垂直行政管理色彩；另一方面，电力产业作为一种基础产业和公共事业，其生产特点要求电力企业必须能够有效地进行统一调度与规划，并按照严格的流程进行严格的管理。同时，电力工业，特别是在发电企业，长期实行的都是半军事化的管理，这种管理状况直接造成的结果就是企业员工的封闭性加强与能动性的下降。

目前电力行业的改革正处于攻坚阶段，而改革的焦点更集中在体制改革上，新组建的 11 家大公司在自身的资源整合、管理平台的搭建等方面还需要有一个时间过程。虽然电力行业长期在企业文化建设上比较重视，各集团的很多下属企业都进行了企业文化建设，并做了大量的工作，但各集团自身尚未明确自身的价值观体系与理念体系。随着体制改革的完成和各项工作的进一步理顺，各集团对企业文化建设的需求会有一个比较快速的增长，像两大电网公司相继开始企业文化建设、华能公司提出建设三色公司都凸现出了新组建的 11 家大公司对建设企业文化的明确需求。

从本次企业文化问卷调查反映的情况看，有 83.4% 的问卷认为企业高层管理者十分重视或者重视企业文化管理工作，见图 13－1，体现了电力行业长期对企业文化的重视；从企业文化管理部门的类别看，较多的企业将企业文化建设工作放在行政部、政工部、人力资源部、党群部等部门，而只有 1.3％的企业将企业文化建设工作放在战略规划部，这是由于企业对企业文化建设认识的不一致，带来了企业文化管理部门的不同，即将企业文化作为人力资源建设或思想政治工作的一部分来开展建设与实施工作，而不是从公司整体战略的角度来考虑和实施企业文化建设。从以上对我国电力行业企业文化的总体特征与建设总体现状的分析中可以看出，我国电力行业企业文化的建设还有一段很长的路要走。

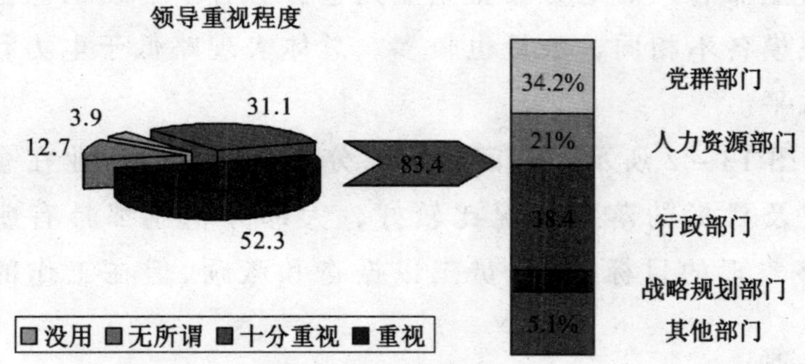

图 13－1　电力行业企业文化管理状况

我国电力企业文化状况剖析

总体上我国电力行业目前企业文化的状况表现为：愿景基本明确；价值观有待提炼；信息共享与沟通以及培训需加强；稳重有余，创新不足；制度全面，执行力弱等。下面将进行较为深入的分析。

1. 总体分析

与仁达方略所调查和咨询的多数行业相比，电力企业的员工对企业文化的总体评价较高，持有积极的、肯定的态度。一方面是电力企业具有较好的历史文化传承，员工普遍具有较强的自豪感与责任感；另一方面，电力行业作为国民经济的基础产业，具有一定的垄断性，其长期的稳定性和福利保障，对员工产生了较强的吸引力。同时，不同类型的电力企业之间略有差异：发电企业和输送售电企业在电力改革与企业重组之后，在企业的生产经营管理以及企业文化建设上都有所改善，企业文化建设越来越受到重视，但多数电力企业文化的建设还没有深入到企业文化的核心层面上；电力建设企业由于其企业经营产品与服务的特殊性，使其在企业文化的变革与建设上略显滞后；而电力设备企业则包含各种所有制的企业，企业的规模各不相同，数量也较多，总体表现略低于电力行业的平均水平。

如图 13－2 所示，从问卷情况分析看，电力行业在企业目标设定及目标的落实情况比较好，大部分企业都具有明确而有能够实现的目标，并给员工以振奋和激励，但在工作的意义

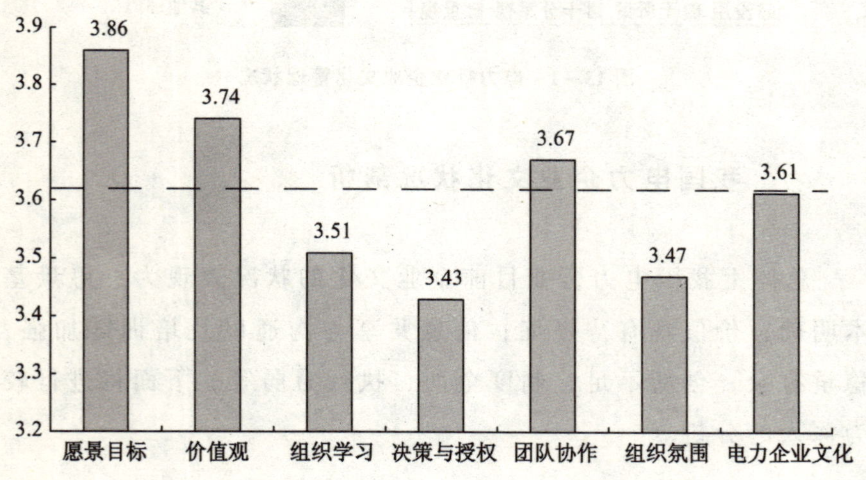

图 13－2　我国电力行业企业文化状况部分调查数据

（数据来源：仁达方略 2003 年中国电力行业企业文化调查问卷，数值误差小于 3.9%。）

与方向上则相对不明确。对于11家电力公司来说，建立一种战略导向的企业文化体系尤显重要。通过企业愿景的构建，清晰企业发展方向，将对指导电力企业的战略，特别是各发电企业集团的战略布局，实现未来的发展目标，起到文化层面上的理念支撑作用。

在价值观部分调查中，大多数企业对企业领导者和管理者的身体力行表示认同，并且公司有明确的道德规范指导公司员工行为。由于价值观的概念引入国内的时间还不长，因此，电力企业文化建设比较少的涉及价值观，但仍旧有78.5%的企业认为，关于正确与错误的 做事方式、行为方式，企业内部有清晰的认识。也就是说，尽管在文化理念体系中没有明确的价值观表现形式，但是在组织实际的工作中，价值观通过其他表现形式发挥着一定的作用。电力改革的目标是建立市场经济条件下的电力体制，在这一体制下，电力行业的企业文化或者是价值观体系既要保留原来的社会意义，也要突出市场体制下的经济意义。

调查显示，在电力企业中，学习是一个重要的目标，公司重视学习成果的交流与共享，但在发电与输送售电企业中，由于该类企业的生产运行特点，在创新与承担风险上得分较低，这一点对电力企业面对未来市场竞争必然会带来一定影响。同时，电力企业内部培训的内容单一，偏重于岗位技能的培训，而缺乏对员工综合素质的培训，不利于员工和企业的长远发展。

结果显示，电力企业的生产运行事关国计民生，管理上具有半军事化、强调统一指挥与任务结果的特点，这一特点决定了大部分的电力企业部门职责清晰、制度完备，有清晰的流程与操作规范；电力行业政令畅通，保障了生产运营与日常管理的正常与高效。而这一特点的劣势也表现得比较突出：在管理过程中严格按照流程与规范运作带来了授权空间的变小，为组织创新的环境造成影响；长期过于依赖上级指令行动的状态，使企业员工行为的灵活性与主动性下降。

从整个电力行业的组织氛围看，由于电力企业，特别是发电企业工作环境的特殊性，实施的是半军事化管理，因此，在组织的层级观念、规章制度等方面表现是比较严格和僵化的，尽管考虑到电力企业较好的福利待遇和比较丰富的业余生活缓解了组织氛围的一些不足，但同时要考虑到，福利待遇与业余生活不代表工作上所应获得的尊重及获取成就的自我满足需要。电力企业较为僵化的组织管理体系一定程度上造成了对个体能动性的压抑；另一方面，受电力企业相对封闭的环境影响，虽然同事之间能够相互帮助，但为维护一个平和的工作环境所形成的“好人”心态则造成了电力企业责权不明晰、奖惩不分明的现象；同时，相对粘性的人员流动使整个企业形成了较为复杂的人际关系，一定程度上影响到了企业制度的执行和组织氛围。

2. 比较分析

对电力供应链上不同环节的企业来说，不同环节企业业务特点、所处的经营环境与基础不一致，带来了文化建设的不同特点，基于此，仁达方略针对供应链的环节，将电力工业大致划分出四种类型：发电、输送售电、电力建设、电力设备。

如图 13－3，通过对比分析，可以看出发电企业、输送售电企业在企业文化建设方面要强于电力建设企业和电力设备企业。在诸要素对比分析中则发现，在愿景目标、价值观与团队协作要素上，发电、输送售电企业要高于电力建设、电力设备企业，在组织学习要素中，得分差别不大，而在决策与授权、组织氛围两个要素上，发电企业、输送售电企业则要逊与电力建设、电力设备企业，这表明，由于发电、输送电企业与电力建设、电力设备企业在市场化程度上的差异（后两种类型企业市场化程度要高于前两者），导致了要素得分的差异。通过诸要素不同类型图对比分析，与电力建设、电力设备企业得分均衡相比，尽管发电、输送售电企业在总体得分较高，但各要素得分差别较大，说明这两种类型企业在文化建设上还有一些短板需要不断改善和提高。

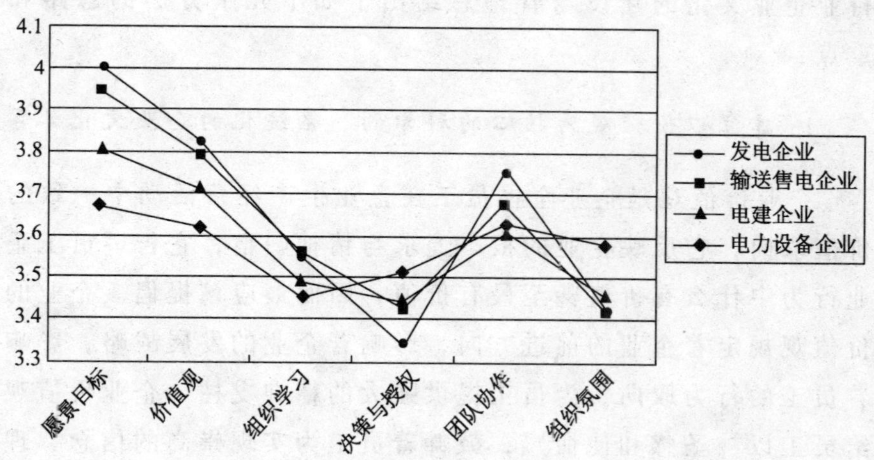

图 13－3 不同电力企业的企业文化诸要素比较

（数据来源：仁达方略 2003 年中国电力行业企业文化调查问卷，数值误差小于 5.2%。）

我国电力行业企业文化建设的思路和重点

从全球能源行业正在经历的变革来看，我国电力行业的改革恰恰是循着欧美模式进行的，而且并不迟于欧美电力行业的改革。因此我国电力行业改革、重组后的电力企业发展模式、管理模式并没有成熟的经验可循，我国电力行业企业管理与企业文化的建设将结合中国传统文化的土壤，提炼和塑造具有各自产业特色和自身特点的价值观、企业精神和企业文化。整个电力行业链条上企业必将从以资历、官僚、成本中心、步骤/管理/控制、消极反应、不愿承担风险、任意指派任务、个人中心、注重短期/快速解决方案为特征的企业文化，向以业绩表现、经营领导层、利润中心、灵活、积极主动、权衡后承担风险、绩效管理、用户和团队中心、注重长期和增值效应为特征的企业文化。

在对我国电力行业企业文化管理现状的深入剖析基础上，根据仁达方略多年企业文化的研究与咨询实践，我们对电力行业企业文化的建设与管理总结出了如下几个方面的思路和重点：

1. 建立以价值观为核心的科学的、系统化的企业文化体系

企业价值观是企业全体员工在企业生产经营活动中一致的价值取向，它反映企业的根本追求与精神归宿，它告诉员工企业行为中什么有价值甚至最有价值，因而最应该提倡。企业的价值观规定着企业的前进方向，影响着企业的发展战略，影响着员工的行为取向，为员工提供强大的精神支柱。企业价值观给员工以神圣感和使命感，鼓舞着员工为实现崇高的信念、理想而奋斗。企业价值观在企业理念中处于核心地位，企业理念的其他内容都以它为基础展开。

综上所述，建立以价值观为核心的科学的、系统的企业文化体系是企业文化建设的必要环节，处在变革时期的电力行业企业文化建设我们还需要注意以下几个方面：

(1) 电力行业的变革是体制上的变革、观念上的变革。

(2) 核心的价值观要考虑安全、服务、环境保护、成本和市场。

(3) 围绕价值观，要建立一整套的、科学的企业文化体系。

2. 关注业绩的文化导向

在过去的电力垄断时期，国家直接投资扶持电力行业，企业与市场脱节，竞争意识和市场观念淡薄。一方面人员过多，效率不高；另一方面企业增员和业务增长严重分离。流程设置不合理导致的重复作业、决策过程冗长、绩效管理机制不健全等问题也日益严峻等等，一系列问题都迫切要求行业体制的改革。

改革的目标是打破垄断，引入竞争、降低成本、提高效率、改善服务，建立市场经济体制下的电力工业，在这种趋势下，作为单独的经济实体，业绩必将成为企业的一个重心，而文化的变革则首先要在电力企业中建立这种以业绩为导向的思想。接下来按照以业绩为导向的企业文化体系制定以业绩为导向的用人机制、绩效机制、流程和组织结构，只有这样，企业才能够在日益激烈的市场化环境中发展、壮大。

3. 注重企业文化的变革和创新

电力行业的改革是一个庞杂的系统工程，非一朝一夕能够解决，在今后相当长的一段时间里，重组和改革后的企业相互之间有一个磨合和成熟的过程，走入市场化还需要很长一段时间。变革与创新将成为电力企业发展的一个主导思想，这也是企业文化理念塑造的核心。另一方面，电力体制改革给整个电力行业的生产经营环境带来了巨大的改变，随着经营环境的改变，如何面对新的机遇与挑战，成为未来市场竞争与发展的胜出者，将是众多电力企业应当首要解决的问题，而这首先是企业与员工观念的转变，因此，变革时期的企业文化重塑势在必行。

4. 重视文化与具体管理实践的结合

优秀文化的体现，必然是体现在企业的行为上和经营管理中的策略、制度和价值取向上，因此，文化必须解决与企业具体经营管理实践结合的难题，不能把企业文化仅仅等同于关心员工业余生活、企业的思想政治工作和企业的形象，这都是一种局部的、不全面的看法。在新形势下，电力企业文化建设要转变工作方法，真正从企业的具体经营实践，特别是围绕企业的人力资源的机制与制度上入手，建设“以人为本”的企业文化。

企业文化建设包括“心”的建设和“行”的建设两方面。“心”是企业文化的神，包括企业文化的理念层、制度层、行为层和表现层各个方面的确立，建立一套为全体员工认同的适合当前环境与企业发展要求的企业文化，“心”是企业文化建设的首要环节，“行”是企业文化的形，指的是企业需要通过一系列机制将企业文化传达给企业的每一个角落，让企业的每一个部门、员工都能自觉地按照企业文化做好每一件事，只有在具体行为上贯彻了企业的理念思想，企业文化的作用才能得到完全展现。可见企业文化建设中“心”的一致和“行”的一致缺一不可，只有“形神合一”才能让企业永远常青。

（注：本报告由北京仁达方略管理咨询有限公司企业文化事业部根据调研数据和行业研究数据等资料整理而成，北京仁达方略管理咨询有限公司享有最终解释权和著作权。）

第十四章　中国房地产行业企业文化综合研究报告

我国的房地产业是伴随着20多年的经济体制改革与国民经济发展而不断的从幼稚产业走向支柱产业的。经历了20世纪八九十年代几番风雨变化的中国房地产业在中国步入21世纪的新经济时代之际，被列为国家新的经济增长点，成为中国启动内需的重点发展产业。中国房地产企业文化带着中国传统文化中最原始的力量从中国大地的各个角落生长起来。那么，这种文化能否形成一种核心竞争力？能否支撑我国房地产企业的持续发展？能否支撑我国房地产企业创造卓越的品牌？能否为中国居民提供良好的人居环境？北京仁达方略管理咨询公司于2003年对我国房地产企业文化状况管理状况进行了一次全面的调查。在调查分析我国房地产业的文化类型和房地产业内部组织氛围的基础上，分析了企业文化对房地产企业持续发展以及品牌的支持，对我国房地产企业的文化构建提供了参考性建议。

✧　调研方法及实施过程

由于我国房地产公司的总体数量及其规模过于庞大，不便对所有房地产公司进行普查。我们采取了以城市以及公司类型为基础的分层随机抽样与判别抽样相结合的方法，使选取的样本能够在城市分布上和公司类型的分布上较好的反映我国房地产公司的总体状况。本次调查的实施由北京仁达方略管理咨询公司企业文化事业部和营销部共同完成的。从2003年6月中旬到9月中旬，历时三个月，向我们在北京、上海、深圳等城市随机抽取的房地产公司以直邮与网上调查的方式共计发放问卷2157份，共收回1516份，回收率为70.3%。见表14－1，对收回的问卷，公司随机抽取20%进行了电话回访，最终确定有效问卷1228份，有效率达81%。

表14－1　问卷发放与回收情况

发放问卷	2157份		
回收问卷	1516份	回收率	70.30%
有效问卷	1228份	有效率	81%

调研结果综述——我国房地产企业文化的历史解读

我国房地产行业的企业文化从行业的整体上还没有在新经济的短暂历史中沉淀下来，还没有一种相对成熟的、稳定的现代企业文化。

我们从不同房地产企业诞生的历史与发展规模上对我国房地产行业的企业文化做了一下分类。我国两万多家房地产企业的历史与规模各不相同，大体上可以划分为三类。

第一类是成立不到一年的创业型房地产企业文化，企业全部文化的核心在于获取项目收益，谋求生存。这类房地产企业往往是投资人通过某种渠道获得了地皮，伴随着某一个项目而成立起来的，其中一些房地产公司，在该项目结束时便将解散，这类房地产公司的企业文化全部在项目实施的建筑物上，企业没有长期的远景目标。另一些则是大企业集团为了从房地产行业里分一杯羹，而出巨资打造出来的，其成立的目的绝不仅仅是为了当前实施的一个项目，而是连环式的开发，力争把房地产业纳入自己的支柱产业体系，其如何将集团文化在地产业上进行新的诠释，这类房地产公司需要进一步的探索。

第二类是成立时间为1～5年的成长型房地产企业文化，核心价值观开始沉淀。这类房地产公司在我国房地产业的竞争中、在大型成熟房地产公司的夹缝中生存下来，说明它们已经具备了一定的竞争实力。形成其核心竞争力的是其在淘汰与逆淘汰的博弈中积累起来并不断发展的企业文化。这类房地产公司虽然还没有强力的进行全方位的企业文化建设，但是在实践中反映了其对企业文化的重视。

第三类是具有5年以上历史的大型房地产企业文化，核心价值观基本沉淀，需进行变革与创新。这类房地产企业在其多年经营房地产的历史中积累了相对丰富的管理经验。企业领导比较充分的认识到了企业文化对企业发展的重要性，同时也形成了初具企业个性特色的企业文化，并在新一轮的竞争中全方位的变革、创新，以建设现代企业文化。中房集团、华远集团、万通地产、华润置地、万科地产、今典集团、中远地产等基本形成了各具特色的企业文化，但其企业文化的沉淀远远不够厚重，现代企业文化的建设任重而道远。

✧ 调研结果的深入剖析

从调研结果上看，我国房地产公司企业内部的组织较为松散，管理程序及其规范化相对较低，各部门之间缺乏有效的沟通与协调。见表14－2。

表14－2　　房地产企业内部各要素得分

要素	得分
组织氛围	3.84
权责体系	3.65

续表

要素	得分
理念与价值观	3.21

（资料来源：仁达方略2003年中国房地产行业企业文化调查之数据，误差小于2%。）

我国房地产行业的员工对房地产公司的总体评价较低，特别是在理念与价值观方面得分最低，反映了我国房地产企业缺乏远景战略，公司文化与价值观不稳定。

1. 组织氛围

组织氛围在我国房地产公司企业文化的诸要素中，得分最高，与其他行业在这一要素上的得分相近。其中，团队建设和沟通是我国房地产企业的不足之处。

这里面同事关系这一因素对组织氛围的贡献最大，主要表现在同事之间在遇到困难时能够提供帮助。企业员工普遍认为同事们的处境好坏对自己很重要，大多数员工认为即使在知道会对自己带来不便时，也会愿意向有困难的员工提供帮助，但是在遇到较大的利益冲突时，则会打破平日融洽的气氛。员工认为其公司的工作环境较好、同事们的工作积极性较高，这得益于同事之间比较融洽的关系，以及相对其他行业较优越的工资待遇。

我国房地产企业员工的集体感和团队精神不如我们曾经作过的其他行业企业，虽然员工普遍认同整体的利益最终会带来个体的利益，但是在我国，房地产业员工对未来利益的预期没有信心，缺乏长期投入某家房地产公司的热情。

仁达方略在对中国房地产行业企业人力资源状况进行调查中发现，不同类型的房地产行业企业员工流失情况的具有明显的区别：越是长远战略目标清晰、利益动力机制完善的企业的员工流失率越低，而不同类型房地产企业中的流失人员往往考虑的是职业发展与薪酬、福利待遇等因素。受访者普遍认为房地产企业内部缺乏有效的沟通。通过调查我们发现，我国房地产企业中缺乏有效的沟通，特别需要加强部门之间以及上下级之间的交流。

2. 权责体系

仁达方略对房地产企业文化调查发现我国房地产企业在管理上严重缺乏民主气氛。这在领导决策、领导行为以及授权等方面均有体现。

在领导决策中，企业的重要决策能够迅速得以执行，但是，决策失误较易发生，主要因为决策缺乏民主化，领导决策很少询问员工意见。在现阶段，我国房地产行业特定历史背景下的盈利方式，使因领导决策缺乏民主化丧失的公司利益在我国房地产行业还无法得到准确的估计，但至少使公司效率损失10%～30%。

领导行为上，我国房地产企业的领导大多与政府、银行保持着密切的联系，公司领导对于房地产行业未来的判断易于受政府政策的影响，领导行为倾向于见风使舵。房地产开发商开发完一个项目就要等待新项目，没有稳定的项目流。

我国房地产企业在组织管理上授权不足，主要表现在员工请示多，员工选择工作方法的自主性不强，关于工作目标的背景信息获得并不充分。授权不足主要是由我国房地产行业的特点决定的。政府以低价征地、高价出让的方式将土地让与房地产商，房地产公司能否获得好的项目以及项目资金的到位均来自房地产企业高层领导个人与政府、银行等的斡旋能力。在项目的执行中，地产项目必须严格按照设计标准操作，授权空间相对较小。但是授权不足，会导致员工工作主动性下降，创造性与前瞻性的思考减少，整体创新的动力与活力不足。授权与不授权、授权范围与程度，是对房地产企业管理者管理能力的考验，也是在新经济下我国房地产企业适应竞争需要的管理方式变革的重要内容之一。

3．理念与价值观

我国房地产企业文化，就如我国房地产市场本身一样，还处于混沌和发展阶段，企业文化在我国房地产行业企业还没有繁盛和沉淀下来，在企业理念和价值观方面还有待进一步完善。

（1）市场与顾客观念分析。随着中国人民银行房地产金融政策的调整以及消费者可选项目的增加，2003 年后的中国房地产业的竞争格外激烈。房地产市场也像其他消费品市场一样进入细分时代。调查表明，我国各类型房地产公司都不同程度的重视企业的客户关系管理。

如图 14－1 数据显示，我国大型多元化房地产公司对客户关系管理（CRM）的重视程度最高，其次为大型专业化房地产公司，小型专业化房地产公司对 CRM 的重视程度最低。然而，仅仅有对客户关系管理的重视是不够的，须将其形成公司文化的重要组成部分，采取有效的方式、方法与组织形式，为顾客服务。

我国大型房地产公司较多采用了客户满意度评价系统，但是往往归于形式主义，客户满意度评价结果并没有得到有效的利用。小型房地产公司则没有足够的预算启动客户满意度评价系统。

我国房地产行业企业从重视项目开发到重视市场与顾客价值的转变，将随着房地产市场竞争的加剧而不断深入，市场与客户价值必将成为房地产公司发展的核心理念。

（2）企业形象与品牌建设。随着中国房地产业逐渐走向成

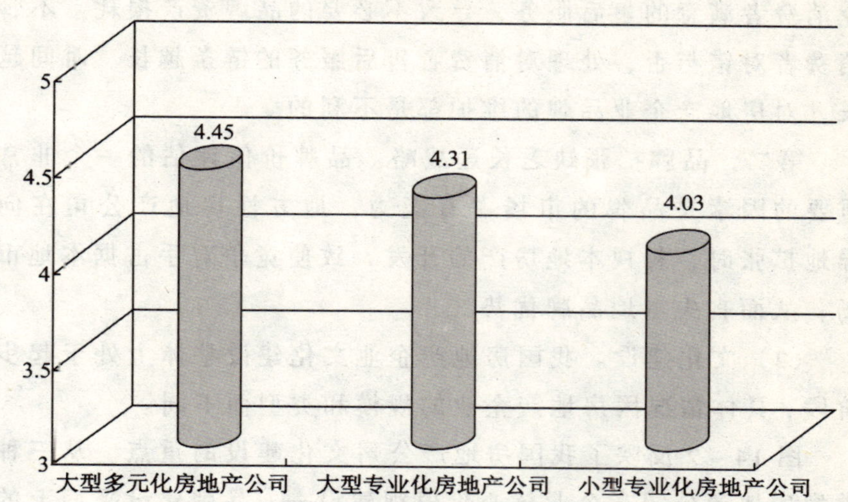

图 14-1　我国房地产企业对客户关系管理的重视程度

熟，房地产业进入了品牌竞争时代。然而，从我国房地产市场的现状来看，房地产市场还处于分散竞争状态，目前还没有形成非常强势的品牌。

任何地产品牌都有其形象，但华润、万科、中海、招商等不同地产品牌形象是截然不同的。国际流行的品牌形象检验模型包括了品牌知名度、认知度、忠诚度和品牌联想等多维指标。

根据波士顿顾问公司的竞争态势分析理论，在一个稳定的竞争性市场中，有影响力的竞争品牌数量不会超过三个。其中，最大竞争者的市场份额又不会超过最小者的四倍。市场份额小于最大竞争者的1/4，就不可能有效的参与竞争。假如各个品牌拥有几乎相同的市场份额，市场竞争将会异常激烈，各品牌位置之间变动的可能性比较大，市场“品牌”竞争处于相对分散状态。

我国房地产企业在企业形象与品牌创建上主要存在以下两方面的问题。

第一，多数房地产企业仅仅注重品牌的建设，而忽视了品牌的维护。不少房地产企业非常重视品牌营销，但却不能提供令消费者满意的售后服务，导致不必要的品牌资产损耗。不管消费者对错与否，处理对消费者售后服务的链条越长、时间越长，对房地产企业品牌的维护都是不利的。

第二，品牌扩张缺乏长远战略。品牌价值评估的一个非常重要的因素是品牌的市场占有能力。地方性房地产公司在向异地扩张时，忽视本地房产的开发，致使竞争对手占据本地市场，从而丧失本地品牌优势。

（3）文化建设。我国房地产企业文化建设整体上处于起步阶段，具体情况因房地产企业的规模和类型而不同。

图 14－2 反映了我国房地产公司文化建设的重点。从三种类型房地产公司在企业核心价值观建设——品牌建设平面上的分布来看，我国房地产公司总体上对品牌的建设重于企业核心价值观的提炼。不同类型的房地产公司也呈现出不同的特点，主要表现在：

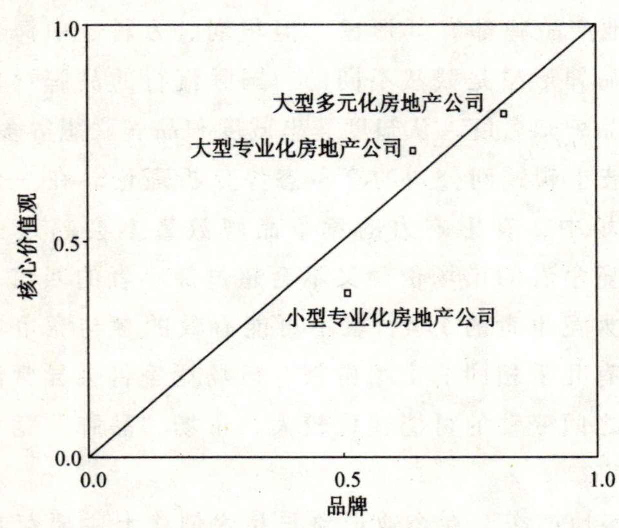

图 14－2　我国房地产公司的企业文化建设

① 我国大型多元化房地产公司的文化建设。我国大型多元化房地产公司基本形成了以品牌理念、企业形象、公司的核

心价值观、管理理念为基础的企业文化建设，并逐步将公司理念向公司的方方面面渗透，在一定程度上促进了员工的团队精神和创新精神以及社会责任感。

② 我国大型专业化房地产公司的文化建设。我国大型专业化房地产公司可以分为两类。一类是隶属于大的投资集团，构成其产业部门之一，这一类房地产公司在企业理念和企业文化上基本沿袭了原投资集团完善成熟的模式，但在具体组织建设上则一定程度上偏离集团文化；另一类是独立的房地产公司，这一类房地产公司的企业文化建设与大型多元化房地产公司基本相似，但在文化建设的深度和广度上不及大型多元化房地产公司。

③ 我国小型专业化房地产公司的文化建设。我国小型专业化房地产公司一般都是伴随着某一个成功的房地产项目而发展起来的。在大、中型房地产公司激烈竞争的夹缝中生存下来的小型专业化房地产公司，一般采取项目品牌策略，完成一个项目后，公司是否会继续存在还不确定，在企业文化建设上不肯投入太多。但是，为了在竞争中不被淘汰，小型专业化房地产公司越来越重视企业文化的建设。

表 14-3　　部分因子得分

因子	得分
领导决策	3.51
领导行为	3.82
授权	3.25
市场与顾客理念	3.44
企业形象与品牌	3.48
企业行为	3.24
文化建设	3.16

（资料来源：仁达方略2003年中国房地产行业企业文化调查之数据，误差小于4.5%。）

结束语

随着我国人民生活水平的提高，传统上遮风避雨的居所已发展到今日追求品质、崇尚生态、环保、文化的人居环境。近10年是中国居住建筑数量发展最快的十年，也是中国房地产业投资最多、发展最快的10年。而中国人居环境正在遭遇民族化、现代化、国际化以及后现代等诸多矛盾与难题。

建筑虽然只是钢筋水泥的躯壳，但是建筑作品应该是充满人性化的，带有浓郁的企业文化理念和企业精神的建筑产物。全世界人们使用自己住宅的方式都相差无几，如在寝室里睡觉，在浴室里洗浴，在厨房里烹饪。但是，在不同的文化影响下，人们对于这些房间的空间安排却各有不同。紧跟时代潮流，把握机遇，不断创新，提高住宅品质，为中国人民提供良好的居住环境将是中国房地产企业发展的要务。无论是环境设计、功能定位还是户型布局等，都应该体现建设者的思想精髓和企业文化特色。

我国消费者已经学会了用挑剔的眼光来审视一座座楼宇，并且希望了解楼宇的设计者、建设者，希望了解建造楼宇的公司。

与此同时，我国还没有形成一个非常强大的地产品牌，地产品牌之间存在着激烈的竞争。我国房地产企业若要保持长期稳定的竞争优势、获得稳定超额利润的竞争力，即核心竞争力，需要具备充分的顾客价值以及独特的不断发展着的企业文化。这就要求我国房地产企业从其自身发展历史中提炼文化的积淀，研究中国居民住房与城市建筑的现实需求，预测中国房地产业的未来发展方向，打造卓越的地产企业文化与品牌文化。

（注：本报告由北京仁达方略管理咨询有限公司企业文化事业部根据调研数据和行业研究数据等资料整理而成，北京仁达方略管理咨询有限公司享有最终解释权和著作权。）

参考文献

[1] 王吉鹏．企业文化建设．北京：中国发展出版社，2005

[2] 王吉鹏．价值观的起飞与落地．北京：电子工业出版社．2004

[3] B·马林诺斯基著．黄建波等译．科学的文化理论．北京：中央民族大学出版社，1999

[4] ［英］爱德华·泰勒著．连树声译．人类学——人及其文化研究．桂林：广西师范大学出版社，2004

[5] 丹尼斯·K·姆贝著．陈德民，陶庆，薛梅译．组织中的传播和权利：话语、意识形态和统治．1987

[6] 埃德华·莎因．企业文化生存指南．北京：机械工业出版社，2005

[7] 查尔斯·甘瑟夫，艾琳·罗杰斯，马克·雷诺著．甘春晖等译．并购中的企业文化整合．北京：中国人民大学出版社，2004

[8] 艾尔·巴比著．邱泽奇译．社会研究方法基础．北京：华夏出版社，2004

[9] 理查德·L·达福特著．李维安译．组织理论与设计精要．北京：机械工业出版社，1999

[10] 读书．1997（11）

[11] ［英］汤姆·兰伯特著．史晓峰、张云微译．关键管理问题．北京：经济管理出版社，2004

[12] ［美］理查德·S·加拉赫著．刘志慧译．企业的灵魂．北京：中国财政出版社，2004

[13] ［美］梅尔·希尔伯曼编著．单敏、从蓉译．企业咨询调查问卷精选．北京：电子工业出版社，2004

[14] 新资本．2003（5），p63

[15] 哈佛商业评论．2005.3，P128，“如何测评你的企业文化”

[16] ［美］DailLFields．工作评价——组织诊断与研究实用量表．北京：中国轻工业出版社，2004

[17] 王吉鹏．企业文化理念体系构建实务．北京：中央编译出版社，2005

[18] 郑杭生主编．社会学概论．北京：中国人民大学出版社，1994

[19] 边燕杰主编．市场转型与社会分层：美国社会学者分析中国．北京三联书

店，2002

[20] 贾春增主编．外国社会学史．北京：中国人民大学出版社，2000

[21] 刘少杰．后现代西方社会学理论．北京：社会科学文献出版社，2002

[22] 袁方主编．社会研究方法教程．北京：北京大学出版社，1997

[23] 李沛良．社会研究的统计应用．北京：社会科学文献出版社，2001

[24] 黄淑娉等．文化人类学理论方法研究．广州：广东高等教育出版社，1996

[25] 夏建中．文化人类学理论学派．北京：中国人民大学出版社，1997

[26] 周星、王铭铭主编．社会文化人类学演讲集．天津：天津人民出版社，1997

[27] 庄孔韶主编．人类学通论．太原：山西教育出版社，2002

[28] 王吉鹏．企业文化的39个细节．北京：中国发展出版社，2005